Kuno Schedler
Isabella Proeller

New Public Management

Verlag Paul Haupt
Bern · Stuttgart · Wien

Kuno Schedler (1961) studierte Betriebswirtschaft an der Universität St. Gallen. Für seine Dissertation zum Thema Anreizsysteme in der öffentlichen Verwaltung wurde er 1993 zum Dr. oec. promoviert. Seit 1996 ist er a.o. Professor für Betriebswirtschaft unter besonderer Berücksichtigung der öffentlichen Institutionen am Institut für öffentliche Dienstleistungen und Tourismus an der Universität St. Gallen. Vor seiner wissenschaftlichen Laufbahn arbeitete Prof. Dr. Kuno Schedler mehrere Jahre im Personalbereich einer Bank und bei einer Executive Search Firma.

Isabella Proeller (1973) studierte Betriebswirtschaft und Rechtswissenschaften an der Universität St. Gallen. Seit 1998 arbeitet sie als wissenschaftliche Assistentin am Institut für öffentliche Dienstleistungen und Tourismus an der Universität St. Gallen. Zuvor war sie in der Wirtschaftsprüfung tätig. Im Rahmen ihrer Dissertation befasst sich Frau Proeller mit der verwaltungsexternen Erbringung öffentlicher Dienstleistungen.

Die Deutsche Bibliothek – CIP-Einheitsaufnahme

Schedler, Kuno:
New Public Management /
Kuno Schedler ; Isabella Proeller. –
Bern ; Stuttgart ; Wien : Haupt, 2000
(UTB für Wissenschaft : Uni-Taschenbücher ; 2132 : Kleine Reihe)
ISBN 3-258-06018-5 (Haupt)
ISBN 3-8252-2132-6 (UTB)

Printed in Germany

ISBN 3-8252-2132-6 (UTB-Bestellnummer)

http://www.haupt.ch

Inhaltsverzeichnis

Abbildungsverzeichnis

Zu diesem Buch

Die Literatur zum Thema New Public Management, Wirkungsorientierte Verwaltungsführung oder Neues Steuerungsmodell wird seit den 90er Jahren immer reichhaltiger. Was jedoch weitgehend fehlt, ist eine Übersicht für Einsteiger ins Thema, die die wichtigsten Zusammenhänge des NPM aufzeigt. Diese Lücke soll mit der vorliegenden Publikation gefüllt werden.

Die Idee für dieses Buch wurde uns von Herrn Men Haupt (Verlag Paul Haupt) zugetragen, der die Thematik auch einem breiteren Kreis von Studierenden und Dozierenden zugänglich machen wollte. Insbesondere sollte ein Manuskript entstehen, das für den gesamten deutschsprachigen Raum verwendbar ist.

Die vorliegende Publikation basiert zum Teil auf einem Buch, das Schedler (1995) erstmals für die Schweiz veröffentlichte: Ansätze einer wirkungsorientierten Verwaltungsführung, sowie auf anderen Texten Schedlers (in Mastronardi/Schedler 1998). Einzelne Textpassagen wurden in diese Publikation kopiert und möglichst weitgehend von sog. „Helvetismen" (schweizerischen Eigenarten) befreit. Weite Teile wurden jedoch vollständig neu geschrieben und mit den neueren Erkenntnissen unserer interdisziplinären Fachrichtung ergänzt.

Ziele der Publikation

Das Buch richtet sich an Praktiker und Studierende, die sich mit den neueren Entwicklungen im öffentlichen Sektor befassen. Es setzt Grundkenntnisse in Betriebswirtschaft voraus und will primär die Rahmenbedingungen und konzeptionellen Elemente des NPM erklären und – wo als notwendig erachtet – vertiefen. Damit können folgende Ziele formuliert werden:

- Den Staat und seine Verwaltung, Herkunft und Rahmen des NPM sowie die Motivation der zeitgenössischen Verwaltungswissenschaft für NPM aufzeigen und erklären.

- Wichtige Elemente des NPM in einem Gesamtzusammenhang aufzeigen und deren Zusammenwirken verstehen helfen.

- NPM-eigene und NPM-konforme Elemente eines modernen Verwaltungsmanagements erklären und als solche in Relation zueinander stellen.

- Anregung für vertiefte Reflexionen, Diskussionen und Studien sowie Nachschlagewerk für erste Annäherungen in die verschiedenen Themengebiete sein.

Die Ausführungen in diesem Buch beziehen sich grundsätzlich auf den gesamten deutschsprachigen Raum, d.h. Deutschland, Österreich und die Schweiz. Im allgemeinen haben wir versucht, eine ausgewogene Darstellung zu liefern und die Besonderheiten aller drei Länder zu berücksichtigen. Da wir Autoren in der Schweiz tätig sind, ist es aber durchaus möglich, dass sich die Ausführungen an einigen Stellen stärker auf die Schweiz als auf die anderen Länder beziehen.

Wie Sie dieses Buch lesen können

New Public Management ist so facettenreich, dass das Thema von den verschiedensten Seiten angegangen werden kann. Je nachdem, ob Sie als BetriebswirtIn, JuristIn, ÖkonomIn oder PolitikwissenschafterIn einsteigen, ob Sie in der Praxis oder in der akademischen Welt tätig sind, oder ob Sie bereits andere Literatur zu NPM gelesen haben, werden Sie bestimmte Unterthemen anderen vorziehen wollen.

Für *Einsteigerinnen* oder *Einsteiger* in die Thematik empfiehlt es sich, die Kapitel 2 und 3 zu lesen, bevor Sie auf andere Stellen eingehen.

Realistischerweise sind wir bei der Bearbeitung nicht davon ausgegangen, dass die Mehrheit der *Praktikerinnen* und *Praktiker* das Buch von vorne nach hinten durchlesen wird. Wir haben daher versucht, jedes Kapitel so zu schreiben, dass es für sich verständlich ist. Dies hat zur Folge, dass gewisse Wiederholungen nicht zu vermeiden sind, auch wenn viele Querverweise eine Vertiefung an anderen Stellen ermöglicht.

Als Grundlage für die Diskussion zwischen *Studierenden* und *Dozierenden* des New Public Management im Unterricht sind nach jedem Kapitel Fragen aufgeführt, die u.E. die wichtigsten Aussagen des Kapitels aufgreifen und weiterführen. Selbstverständlich sind die Fragekataloge nicht abschliessend. Wir haben bewusst versucht, das NPM als Modell in diesen Fragen kritisch aufzunehmen, obwohl wir nach wie vor klar der Meinung sind, dass das NPM für die öffentliche Verwaltung im deutschsprachigen Raum ein hervorragendes Referenzmodell ist.

Um die spätere Suche anhand von Stichworten zu ermöglichen, wurde am Schluss der Publikation ein *Stichwortverzeichnis* eingefügt.

Verdankung

Die Erstellung dieser Publikation wurde durch einen Förderbeitrag des *Paul Haupt Verlages* mit Sitz in Bern, Stuttgart und Wien ermöglicht. Für diese grossartige Gelegenheit, NPM als Studienthema aufzuarbeiten, danken wir unserem *„Stamm"*-Verlag bestens.

Mit fortschreitender Entwicklung werden Themen der Veränderung öffentlicher Institutionen immer wichtiger. Ein wesentlicher Aspekt erfolgreicher Reformprojekte, die Verwaltungskultur, wurde u.a. im Hinblick auf dieses Buch mit einer eigenen Studie untersucht, die vom *Grundlagenforschungs-Fonds der Universität St. Gallen* finanziert wurde. Auch dies verdient unsere Anerkennung und unseren Dank.

Nicht zuletzt danken wir der Direktion und den Mitarbeitenden am *Institut für öffentliche Dienstleistungen und Tourismus* an der Universität St. Gallen für die aktive Unterstützung dieses Projektes. Dies gilt insbesondere für (in alphabetischer Reihenfolge): Mathias Brun, Jürg Felix, Andreas Imhof, Bernhard Knechtenhofer und Andreas Kopp. Dank gebührt auch den Herren Prof. Dr. Philippe Mastronardi, Dr. Theo Haldemann und Dr. Daniel Brühlmeier für die langjährige, konstruktive interdisziplinäre Zusammenarbeit im Rahmen der *PUMA-Gruppe* an der Universität St. Gallen.

Möge das NPM weiterhin die Gemüter erhitzen, die Verwaltung bewegen und die Politik befruchten!

St. Gallen, im Oktober 1999

Kuno Schedler und Isabella Proeller

EINLEITUNG UND GRUNDLAGEN

1 Die öffentliche Verwaltung und New Public Management

1.1 Verwaltung? oder Management? oder was?

Der Oberbürgermeister der Stadt Passau ist so, wie man sich gemeinhin einen Bayern vorstellt: gross, gemütlich, bärtig, ein schlauer Fuchs bayrischer Politik. Er lebt seine Stadt. Müsste man aus einer Gruppe von Personen den Oberbürgermeister bestimmen, man würde ihn wählen. Alles in fester Ordnung also, hier sitzt ein Urgestein unveränderlichen Bajuvarentums am Ruder der Dreiflüssestadt.

Der Oberbürgermeister der Stadt Passau ist aber auch ein geschickter Manager. Innert knapp zehn Jahren hat er mit einer Handvoll Beamtinnen und Beamter seine Stadtverwaltung vollständig umgekrempelt, die muffigen Amtsstuben ausgelüftet, die Bürgerinnen und Bürger aktiviert, die Politikerinnen und Politiker geschult und dem Amtsschimmel den Garaus gemacht. So wurde er mit seiner Stadt zum Inbegriff innovativer Verwaltungsreform und Ziel unzähliger Studiengruppen und Pilgerer eines neuen Verwaltungsmanagements.

Passau gewann dank der Einführung ihres Qualitätsmanagements 1998 als erste Stadt zum zweiten mal den prestigeträchtigen Qualitätswettbewerb der Verwaltungshochschule Speyer. Vor allem die weit fortgeschrittenen Qualitätsbemühungen in Form des Bürgereinbezugs haben die Juroren in ihrer Entscheidung bestärkt. Passau lancierte schon 1990 erste Schritte in Richtung Qualitätsmanagement, nachdem sich Kandidat Schmöller als erster SPD-Oberbürgermeister gegen einen CSU Konkurrenten hatte durchsetzen können. Er benutzte die Gelegenheit die Bevölkerung gezielt in die praktische Politik einzubeziehen. Was als Versuch zu vermehrtem Kundeneinbezug anfing, weitete sich in ein praktiziertes Verwaltungsmanagement aus.

Die Stadt Passau entschied sich für die Erstellung eines Leitbildes. Die Leitbildentwicklung - moderiert durch einen externen Berater - erfolgte in Workshops unter Einbezug von Bürgerschaft, Stadtrat und Verwaltung. Der erste Leitbildentwurf wurde in den Medien veröffentlicht und die Bürgerinnen und Bürger wurden aufgerufen ein Feedback abzugeben. Über 10'000 Einzelvorschläge wurden eingereicht, ausgewertet und eingearbeitet. 1994 wurde das Leitbild verabschiedet. Im Jahr 2005 soll das Leitbild umgesetzt sein. Dank der aktiven Beteiligung kannten in einer Umfrage über 75 % der Bevölkerung das Leitbild gut bis sehr gut. 80 % glauben, dass die formulierten Ziele im Leitbild bis 2005 erreicht werden können.

Damit das Leitbild umgesetzt werden kann, wurden in Projektgruppen 15 Teilentwicklungspläne abgeleitet. Die Projektgruppen bestanden wiederum aus Vertreterinnen und Vertretern der Bürgerschaft, Regierung und Verwaltung. Nach erfolgter Arbeit lösten sich die Projektgruppen auf und die Umsetzung begann. In diesem Prozess wurde stufenweise eine dezentrale Ressourcenverantwortung eingeführt. Die Verwaltungseinheiten wurden zu öffentlichen Unternehmen und stellten auf eine betriebswirtschaftliche Buchführung um, definierten ihre Produkte und rechneten die Kosten den Produkten zu.

Einfache Kundenrückmeldungen sorgen heute dafür, dass jede Verwaltungseinheit monatlich orientiert wird, wie ihre Kundinnen und Kunden sie erleben. Sich selbst organisierende Mitarbeitergruppen nehmen diese Feedbacks auf und ergreifen Massnahmen zu Verbesserungen, wo dies notwendig ist. Die Kundinnen und Kunden danken es ihnen mit ständig steigender Zufriedenheit.

Die Stadt als Dienstleistungsunternehmen. Eine Erfolgsgeschichte wie aus dem Lehrbuch, und doch wird die Arbeit an der Modernisierung des politisch-administrativen Systems noch für lange Zeit weitergehen müssen. Doch welches Modell, welche Idealvorstellung von Verwaltung und Politik stehen hinter solchen Entwicklungen? Kann, soll, darf eine Verwaltung mit Management geführt werden? Welche Rolle muss die Politik spielen können? Welche Instrumente benötigen die Akteure im politisch-administrativen System, damit eine Entwicklung wie in Passau möglich und staatspolitisch richtig vorangetrieben wird?

1.2 Grundlagen

New Public Management (NPM) befasst sich mit der Modernisierung öffentlicher Einrichtungen und neuen Formen öffentlicher Verwaltungsführung. Die Institution der öffentlichen Verwaltung und ihr Umfeld steht somit im Mittelpunkt der NPM-Betrachtung. Bevor die Reformmassnahmen und Neuerungen des NPM tiefer und detaillierter dargestellt werden, scheint es an dieser Stelle sinnvoll, zunächst eine allgemeine Einordnung der öffentlichen Verwaltung im gesellschaftlichen System und innerhalb der staatlichen Organe vorzunehmen und die Ausgangslage, welche Anlass zu Reformüberlegungen der öffentlichen Verwaltung gab, aufzuzeigen.

> New Public Management (NPM) ist der Oberbegriff der weltweit relativ einheitlichen „Gesamt-Bewegung" der Verwaltungsreformen. Charakteristisch für NPM-Reformen ist der Wechsel von der Input- zur Outputorientierung.

Def. 1-1: New Public Management

Es gibt nicht *ein* NPM-Modell, sondern zahlreiche nationale Ausprägungen. Die deutsche Variante des NPM ist das Neue Steuerungsmodell (NSM), das speziell für den kommunalen Bereich entwickelt wurde. In der Schweiz und in Österreich spricht man von Wirkungsorientierter Verwaltungsführung (WoV).

1.2.1 Funktionen des Staates

Die Bildung von Staaten, die sich in verschiedenen Gesellschaften unterschiedlich entwickelt hat, wurde von einer dem Menschen eigenen Charakteristik gefördert: der Mensch als *zoon politikon* hat ein Bedürfnis nach menschlicher Gemeinschaft und ist auf eine arbeitsteilige Gemeinschaft angewiesen, um zu überleben. Der Weg von archaischen Staatsformen über Territorialstaaten hin zu modernen Parteien- und Gesetzgebungsstaaten zeigt vor allem, dass in jeder menschlichen Gesellschaft bestimmte Aufgaben zur kollektiven Problemlösung von einer Institution Staat wahrgenommen wurden, unabhängig davon, ob diese als „Staat" verfasst war und so genannt wurde. Trotz dieses scheinbar natürlichen Phänomens wird die Frage danach, woher z. B. der Staat das Recht hat – durch seine Verwaltung – Steuern einzutreiben, je nach vorherrschender und zugrundegelegter Staatslehre und –ideologie unterschiedlich beantwortet. Genauso variantenreich sind denn auch die Antworten auf die Frage, was seine Aufgaben sind und in welchen Bereichen er tätig werden soll.

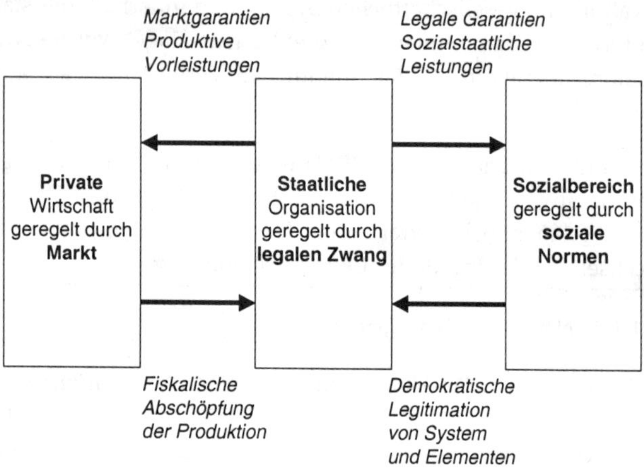

Abb. 1-1: Elementare Austauschbeziehungen zwischen den allgemeinen Organisationsbereichen von Wirtschaft, Staat und Gesellschaft (Linder 1983, 325)

Die Grundfunktionen des Staates in der Gesellschaft können schematisch wie in Abb. 1-1 dargestellt werden. Unabhängig von der konkreten politischen Ausgestaltung kann man vier Grundfunktionen des Staates unterscheiden. Der Staat erhält seine immaterielle Basis durch die demokratische Legitimation seiner Entscheidungen und den generalisierten Konsens über die zu gewährleistende Gesellschaftsform. Um seine Funktionen erfüllen zu können, schöpft er Geld in Form von Steuern und Abgaben aus der Wirtschaftsproduktion ab. Die Bürgerinnen und Bürger leisten der Steuerforderung des Staates, sowie auch anderen Eingriffen des Staates in ihren Freiheitsbereich Folge, da sich einerseits eine gewisse individuelle Verpflichtung aus dem staatlichen Grundkonsens ergibt und andererseits dem Staat Mittel zur zwangsweisen Durchsetzung und Sanktionierung einer verweigerten Pflicht zur Verfügung stehen.

Als Gegenleistung gewährleistet der Staat die Rahmenbedingungen der privaten Produktion z.B. durch Eigentumsgarantie, Handels- und Gewerbefreiheit und Marktregulierungen. Zudem erbringt er z.B. durch die Bereitstellung des Strassennetzes infrastrukturelle Vorleistungen, welche die private Produktion erleichtern und Transaktionskosten verringern. Derartige Projekte ermöglichen Investitionen, die Einzelne oder private Gemeinschaften nicht tätigen würden oder könnten. Ferner sorgt sich der Staat im Sozialbereich wie beispielsweise in den Familien, in Vereinigungen usw., dass eine bestimmte Gesellschaftsordnung und bestimmtes Verhalten sichergestellt ist, indem er soziale Normen durch Gesetze und staatliche Zwangsmittel untermauert. Neben der Betonung verschiedener sozialer Normen und Regeln greift der Staat dort, wo soziale Leistungen nicht verfügbar sind, durch die eigene zur Verfügung Stellung von Leistung ein (Linder 1983, 325).

1.2.1.1 Legitimation des Staates und seines Handelns

Es gibt mehrere und verschiedenartige Gründe für die Legitimation des Staates. Die Gründe sind zahlreich und basieren in der staatsrechtlichen und staatstheoretischen Lehre auf verschiedenen Legitimationstheorien, wie z.B. für unser Staatssystem insbesondere dem Republikanismus und dem Liberalismus. Allgemein anerkannte Legitimitätsgründe haben in unserem Kulturkreis Eingang in die Staatsverfassungen genommen und äussern sich heute in staatsleitenden Grundsätzen.

Durch das *Demokratieprinzip* legitimiert sich staatliches Handeln dadurch, dass es aus demokratischen Willens- und Entscheidungsprozessen hervorgeht, welche in direkt oder indirekt demokratisch legitimierten Institutionen und in transparenten Verfahren ablaufen.

Die Konstituierung der Staaten als *Rechtsstaaten* garantiert dem Individuum Schutz vor dem Staat einerseits durch die Grundrechte, andererseits aber auch durch das Legalitätserfordernis. Letzteres erlaubt dem Staat nur bei Vorliegen einer gesetzlichen Grundlage in einem Bereich tätig zu werden, und ermöglicht dem Individuum sich gegen Übergriffe des Staates mittels Rechtsmitteln zu wehren.

Diese beiden traditionellen Legitimationsgründe wurden in den letzten Jahrzehnten, gefördert durch die sich wandelnden Staatsaufgaben, durch ein weiteres Legitimitätserfordernis ergänzt, die *Wirkungsorientierung*. Die leistungsstaatlichen Aktivitäten des heutigen Sozialstaates lassen sich nicht mehr alleine durch demokratische und rechtsstaatliche Überlegungen rechtfertigen, sondern erfordern aufgrund ihres Charakters auch eine Legitimation aufgrund ihrer Wirkung auf die Gesellschaft. Die zunehmende Bedeutung und Sensibilität der Bürgerinnen und Bürger hinsichtlich der Wirkungsorientierung als Legitimationserfordernis des Staates äussert sich unter anderem in der Popularität der relativ jungen Philosophie des NPM. Die Wirkungsorientierung des Staatshandelns ist das zentrale Anliegen der Reformbestrebungen in der öffentlichen Verwaltung, die unter dem international geläufigen Begriff NPM zusammengefasst werden. National und international werden dabei unterschiedliche Schwergewichte gesetzt. So wird sie beispielsweise in den USA primär unter dem Gesichtspunkt der Wirkung am individuellen Verwaltungskunden diskutiert, im deutschsprachigen Raum hingegen eher mit Fokus auf gesellschaftliche Gruppen.

Zusammenfassend kann festgehalten werden, dass die traditionellen staats- und verwaltungsrechtlichen Legitimationstheorien nicht aufgegeben, aber ergänzt werden müssen, um unterschiedliche Positionen und Ansprüche an den Staat in seine Legitimationsgrundlagen einfliessen zu lassen. Zu diesem Zweck wird eine Unterteilung des Begriffs Legitimation vorgenommen, wobei auf die Theorie der gestuften Legitimation zurückgegriffen wird (Czybulka 1989, 67ff.).

Die Legitimation staatlichen Handelns lässt sich in allen demokratischen Staaten auf die *Volkssouveränität* zurückführen. Dies unabhängig davon, ob man sich in einer repräsentativen oder einer direkten Demokratie befindet. Das Legitimationssubjekt ist somit der Bürger und die Bürgerin. Überlegungen zu einer gestuften Legitimation drängen sich jedoch dann auf, wenn festgestellt wird, dass der Staatsbürger und die -bürgerin ohne weiteres mit dem Staat an sich zufrieden ist, gegenüber den einzelnen Institutionen wie Verwaltung und Gerichte jedoch mit Skepsis und Unzufriedenheit auftritt. Noch ausgeprägter kann sich diese Kluft zwischen grundsätzlich positiver Staatseinstellung und Unzufriedenheit mit einzelnen, von der öffentlichen Verwaltung bezogenen Leistungen zeigen. Diese Unterschiede aufzuzeigen, ist das mit der gestuften Legitimation angestrebte Ziel. Die Gesamtlegitimation wird in den folgenden Kapiteln deshalb in Grundlegitimation, institutionelle und individuelle Legitimation unterteilt. Anschliessend werden die drei verschiedenen Stufen der Legitimation miteinander verbunden. Besonders betont werden soll dabei, dass der Begriff Legitimation im gestuften Modell nicht im rein juristischen Sinn von staatsrechtlicher und sonstiger gesetzlicher Berechtigung verwendet wird. Vielmehr wird Legitimation in diesem Modell im Sinne von „akzeptiert" verstanden, und trägt damit eine Bedeutung, die eher aus der alltagssprachlichen Bedeutung von legitim hergeleitet werden kann.

1.2.1.1.1 Grundlegitimation

Mit der Grundlegitimation steht der einem Staat zugrundeliegende Grundkonsens im Mittelpunkt des Interesses. In ihm werden grundsätzliche Aspekte, die zumeist in einer Situation erhöhter Unsicherheit entstehen, festgelegt (Frey/Kirchgässner 1994, 10ff.). Kennzeichnend für das Konzept des Grundkonsens ist eine von kurzfristigen und partikularen Interessen unbeeinflusste Regelung gesellschaftlicher Probleme und Strukturen. Das *Legitimationssubjekt* wird hier durch die BürgerInnen repräsentiert, die in der Ausübung ihrer demokratischen Rechte die den Grundkonsens bestimmenden Rahmenbedingungen definieren. Der *Legitimationsmodus* unterscheidet sich nach Art und Weise des demokratischen Grundverständnisses zwischen den einzelnen Staaten. Generell besteht er jedoch einerseits aus der Volkswahl von PolitikerInnen und RegierungsvertreterInnen und andererseits durch weitere Volksrechte wie z.B. das Initiativ- und Referendumsrecht.

1.2.1.1.2 Institutionelle Legitimation

Fällen BürgerInnen Pauschalurteile, z.B. über die öffentliche Verwaltung, handelt es sich um Aspekte, die mit der institutionellen Legitimation in Verbindung gebracht werden können. Die Verwaltung profitiert von oder leidet unter ihrem Image, das auch die Beurteilung der konkreten Kontakte beeinflusst und umgekehrt. Auffallend ist, dass die damit verbundene Beurteilung der staatlichen Institutionen nicht in einen *direkten* Zusammenhang mit Fragen des Grundkonsens oder der Beurteilung eines einzelnen Individuums mit einer einzelnen, von der öffentlichen Verwaltung abgegebenen Leistung in Verbindung gebracht werden kann. Vielmehr stehen hier Fragen der ‚richtigen' Organisation oder Wahrnehmung von Kompetenzen im Zentrum. Das *Legitimationssubjekt* der institutionellen Legitimation sind die Politikerinnen und Politiker. Der *Legitimationsmodus* wird entsprechend durch das Bestimmen gesetzlicher Grundlagen geschaffen.

1.2.1.1.3 Individuelle Legitimation

Steht eine Bürgerin oder ein Bürger in einem direkten Transaktionsprozess mit einer öffentlichen Institution, begibt man sich auf die Ebene der individuellen Legitimation. Die Bürgerin bzw. der Bürger nimmt dabei eine zusätzliche Rolle, die der Kundin bzw. des Kunden öffentlicher Institutionen ein. Die Differenzierung von Bürger/Bürgerin und Kunde/Kundin ist Ausdruck einer theoretischen Verknüpfung der Betriebswissenschaft mit der Staatswissenschaft, was die Gefahr von Missverständnissen birgt. In der Sprache der Rechtswissenschaft kann die inhaltliche Unterscheidung von Bürger und Kunde zumindest teilweise mit den generell-abstrakten Rechtsnormen und den individuell-konkreten Rechtsakten verglichen werden. Während die generell-abstrakten Rechtsnormen der Grundlegitimation zugeordnet werden können, entsteht der individuell-konkrete Rechtsakt erst auf der Ebene der individuellen Legitimation. Individuell-konkrete Rechtsakte verlangen eine konkrete Beziehung zu einem einzelnen Rechtssubjekt. Ähnlich wird die Bürgerin bzw. der Bürger erst im Rahmen einer konkreten Beziehung zur Kundin bzw. zum Kunden der Verwaltung. Die individuelle Legitimation wird stark von Qualitätsaspekten beeinflusst und bezieht sich auf die individuelle, subjektive Beurteilung der einzelnen Leistung durch den Kunden. *Legitimationssubjekt* der individuellen Legitimation ist somit der Kunde bzw. die Kundin. Als *Legitimationsmodus* wird die subjektive Wahrnehmung von Leistungen öffentlicher Institutionen herangezogen. Es ist selbsterklärend, dass im Bereich des Individualkonsens damit das Mehrheitsprinzip *per se* keine Geltung haben kann (Czybulka 1989, 68). Dies soll uns allerdings nicht daran hindern, die Gedanken einer gestuften Legitimation weiterzuführen.

1.2.1.1.4 Zusammenhang der Legitimationsebenen

Bereits die obigen Erläuterungen lassen erkennen, dass die einzelnen Legitimationsstufen nicht losgelöst voneinander betrachtet werden können. Im Gegenteil, die einzelnen Legitimationsstufen und ihre jeweiligen Legitimationssubjekte stehen untereinander in einem vielschichtigen Interaktionsprozess. In der folgenden Abb. 1-2 werden die einzelnen Legitimationsebenen und -subjekte skizzenhaft miteinander in Verbindung gebracht.

Wie bereits oben festgehalten, beruht die individuelle Legitimation auf einer subjektiven Beurteilung der bezogenen Leistungen. Als Beurteilungsmassstab ziehen die KundInnen von öffentlichen Dienstleistungen unter anderem die Erfahrungen aus dem Wirtschaftsleben heran (Hablützel 1995, 501). Die Anerkennung dieses Faktums ist deshalb von grundlegender Bedeutung, da die individuelle Legitimation sowohl die institutionelle als auch die Grundlegitimation beeinflusst. Inwieweit sich die von den individuellen Erfahrungen geprägte Beeinflussung stärkend oder schwächend auf die Grundlegitimation des Staates auswirkt, dürfte von der expliziten und/oder impliziten Bejahung der individuellen Legitimation abhängen und umgekehrt.

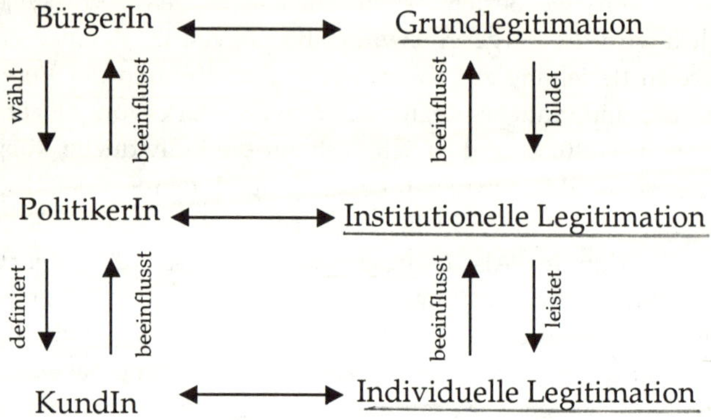

Abb. 1-2: Differenzierung von Bürgerrollen und staatlicher Legitimation (Schedler/Felix 1998)

Vergleicht man die hier gewählte Darstellung mit dem traditionellen demokratisch ausgerichteten Modell, so lässt sich für die Legitimation des Staates folgern, dass ein Grundkonsens zwar nötig, jedoch nicht hinreichend ist, um staatliches Handeln zu legitimieren. Daraus lässt sich zwar nicht ableiten, dass Akzeptanz als Rechtmässigkeitsvoraussetzung staatlichen Handelns verstanden werden soll (Würtenberger 1996, 101). Hingegen sollte - vor dem Hintergrund der dreistufigen Legitimation - die individuelle Akzeptanz durch die KundInnen zu einer massgebenden Wegleitung für das Verhalten von Verwaltungsmitarbeitern und -mitarbeiterinnen werden.

1.2.1.2 Ideologischer Antagonismus: Sozialstaat vs. Neo-Liberalismus

Die Rolle und Aufgabe des Staates in der Gesellschaft wird vor allem durch die in der Gesellschaft vertretene Staatsauffassung bestimmt. Die in der jüngeren Vergangenheit vorherrschenden, sich entgegenstehenden Staatskonzeptionen waren im westlichen Europa die Idee des Sozialstaates und die neo-liberalistische Staatsauffassung. Diese beiden gegensätzlichen Staatskonzeptionen prägten die quantitative Entwicklung des öffentlichen Sektors in Europa und führten zu unterschiedlichen strategischen Ausrichtungen des Staates. So ist das expansive Wachstum des Staates in den 60er und 70er Jahren von der Sozialstaatsidee bestimmt, wohingegen die Konsolidierungsphase der 80er Jahre, die Blütezeit der Privatisierung, von einer neo-liberalistischen Staatsauffassung getrieben wurde (Naschold 1995, 17).

Im Sozialstaat wird mit staatlichen Mitteln die allgemeine Wohlfahrt in der Gesellschaft angestrebt. Man versucht über staatliche Interventionen einen Weg zum Ausgleich sozialer Unterschiede zu finden. Der Staat ist aktiv handelnder, ausgleichender und umverteilender Akteur innerhalb der Gesellschaft. Seine politischen Merkmale sind ein Ausbau der Sozialwerke, Sozialversicherungen und Sozialrechte.

Der Neo-Liberalismus gilt nach Schäfer (1995, 139f.) demgegenüber als Variante einer Konzeption der Marktwirtschaft, die im wesentlichen auf geistigen Vorarbeiten in den 20er und 30er Jahren basiert. Für ihn sind folgende Merkmale kennzeichnend: persönliche Freiheit als Grundnorm, Erwerbsstreben als wirtschaftliche Antriebskraft, Wettbewerb, Forderung nach Einheitlichkeit und Stabilität der staatlichen Ordnungspolitik. Seine politischen Merkmale sind die Forderung nach radikaler Re-Privatisierung und Ökonomisierung auch staatlicher Aufgabenbereiche. Die Rolle des Staates beschränkt sich im Neo-Liberalismus auf die Wahrnehmung der eigentlichen Kernfunktionen (d.h. die Bereitstellung der „echten" öffentlichen Güter) sowie auf die Garantie der Wirtschaftsfreiheit.

Die Staatskonzeption umschreibt, welche übergeordnete Zielsetzung die Bürgerinnen und Bürger vom Staat erwarten und welchen Zweck sie dem Staat beimessen. Die Ziel- und Zwecksetzung unterscheidet sich bei den beiden dargestellten Modellen erheblich. So besteht die Zielsetzung eines neo-liberalistischen Staates darin, eine Konkurrenzwirtschaft zu etablieren und – nur in dieser – auftretenden Fehlentwicklungen entgegenzuwirken. Der Sozialstaat hingegen hat eine normativ-distributive Zielsetzung, die auf dem Solidaritätsgedanken basiert. Der Zweck des Staates ist, ein umfassendes System staatlicher Regulation und Sozialkompensation zu errichten. Aus dieser Ziel- und Zwecksetzung werden konkrete Aufgaben des Staates abgeleitet, welche schliesslich die Aufgabenbreite des Staates und die Staatsquote definieren.

1.2.2 *Die öffentliche Verwaltung als Ausführungsstab des Staates*

Voraussetzung für das Bestehen der öffentlichen Verwaltung ist die Existenz eines Staates. Öffentliche Verwaltung kann nur innerhalb eines Staates bestehen. Wesentlich ist dabei, dass der Staat bindende Entscheidung in Ausführung seiner Zwecke treffen kann. Der Staat und die zu ihm gehörende Verwaltung stellen traditionellerweise eine in der Gesellschaft mehr oder weniger abgegrenzte Organisation dar.

Die Abgrenzung der öffentlichen Verwaltung von anderen Organisationen kann anhand der Staatszwecke vollzogen werden. Sie bestimmen die generellen Leistungen des Staates für die Gesellschaft. Die Formulierung dieser Zwecke, die in der Regel in der Verfassung vorgenommen wird, variiert stark in ihrem Konkretisierungsgrad, so dass sie oftmals in politischen Entscheidungsprozessen detailliert werden. Die öffentliche Verwaltung setzt die politischen Entscheidungen im Einzelfall und als Schnittstelle zwischen Staat und BürgerIn um (Becker 1989, 110f.).

Weitere, verbreitete Ansätze zur Abgrenzung der öffentlichen Verwaltung im Staat gehen vom System der Gewaltenteilung aus und umschreiben die öffentliche Verwaltung als alles, was nicht Gesetzgebung, Rechtsprechung und Regierung ist. Positiv formulierte Ansätze sehen die Verwaltung als Vollzugsorgan, das durch die Politik gesteuert und durch die Justiz kontrolliert wird. Diese Definitionen vernachlässigen die tatsächliche Ausgestaltung der Gewaltenteilung in den europäischen Staaten. Eine strenge Gewaltenteilung in Legislative, Judikative und Exekutive entspricht nicht den aktuellen Staatsformen. So nimmt beispielsweise heute die Verwaltung erheblich Einfluss auf die Legislative durch ihre Rolle bei der Politikvorbereitung.

Eine allgemein anerkannte Definition des Begriffs öffentliche Verwaltung gibt es bislang nicht, da die Vielfalt unterschiedlicher Einrichtungen eine Zusammenfassung in eine umfassende und präzise Definition schwierig gestaltet. Es können jedoch Eigenschaften zusammengestellt werden, die die öffentliche Verwaltung kennzeichnen und begriffsprägend zu sein scheinen (Becker 1989, 109; Reichard 1987, 3): Die öffentliche Verwaltung trägt durch die Vorbereitung, den Vollzug und die Kontrolle politischer Entscheidungen und auf diesen beruhenden Handlungen zur Erreichung des Staatszweckes und der durch diesen bestimmten öffentlichen Aufgaben bei. Diese Aktionen erbringt sie in einer speziellen vom Staat bereitgestellten und gesetzlich determinierten Organisation, die ihrerseits teils direkt teils indirekt demokratisch legitimiert ist.

1.2.2.1 Bürokratiemodell - Organisation der traditionellen Verwaltung

Die öffentlichen Verwaltungen der europäischen Staaten sind als Bürokratien organisiert und konzipiert. Bürokratie wird dabei im allgemeinen Sprachgebrauch nicht wertfrei als Form der Verwaltungsstruktur verstanden, sondern als abwertende und sogar anklagende Beschreibung der negativen Merkmale der Verwaltung verwendet. Die negative Bewertung hat ihre Ursache in den Unzulänglichkeiten und Entartungen, die sich in den bürokratisch organisierten Verwaltungen festgesetzt und verbreitet haben. Bei all dieser Kritik darf aber nicht vernachlässigt werden, dass auch die Bürokratie ihre Errungenschaften und Vorteile hat, und dass ihre Errichtung massgeblich zur Etablierung liberaler und demokratischer Verfassungsordnungen beigetragen hat.

Weber, der anfangs des 20. Jahrhunderts eine umfangreiche Untersuchung der bürokratischen Verwaltungen durchführte, beschrieb ihre Funktionsweise im wesentlichen durch folgende Punkte (Weber 1985, 551f.):

1. Es besteht eine strenge Kompetenzordnung, welche durch generelle Normen festgelegt wird.
2. Jedes Amt ist fest in eine Hierarchie eingebunden, wobei die Rechte und Pflichten der einzelnen Ämter und Amtsinhaber genau umschrieben sind.
3. Die Amtsführung beruht auf dem Grundsatz der Schriftlichkeit, der weitgehenden Trennung von Amtstätigkeit und Privatsphäre des Amtsinhabers und der Unterscheidung zwischen Privateigentum und Verwaltungsmittel.
4. Jedes Amt setzt Fachqualifikationen voraus und erfordert daher eine generell geregelte Ausbildung und Beurteilung des Amtsinhabers.
5. Ein Amt wird hauptamtlich ausgeführt. Karrierelaufbahnen verlaufen schematisch aufgrund des Dienstalters.
6. Der Beamte bzw. die Beamtin muss sich bei der Aufgabenerledigung an ein vorgegebenes System von Regeln halten, welche ein geregeltes Verfahren sicherstellen.

Zur Charakterisierung der Bürokratie durch die eben aufgezählten Eigenschaften gelangte Weber nach einer systematischen wissenschaftlichen Aufbereitung von Formen der Bürokratie, die in verschiedenen Kulturkreisen zu verschiedenen Zeiten auf der ganzen Welt bestanden (Ju 1986, 62). Was man heute unter dem Begriff der Weberschen Bürokratie versteht, ist weder eine Erfindung Webers noch eine von ihm propagierte Lehre. Vielmehr ist es das Ergebnis seiner empirischen Untersuchungen, welche in einer idealisierten Darstellung zu einem Modell der Verwaltung führen, das Weber als rationalen bürokratischen Idealtypus (im Sinne einer analytischen Kategorisierung) bezeichnete.

Unter **Bürokratien** werden heutzutage insbesondere staatliche Organisationen und Organisationsformen verstanden, deren Strukturen sich nicht am Markt orientieren, sondern den von Max Weber identifizierten Charakteristiken folgen. Meist wird der Begriff Bürokratie heute synonym für die **Bürokratiepathologien** verwendet.

Def. 1-2: Bürokratie

Die Webersche Ausprägung der öffentlichen Verwaltung mit den oben aufgeführten Schwerpunkten stösst in der heutigen Zeit einer zunehmend dynamischen Umwelt, die auch von der Verwaltung immer höhere Anpassungsfähigkeit verlangt, an ihre Grenzen. Stabilität, wie sie die Webersche Bürokratie bewusst erreichen und erhalten wollte, hat in ihrer Bedeutung für die Qualität der Verwaltung abgenommen: Inflexibilität gegenüber der Umwelt, desinteressierte und bürokratische Verhaltensweisen der MitarbeiterInnen, Entmenschlichung der Organisation, vor allem in den unteren Hierarchiestufen (Frey 1994, 25) wirken sich verheerend auf die Leistungsfähigkeit der Verwaltung aus. Diese Schwächen und Entartungen der Bürokratien führen zu vermehrten Aufrufen, die bürokratisch organisierten Verwaltungen an einem Paradigma auszurichten, das unserer Zeit angemessener ist und andere Schwerpunkte setzt. Dabei soll wirtschaftlichen Aspekten eine höhere Bedeutung zugemessen werden. Aspekte, die im bisherigen bürokratischen Modell bedeutend waren, sollen auch weiterhin ihren Platz haben.

Die Grundlegitimation im Sinne des dreistufigen Modells wird durch NPM nicht beeinflusst. So muss eine wirkungsorientierte Verwaltung nach wie vor in Einklang mit unserem demokratischen politischen System stehen. Das Prinzip der Rechts- und Ordnungsmässigkeit als Errungenschaft und Charakteristikum eines Rechtsstaates soll ebenfalls nicht untergehen. Lediglich die Allgegenwart und die einheitliche Ausgestaltung, die dieses Prinzip in den meisten Bürokratien erreicht hat, gilt es, in ein ausgewogenes Verhältnis zu den anderen Anliegen zu stellen, und damit den Einfluss von demokratischer Politik, Wirtschaftlichkeit und Wirkungsorientierung zu stärken (Reinermann 1993, 2).

1.2.2.2 Modernes Verständnis der öffentlichen Verwaltung

Nach modernem Verständnis soll sich die öffentliche Verwaltung vom Verwaltungsapparat hin zu einem Dienstleister entwickeln. An Stelle der bisherigen formalen Steuerung soll die Neuorientierung und Einführung betriebswirtschaftlicher Steuerungsinstrumente treten. Die neue Steuerungsform setzt implizit ein neues Verständnis der Verwaltung (oder auch nur eine neue Erkenntnis über sie) voraus. Im Weberschen Sinne präsentierte sich die Verwaltung – zum damaligen industriellen Grundtenor im Management passend, in welchem die Lehre des Taylorismus hochgepriesen wurde - als ein Apparat bzw. als eine Maschine. Die Entscheide und Abläufe sollten so weit als möglich „mechanisiert" werden (Zehnder 1989, 22). Dieses Verständnis wird nun zunehmend abgelöst von der Darstellung der Verwaltung als dynamisch komplexes soziales Gebilde.

Die öffentliche Verwaltung ist eingebettet in ein politisches, soziales und ökonomisches Umfeld. Das politische System hat direkten Einfluss auf die Aufgaben und das Arbeiten der Verwaltung. Das Verhältnis von Verwaltung und Politik hat sich im Laufe des letzten Jahrhunderts verändert. Während die traditionelle Aufgabe der Verwaltung sich im Sinne der funktionalen Gewaltenteilung auf den Vollzug und die Umsetzung politischer Entscheidungen beschränkte, ist ihr historisch überall eine weitere Aufgabe im Bereich des policy-making zugewachsen. Diese Verschiebung, welche eine Veränderung der normativ geforderten Staatsstruktur ist (Mastronardi 1998, 66), wurde vor allem durch die stetig steigenden und neuartigen sozialstaatlichen Aufgaben des Staates gefördert. Das Parlament als eigentlich gedachtes Zentrum der politischen Meinungsbildung ist überfordert und muss wesentliche Aufgabenteile der Exekutive und der Verwaltung überlassen. Die Verwaltung erlangt eine entscheidende Rolle bei der politischen Meinungsbildung, indem sie massgebliche Informationen für eine konsensfähige Lösung in den politischen Entscheidungsprozess hineinträgt.

Die Verwaltung ist nicht nur Teil des politischen Systems, sondern der Gesellschaft insgesamt. Gerade die Schnittstellenfunktion der Verwaltung zwischen Staat und BürgerInnen verlangt Akzeptanz und Rechtfertigung der Verwaltung in der Bevölkerung. Die Haltung der Bevölkerung ist nicht statisch, sondern ändert sich aufgrund verschobener gesellschaftlicher Werte und Vorstellungen. Die Verwaltung steht diesen Werthaltungen in zweierlei Hinsicht gegenüber. Zum einen wird angesichts der erzeugten Produkte der Verwaltung, nämlich Entscheidungen und Handlungen, deutlich, dass die Mitarbeiterinnen und Mitarbeiter einen elementaren Faktor im Verwaltungsprozess darstellen (Becker 1989, 121). Durch sie werden Werthaltungen, welche in der Gesellschaft vorhanden sind, in die Verwaltung und deren Entscheidungen und Handlungen eingebracht. Auch wenn das Verhalten der Mitarbeiterinnen und Mitarbeiter dem Legalitätsprinzip entsprechend im Rahmen und gemäss dem Gesetz erfolgt, bleiben Ermessens-, Handlungs- und Verständnisspielräume, die das Einfliessen persönlicher Werthaltungen erlauben. Zum anderen ist beim Verhältnis Verwaltung und Gesellschaft zu beachten, dass der Staat und damit auch die Verwaltung die Möglichkeit hat, einseitig Werthaltungen zu prägen. Der Staat kann z.B. durch die Anhebung einer Problemstellung vom individuellen auf öffentliches Niveau und Interesse, wie es bei der Abtreibungsdiskussion der Fall war, das Bewusstsein für bestimmte Werte prägen oder sogar einen Wertewandel in der Gesellschaft provozieren.

Schliesslich muss sich die Verwaltung vermehrt dem Markt und damit dem Wettbewerb aussetzen. Während die öffentliche Verwaltung im traditionellen Modell dominiert wurde von einem Regelungsmuster, das sich grossteils auf rechtsstaatliche und demokratische Verfahren sowie legalen Zwang abstützte, wird die Aufgabenerfüllung neuerdings auch durch (künstlich geschaffene) Marktsituationen geregelt. Die Wettbewerbsfähigkeit der Verwaltung soll gefördert werden. Für die Verwaltung bedeutet dies zunächst, dass sie einerseits als Mitbewerber auf einen „Dienstleistungsmarkt" auftritt und andererseits als Kunde gegenüber ihren Lieferanten im Beschaffungsmarkt. Marktmechanismen sollen innerhalb der Verwaltung zur Steigerung der Effizienz und Effektivität führen. Markt und Staat bzw. öffentliche Verwaltung entwickeln sich mehr und mehr zu verknüpften Ordnungssystemen.

Innerhalb der Verwaltung ergeben sich als mögliche Ansatzpunkte und Einflusskanäle für die Neuausrichtung der Verwaltung drei Bereiche. Es sind dies die Elemente einer Organisation, die *formell* gestaltbar bzw. beeinflussbar sind und in denen Veränderung durch Beeinflussung formaler Elemente erreicht werden kann:

- **Strategie**: Strategie wird hier nicht in der aus der allgemeinen Managementliteratur bekannten Bedeutung verstanden. Der hier verwendete umfassendere Strategie-Begriff umfasst alle Elemente, welche die grosse Richtung des Handelns angeben. Die Ausrichtung der Verwaltung und ihrer Veränderung auf bestimmte *Visionen*, *Aufgaben* oder *Ziele* wird in diesem Zusammenhang als strategisches Element verstanden.

- **Struktur**: Strukturelle Elemente sind die *Ablauf- - und die Aufbauorganisation* innerhalb der Verwaltung sowie *formelle Regeln*. In diesen Bereich fallen auch die systemischen Rahmenbedingungen, die explizit zur Ordnung der Organisation festgelegt wurden. Dies sind beispielsweise *Anreizsysteme, Reglemente oder Spielregeln*.

- **Potential**: Das *Personal* mit seinen Fähigkeiten und Kenntnissen, das in der Organisation vorhandene *Wissen* sowie die *technische Infrastruktur* mit ihren Möglichkeiten bilden gemeinsam das Potential der Verwaltung.

Zu beachten ist dabei, dass Strategie, Struktur und Potential der Verwaltung bzw. einer Verwaltungseinheit formell geregelte Elemente darstellen. Sie können durch bewusste Handlungen und Impulse von aussen gesteuert werden. So wird beispielsweise eine neue Organisationsstruktur durch zielgerichtete Umgestaltungsmassnahmen in Gang gesetzt. Die Massnahmen können dabei hinreichend genau ausgewählt werden, um in der Folge das angestrebte Ziel, die neue Organisationsstruktur, zu erreichen. Gleichzeitig beeinflussen sich die Struktur, das Potential und die Strategie gegenseitig. Wird beispielsweise die Kundenorientierung als neue Strategie festgelegt, so finden implizite Anpassungsprozesse bei den (Mikro-) Strukturen statt, etwa indem in den Arbeitsgruppen „KundenbetreuerInnen" bestimmt werden. Gleichzeitig bilden sich die MitarbeiterInnen weiter und orientieren sich über den Inhalt der Kundenorientierung; dies verändert das Potential. Gesamthaft lässt sich aber nicht festlegen, wie genau diese Zusammenhänge ablaufen, da solche soziale Prozesse nicht maschinenartig organisierbar und in ihren Abläufen schwer vorhersehbar sind.

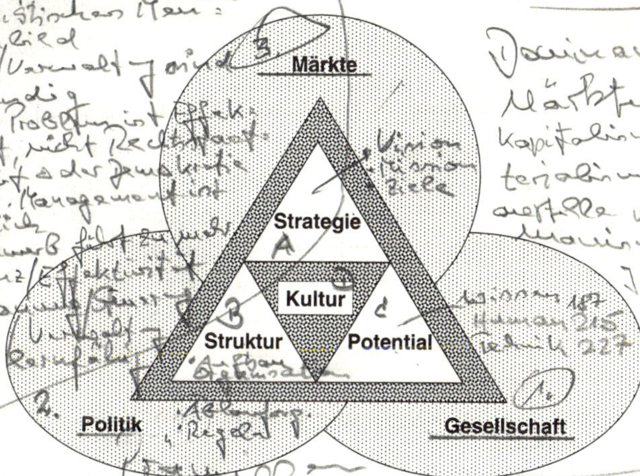

Abb. 1-3: Heuristisches Dreiecks-Modell der Verwaltung als Organisation

Die Kultur hingegen beschreibt *informelle* Prozesse und Organisationen, die aufgrund der tieferliegenden Grundprämissen vorhandene Werte und Ausprägungen dieser Werthaltungen abbilden. Kennzeichnend für die Kultur ist in diesem Modell, dass sie informell strukturiert und daher nicht direkt durch bewusste Intervention steuerbar ist. Dies bedeutet nicht, dass Kultur ein unveränderliches Element darstellt, denn auch die Kultur verändert sich bei

Umweltveränderungen. Hinter dem einfachen Modell steht die Annahme, dass zwischen den formellen „Interventionsbereichen" und der Kultur jeweils ein Austauschprozess stattfindet, dessen Verlauf nur beschränkt vorhersehbar ist (Bleicher 1991, 115). In der langfristigen Perspektive tendiert das System zum Gleichgewicht. Man kann daher auch, ohne den genauen Ablauf der Prozesse zu kennen, vermuten, dass Disharmonien zwischen den einzelnen Elementen und Bereichen ausgeglichen werden.

1.2.2.3 Aufgaben der öffentlichen Verwaltung

Die primäre und originäre Aufgabe öffentlicher Verwaltungen ist der Vollzug politischer Entscheidungen. Konkrete inhaltliche Verwaltungsaufgaben ergeben sich aufgrund der Gesetze. Erst wenn ein politischer Entscheid inhaltlich determiniert ist, d.h. in Gesetzesform gebracht worden ist, können Aufgaben für den Vollzug abgeleitet werden. Die Gesetze können dabei unterschiedlich konzipiert sein. Grundsätzlich kann zwischen final- und konditionalprogrammierten Gesetzen - d.h. zwischen reinen Zielvorgaben und meist in „wenn..., dann..." formulierten Handlungsanweisungen - unterschieden werden. Je nach Ausgestaltung ergibt sich ein sehr unterschiedlicher Handlungs- und Entscheidungsspielraum für die Verwaltung. Die inhaltliche Umschreibung der zu vollziehenden Aufgabe findet bei beiden Formen statt. Der Einfluss der gesetzlichen Regelung auf die Verwaltung wird im Verlauf des Buches vertieft untersucht.

Inhaltliche Aufgabenbeschreibungen der Verwaltung sind somit nie allgemeingültig, sondern nur auf konkrete Verwaltungen anwendbar. Allerdings können gewisse Aufgabenbereiche identifiziert werden, die in allen europäischen Sozialstaaten anfallen. Fleiner-Gerster (1980, 397ff.) unterscheidet zunächst die Schutzaufgaben des Staates nach innen und aussen. Neben Verteidigungsaufgaben und landläufig mit Polizei in Verbindung gebrachten Aufgaben, zählen hierzu auch Aufgaben zum Schutze der Bevölkerung, wie z.B. Baupolizei, Lebensmittelpolizei, Flugsicherung, Kontrollen im Bereich des Umweltschutzes usw. Daneben nennt er Wohlfahrtsaufgaben, bei denen der Staat durch die Verwaltung verschiedenste Aufgaben wahrnimmt. Beispielhaft gehören hierzu Aufgaben im Bereich der Existenzsicherung und anderer sozialmotivierter Versicherungen ebenso wie Aufgaben der Wettbewerbsaufsicht und Energieversorgung.

Oftmals wird die Verwaltungstätigkeit nach ihrer Art in Eingriffs- und Leistungsverwaltung unterteilt. Wie schon die Begriffsgebung nahe legt, umfasst die erstgenannte Art der Verwaltung Aufgaben, bei denen die Verwaltung in die Rechte des Einzelnen eingreift, wohingegen die Verwaltung bei der zweiten Form den Bürgerinnen und Bürgern staatliche Leistungen, vor allem wirtschaftliche und soziale Leistungen, zukommen lässt (Häfelin/Müller 1998, 6).

Der öffentlichen Verwaltung kommt neben dem Vollzug eine weitere wichtige Aufgabe zu. Sie nimmt eine bedeutende Stellung im Rahmen der *Politikvorbereitung* ein. Die Politik ist in ihrer Entscheidungsvorbereitung auf die fachliche Unterstützung der Verwaltung angewiesen. Die Aufgabe und Leistung der Verwaltung besteht dabei einerseits darin, die Politik mit Informationen, welche sie aus ihrer Vollzugstätigkeit gewinnt, zu versorgen und den Mitgliedern der Parlamente damit notwendige Entscheidungsgrundlagen zu liefern. Andererseits wird die Verwaltung bzw. die Regierung regelmässig mit der Ausarbeitung von Gesetzesentwürfen betraut und trägt damit direkt zum politischen Entscheidungsprozess bei. Der Gesetzesentwurf ist für die Parlamente inhaltlich nicht bindend, löst aber dennoch den Zwang zur Diskussion und Behandlung aus. Die Verwaltung nimmt damit faktisch eine politische Funktion wahr, denn die Selektion der Information in sich ist Politik. Dies ist umso bedeutender, als die Verwaltung gegenüber der Politik von einem erheblichen Informationsvorsprung profitiert.

1.2.2.4 Ethischer Massstab des Verwaltungshandelns: Utilitarismus vs. Pflichtenethik

Wie oben angedeutet wurde, steht der Verwaltung bei ihrer Aufgabe ein mehr oder wenig grosser Handlungs- und Entscheidungsspielraum offen. Diesen Spielraum nützt und füllt die Verwaltung (selbst oder aufgrund externer Vorgaben oder Grundsätze) einem tieferliegenden System von Grundprämissen folgend aus. In der neueren Diskussion werden zwei unterschiedliche ethische Grundhaltungen unterschieden, nach denen sich das Verwaltungshandeln ausrichten kann. Dies ist einerseits der Utilitarismus und andererseits die Pflichtenethik bzw. Deontologie.

Der klassische Utilitarismus kennzeichnet sich durch eine Philosophie, die im Nützlichen die Grundlage des sittlichen Verhaltens sieht. Das Streben nach Glück zählt zu den obersten menschlichen Zielen. Das Beurteilungskriterium ist stets der Nutzen, wobei je nach utilitaristischer Ausprägung der individuelle Nutzen des Einzelnen oder der grösste Nutzen für die grösstmögliche Zahl Betroffener gemeint ist. Gut ist, was nützlich ist. Die utilitaristische Ethik dominiert das Privatrecht und bildet die philosophische Grundlage der neuen politischen Ökonomie.

Demgegenüber geht die Pflichtenethik, welche dem hiesigen öffentlichen Recht und somit auch dem Verwaltungshandeln unterlegt ist, von ganz anderen Kriterien aus. Sie basiert auf einem Staatsverständnis, das auf Rechten und Pflichten des Staates gegenüber seinen Bürgerinnen und Bürgern (et vice versa) aufbaut. Die Einhaltung streng vorgegebener Verfahren steht hier über dem im Einzelfall erzielten Ergebnis. Mit anderen Worten handelt die Politik auch dann sittlich, wenn sie unnütz handelt, wenn sie also keinen Nutzen stiftet, so lange sie sich an die politisch legitimierten Verfahren hält. Dabei wird unterstellt, dass nur ein politisch legitimiertes Verfahren zu einer Optimierung der allgemeinen Wohlfahrt führen könne. Vor diesem Hintergrund erhalten das Demokratie- und Rechtsstaatsprinzip im Selbstverständnis des politisch-administrativen Systems ein erheblich stärkeres Gewicht als das Leistungs- und das Wirtschaftsstaatsprinzip.

Die pflichtenethische Grundhaltung wird im Verwaltungsalltag vor allem an den zur Anwendung kommenden Instrumenten deutlich. Während aus der utilitaristischen Grundhaltung erwachsende Instrumente zur Optimierung von Effizienz und Effektivität, wie z.B. Marktmechanismen, in der heutigen Verwaltung kaum anzutreffen sind, dominieren Instrumente der Pflichtenethik, wie rechtsstaatliche Verfahren und demokratische Prozesse die Handlungs- und Entscheidungsprozesse in der Verwaltung.

1.2.3 *Krisen der öffentlichen Verwaltung*

In den folgenden Abschnitten soll das Umfeld, in dem sich die öffentliche Verwaltung befindet, näher untersucht werden. Es geht darum, Gründe für das Versagen bürokratischer Steuerungsmechanismen aufzuzeigen und gleichzeitig die veränderten Anforderungen an die Verwaltung herauszustreichen. Analog dem weiter vorne dargestellten Dreiecks-Modell werden Auswirkungen des Wandels in Gesellschaft, Politik und Markt herausgearbeitet.

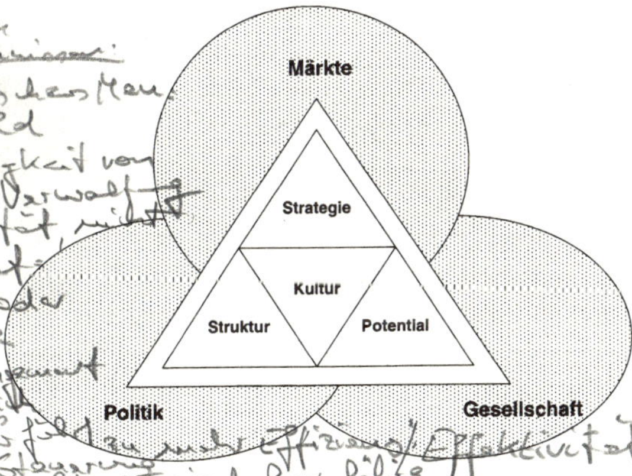

Abb. 1-4: Umfeld der Verwaltung im Organisationsmodell

1.2.3.1 Gesellschaftlicher Wandel

Die traditionellen Strukturen, Verfahren und Instrumente der öffentlichen Verwaltung scheinen nicht mehr leistungsfähig genug zu sein, den sich im letzten Jahrhundert grundlegend geänderten Problemfeldern und Bedingungen von Staat und Gesellschaft zu stellen (Budäus 1995, 11). Die Gesellschaft hat sich seit Anfang des Jahrhunderts, als Weber seine Untersuchung der Bürokratie durchführte, von einer industrialisierten, durch Kriegs- und Krisenjahre gezeichneten Gesellschaft zur modernen Informations- und Konsumgesellschaft gewandelt. Der Auf- und Nachholbedarf der Kriegsjahre ist schon lange gedeckt und ein gewisser Wohlstand erreicht worden. Die Menschen haben mehr Freizeit und Schulbildung denn je, und sie nutzen beides zur Reflexion ihres Wertempfindens. Traditionelle Werte wie Religion, aber auch allgemeine Obrigkeitshörigkeit, welche sicherlich zur Akzeptanz der Bürokratie beigetragen hat, haben an Bedeutung verloren.

Die Individualisierung der Gesellschaft, die sich z.B. in der wandelnden Bedeutung sozialer Institutionen wie etwa der Familie äussert, konfrontiert die Verwaltung und die Politik mit neuen Problemfeldern wie Entsozialisierung und –solidarisierung. Budäus (1995, 13f.) sieht jedoch das eigentliche durch die Individualisierung hervorgerufene Problem der öffentlichen Verwaltung darin, dass unser politisch-administratives Systems auf den Ausgleich und die Verhandlung mit pluralistisch organisierten Interessenorganisationen ausgelegt ist. Die Individualisierung führt zur Bildung einer Vielzahl kleiner partikularisierter Interessenzirkel. Einigen dieser Zirkel gelingt es zur Klientel der Politik zu werden und damit Partikularinteressen durchzusetzen. Die Organisation der Gesellschaft in individuelleren und damit kleineren und zahlreicheren Gruppen lässt die Aufgaben und Ausgaben des Staates und der Verwaltung wachsen und ruft nach neuen Formen der Partizipation.

Eine zweite grundlegende Veränderung ist die Entwicklung der Informationstechnologie. Sie erlaubt eine Verfügbarkeit von Daten und Informationen, die noch vor 20 Jahren unvorstellbar war. Die Kommunikation zwischen den verschiedenen Ebenen einer Organisation wurde durch diese Technologie erheblich erleichtert. Durch die dauernde Präsenz umfangreicher Datenmengen haben Charakteristika der Bürokratie wie Hierarchie und Spezialisierung an Bedeutung eingebüsst. Speicherbares Wissen ist heute kein Engpassfaktor mehr, so dass Standardentscheide keines Spezialisten mehr bedürfen.

Die neuen Wege der Informationsverarbeitung beeinflussen ferner die formale Organisation der Bürokratien, insbesondere ihre hierarchische Gliederung. Das Dienstwegprinzip scheint in diesem neuen Umfeld überholt und unangebracht. Die neue Technologie ermöglicht die Delegation von Zuständigkeiten nach unten, da Informationen aus verschiedenen Kanälen nicht mehr nur an der Spitze zusammenlaufen, sondern auf breiter Ebene verfügbar gemacht werden können. Hierarchien erschweren in diesem neuen Umfeld sogar den Kommunikations-, Informations- und Führungsprozess dadurch, dass unnötige Weiterleitung von Information stattfindet. Delegation ist daher eine einfache Folge der technischen Informationsverarbeitung und führt zum Abbau hierarchischer Zuständigkeitsordnungen zugunsten von Planungs- und Kontrollkonzepten (Laux 1993, 342f.).

1.2.3.2 Politisches Umfeld

Die finanzielle Krise, in welche die meisten europäischen Länder gegen Ende der 80er bzw. zu Anfang der 90er Jahre stürzten, gilt gemeinhin als Anstoss und Auslöser, durch welchen die Politik und die Regierungen zur Bestandesaufnahme und zur Analyse von Reformpotentialen bewegt wurden. Obwohl die leeren Staatskassen lediglich ein Symptom einer mehr und mehr anerkannten Schwäche unserer funktionalen und strukturellen Ausgestaltung des Staates sind (Sachverständigenrat „Schlanker Staat" 1997, 5), scheinen sowohl der Politik als auch den BürgerInnen erst dadurch die Defizite und Grenzen unseres Systems deutlich geworden zu sein. Jahrzehntelang konnte durch stetiges Wachstum und konstante Ausdehnung des Staates die abnehmende Problemlösungsfähigkeit bürokratischer Organisationen verdeckt werden. Diese Strukturdefizite, die durch das traditionelle System gefördert werden, können nicht mehr länger finanziert werden. Staatliche Bürokratien zeichnen sich durch eine hohe Kontinuität aus und neigen zum Wachstum. Noch in den fünfziger Jahren analysierte Parkinson (1957, 5), dass in öffentlichen Bürokratien die Anzahl Stellen unabhängig vom Bestand der zu erledigenden Aufgaben steigt. Die Begründung hierfür sah Parkinson im Streben der BeamtInnen nach Macht, welche sich unter anderem in der Anzahl Untergebener zeigt. Dieser Mechanismus konnte in staatlichen Bürokratien gelten, da die Bürokratie die politische Führung durch ihren Sachverstand und Informationsvorsprünge beeinflussen kann und somit ein Übergewicht erlangen kann. Heute hingegen sind die Möglichkeiten für ein unbegrenztes Wachstum der Bürokratie nicht mehr im selben Masse gegeben.

Die Rahmenbedingungen und die gesellschaftspolitischen Herausforderungen, denen die Verwaltungsorganisation genügen muss, haben sich zusammen mit dem allgemeinen gesellschaftlichen Wandel verändert. Weber's Kategorisierung der Bürokratie als Idealtypus (Weber 1985, 550) wird unter diesen veränderten Umständen immer kritischer betrachtet und konfrontiert das traditionelle Modell der öffentlichen Verwaltungsorganisation mit durch den Wandel hervorgerufenen Problemen. Zum ersten anerkennt man heute, dass eine strikte Trennung von Politik und Verwaltung auch in bürokratisch organisierten Verwaltungen nicht vorhanden ist, sondern stets eine gewisse Vernetzung und Beeinflussung von beiden Seiten gegeben ist (Hughes 1994, 44). Zu beachten ist allerdings, dass anfangs mit der Bürokratisierung vor allem Korruption und Postenschieberei ausgemerzt werden sollte, wohingegen heute die gegenseitige Beeinflussung hauptsächlich in gegenseitiger Information und im Ausfüllen von Entscheidungsspielräumen bestehen soll. Zum anderen ist die Beurteilung der Bürokratie als technisch überlegen aus verschiedenen schon genannten Gründen, wie Informationstechnologie, leistungsstaatliche Aufgaben der Verwaltung usw. heute zweifelhaft geworden.

Nicht zuletzt sehen sich alle Organe des Staates einer zunehmenden Skepsis in der Bevölkerung ausgesetzt. Die institutionelle Legitimation scheint schwach, was sich darin äussert, dass die politischen Organe gegen die Politikverdrossenheit der Bürgerinnen und Bürger und um deren Aufmerksamkeit und Engagement kämpfen (Finger 1997, 48). Die öffentliche Verwaltung - als erlebbares Aushängeschild - fördert bzw. ruft die negative Haltung gegenüber dem Staat oftmals hervor. Langsamkeit, Ineffizienz und Unpersönlichkeit sind Merkmale, die viele Menschen mit traditionellen

Verwaltungen in Verbindung bringen. Lange Zeit funktionierte dieses Modell trotz der eben genannten Unzulänglichkeiten. Es löste die Probleme der Menschen, sorgte für eine elementare Infrastruktur, bot Stabilität und gab das Gefühl von Fairness und sozialer Gerechtigkeit (Osborne/Gaebler 1997, 25). Das alleine scheint heutzutage die öffentliche Verwaltung nicht mehr zu legitimieren. Gefordert wird zunehmends gute Dienstleistungsqualität, oder anders ausgedrückt, die individuelle Legitimation der Verwaltungsleistungen gewinnt an Bedeutung. Ebenso wie der Einzelne und private Firmen in immer kürzerer Zeit, mit weniger Geld, immer mehr leisten müssen, wird dies auch von der öffentlichen Verwaltung verlangt. Deshalb sind neue öffentliche Managementformen erforderlich, die der Verwaltung hierbei helfen und die Wirkungen des Verwaltungshandelns besser kontrollieren, um damit der Frustration und Gleichgültigkeit in der Bevölkerung entgegenzuwirken.

Erwähnt sei auch die Entwicklung der ehemaligen Ostblockstaaten und deren Bedeutung für die Ausgestaltung des öffentlichen Bereichs. Die Entwicklung im Osten hat die gesamte politische Diskussion beeinflusst. In der inhaltlichen Diskussion konnte zunächst ein „Überschiessen" des Marktglaubens verzeichnet werden. Der Untergang der sozialistischen Staaten liess den Markt als Sieger aus der jahrzehntelangen ideologischen Diskussion hervorgehen. Die Idealisierung des Marktes verlor aber immer mehr an Bedeutung, da die Gegenpositionierung zum Plan nicht mehr notwendig war. Das Wetteifern zweier extremer Positionen war gegenstandslos geworden und führte schlussendlich inhaltlich zu einer entkrampfteren Diskussion über die Gestaltung des Systems. Die Tatsache, dass es keine Ideologien mehr zu verteidigen galt, erlaubte eine konstruktive Weiterentwicklung des Marktmodells zu Systemen die z.B. mit Begriffen wie „third way" oder „managed competition" umschrieben werden (vgl. Kap. 7.1).

1.2.3.3 Marktliches Umfeld

Die jüngere Entwicklung der europäischen Märkte ist durch Globalisierung, Internationalisierung und Liberalisierung gekennzeichnet. Das Zusammenwachsen nationaler Märkte zu international oder gar global integrierten Wirtschaftsräumen führt zu verschärftem Konkurrenzdruck und fördert den Trend zu Konzentration und internationaler Arbeitsteilung. Die weltweite Liberalisierungswelle, die unter anderem durch das GATT und WTO, sowie durch die wirtschaftliche Öffnung vieler Entwicklungsländer ausgelöst wurde, bedeutet für die Unternehmen einerseits eine Vergrösserung des potentiellen Absatzmarktes andererseits aber auch grösseren Konkurrenzdruck. Diese Veränderungen treffen in erster Linie Unternehmen, die ihre Marktposition und ihre Wettbewerbsvorteile durch die Wahl attraktiver Rahmenbedingungen und die Nähe zu ihren internationalen Kunden beeinflussen können (Lütolf 1997, 75ff.).

Der Staat und die öffentlichen Verwaltungen sind von diesen Veränderungen im Zusammenhang mit dem Standortwettbewerb betroffen. Als wichtiger Standortfaktor gilt heute eine leistungsstarke Kommunalverwaltung (Reichard 1995, 21) bzw. ein Netz öffentlicher Institutionen. Umständliche, langwierige Genehmigungsverfahren bedeuten höhere Kosten für die Unternehmen und beeinflussen die Wahl des Standorts. Die „Vorstellung staatlicher Souveränität" (Lütolf 1997, 85) ist entzaubert worden und an ihre Stelle ist der Anspruch getreten, die Verwaltung als Dienstleistungsunternehmen zu sehen. Die BürgerInnen und Unternehmen wollen sich als Kunden behandelt wissen. Eine hinderliche, langsame, komplizierte Verwaltung kann zur Abwanderung von Industrie und privaten Dienstleister führen und damit mittel- bis langfristig der materiellen Basis der staatlichen Organisation schaden.

Der Standortwettbewerb beeinflusst das Verhältnis Markt und Verwaltung auch hinsichtlich des Handlungsinstrumentariums des Staates. Während der Staat traditionellerweise mit einheitlichen, einseitigen Hoheitsakten in Form von Verfügungen oder Entscheidungen gehandelt hat, nimmt die Bedeutung des informellen Verwaltungshandelns stetig zu und der Staat trifft heute vielmals Absprachen und Verträge und regelt auf diese Weise bilateral, als gleichberechtigter Mitspieler seine Anliegen.

1.2.4 *Ausweg aus der Krise*

Das bürokratische Verwaltungsmodell, das lange Zeit den staatlichen und gesellschaftlichen Erfordernissen entsprach, zeigt in der veränderten Umwelt zunehmend Schwächen und Dysfunktionalitäten. Konsequenterweise stellt sich die Frage, ob und wie die öffentliche Verwaltung die modernen Aufgaben des Staates zeitgemäss wahrnehmen und erfüllen kann, ohne dabei grundlegende Legitimationsprinzipien wie Demokratie- und Rechtsstaatsprinzip fallenzulassen.

1.2.4.1 Konzept des Gewährleistungsstaates

Da die NPM-Diskussion von Kritikern oft mit dem Vorwurf belastet wird, NPM würde eine einseitig neo-liberalistische Auffassung postulieren, soll zunächst auf die hinter dem NPM stehende Staatskonzeption eingegangen werden. Es ist auffallend, dass die öffentliche Verwaltung im Sinne eines sozialen Systems als eigenständiger Untersuchungsgegenstand in vielen Staatskonzeptionen vernachlässigt wird. Zwar wird von der Verwaltung verlangt, sie habe sich der Politik unterzuordnen, an Politikvorbereitung und -vollzug teilzunehmen und ansonsten der verlängerte Arm der Politik zu sein, doch die Arbeitsweise der Verwaltung wird nur selten konkret hinterfragt. Insbesondere fehlen oft Überlegungen zu den Auswirkungen verschiedener Staatskonzeptionen auf den „betrieblichen Alltag“ in der Verwaltung.

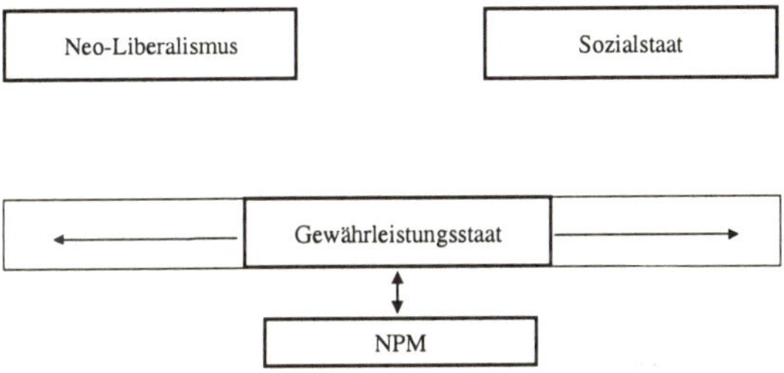

Abb. 1-5: Überwindung des ideologischen Antagonismus als Grundlage für NPM

Als Hypothese kann formuliert werden, dass der „NPM-Staat" durch inkrementale Anpassungen an die Gegebenheiten und Erfahrungen der Praxis zu einem pragmatischen Staatsverständnis gelangt ist, das seine Wurzeln in verschiedenen, in der jüngeren Vergangenheit festgefahrenen Staatskonzeptionen hat. Diese hier angesprochenen Gegensätze sind die schon weiter vorne kurz dargestellte Idee des Sozialstaates und der Neo-Liberalismus. Beide Modelle weisen ein zentrales Strukturdefizit auf: Die Sozialstaatlichkeit leidet in der Praxis unter *Politik-Versagen* und unkontrollierter Aufblähung des Staatsapparates, die nach Riklin und Möckli (1983, 91) bis zu einer Gefährdung von Rechtsstaat, Demokratie und Föderalismus führen kann. Demgegenüber leidet das Wettbewerbsmodell des Neo-Liberalismus unter *Marktversagen.* Dies führte nach Schuppert (1989, 57) bis anhin dazu, dass neue Formen der Selbstorganisation entstanden, die sich weder durch den Markt noch durch staatliche Regulierung steuern lassen: die Organisationen im sog. „Dritten Sektor", im „Non-Profit-Sektor". Ein weiterentwickeltes NPM als eine Form der Steuerung, die innerhalb des staatlichen Rahmens bestehen möchte, baut auf einem Staatsverständnis auf, das die zentralen Strukturdefizite der beiden Ansätze aufgreift und die ideologische Ebene verlässt. Es versucht gleichsam aus beiden Modellen jene Elemente zu ziehen, die sich erfolgreich bewährt haben, nicht ohne aber ein eigenes, neues Verständnis von Staat und Wirtschaft zu entwickeln.

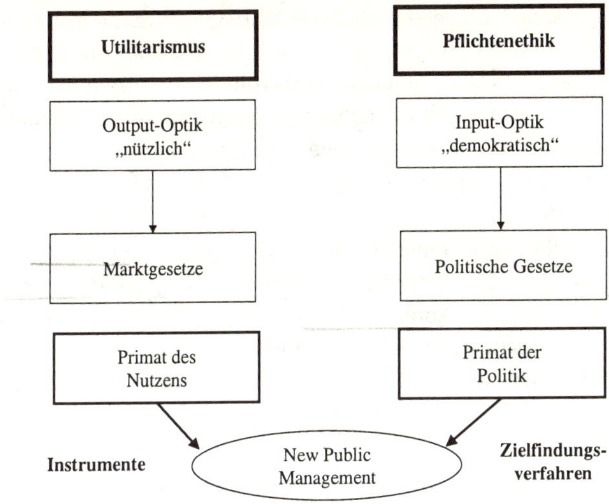

Abb. 1-6: Die Legitimationsquellen des NPM

Die Synthese der beiden Leitbilder führt zu einer Staatsvorstellung, die sich mit der Ablösung des „entweder-oder“ Argumentierens durch ein „sowohl-als-auch“ auszeichnet. Mit Fischer und Thierstein (1995, 655) handelt es sich um ein neues Politik- und Staatsverständnis, „das nicht alles bisherige negiert oder abschafft, sondern ergänzend zu den herkömmlichen Instrumenten eine erneuerte Partnerschaft zwischen Staat und Privaten eingeht“, wobei sich diese Vorstellung auch auf eine neue Partnerschaft zwischen staatlichen Instanzen, beispielsweise Bund und Ländern, ausweiten lässt. Daraus ergibt sich die Konzeption des *Gewährleistungsstaates:*

1. Über die *Aufgabenbreite* des Staates entscheiden die politischen Instanzen in den üblichen, demokratisch legitimierten Verfahren.
2. Die *Leistungstiefe* des Staates ist gegenüber dem Wohlfahrtsstaat eingeschränkt; der Service Public erfüllt nur noch die Aufgaben im Kernbereich der staatlichen Verantwortung *selbst*. Diese Einschränkung ist nicht mit der neo-liberalen „Mini-Staat“-Konzeption gleichzusetzen, da die *Verantwortung*

des Staates für bestimmte wohlfahrtsgewährende Aufgabenbereiche nicht aufgehoben wird. Seine Rolle im Entwicklungsprozess wird hingegen eine völlig andere sein: Der Staat soll die Gesellschaft vermehrt aktivieren, indem auch direktere Partizipation der BürgerInnen/KundInnen an der Leistungserstellung ermöglicht und gefördert wird (von Bandemer et al. 1995, 58f.).

3. Auch die daraus entstehende Gewährleistungs*verwaltung* handelt zielgerichtet, aber autonomer und mit Verhandlungsspielraum. Über die konkrete Definition der Staatsaufgaben entscheidet nicht der Markt, sondern sie ist nach wie vor das Resultat eines demokratischen Verfahrens. Diese Mechanismen übernimmt die neue Konzeption von jener des Wohlfahrtsstaats.
4. Die Grenzen zwischen Staat und Wirtschaft sind im Bereich der Politikimplementation nicht klar gezogen, sondern durch Überschneidungen charakterisiert. Durch *„Empowerment"* der Einwohnerinnen und Einwohner sollen diese zur Eigenerstellung öffentlicher Güter angeregt werden; in Public-Private-Partnerships werden öffentliche und private Verantwortung miteinander verbunden. Der traditionelle Obrigkeitsstaat mutiert zum Partner, zum Moderator und Katalysator.
5. In diese Implementationsfelder bringt der Staat bewusst Mechanismen ein, die höchste Bedürfnisbefriedigung bei effizienter Erstellung erwirken, ohne sie durch Regulierung erzwingen zu wollen. Diese Mechanismen werden aus der Markttheorie entnommen und auf die konkrete Situation adaptiert.

Die Konzeption des Gewährleistungsstaats erwirkt eine Vorstellung des politisch-administrativen Systems, das sowohl sozialstaatliche als auch neo-liberale Züge aufweisen kann. Nach aussen wird dieser Umstand offenbar, wenn gleichzeitig Schweden und Grossbritannien mit derselben Staatskonzeption arbeiten und dabei die unterschiedlichsten Strategien verfolgen. Im deutschsprachigen Raum öffnet sich zwar nicht eine Kluft desselben Ausmasses, doch wurden auch hier Projekte von Regierungen aller politischen Couleurs initiiert, welche heute mit praktisch demselben Modell arbeiten (NSM; WoV).

> In der Staatskonzeption des **Gewährleistungsstaates** wird der Entscheid über die Aufgabenbreite und die ideologische Ausgestaltung des Staates (neo-liberaler vs. Sozial- und Wohlfahrtsstaat) entkoppelt von Fragen der Gestaltung des Service Public und der Aufgabenwahrnehmung. Die Aufgabenbreite wird durch politische Instanzen in demokratischen Verfahren festgelegt. Bei der Aufgabenerfüllung trägt der Staat in allen öffentlichen Aufgabenbereichen die Gewährleistungsverantwortung, erbringt aber lediglich sog. Kernaufgaben des Staates selbst.

Def. 1-3: Gewährleistungsstaat

1.2.4.2 Verwaltungsverantwortung im Gewährleistungsstaat

Um den Schritt von der Vollzugsverwaltung zur Gewährleistungsverwaltung (Reichard 1995, 42f.) umsetzen zu können, muss ein neues Bild der Arbeitsweise öffentlicher Verwaltung unterlegt werden. Die öffentliche Verwaltung trägt im Gewährleistungsstaat die Verantwortung für die Sicherstellung der Leistungserbringung der demokratisch festgelegten Aufgaben. Im Gegensatz zum traditionellen Vorgehen der Verwaltung bedeutet dies aber keineswegs, dass zwingend die eigentliche Ausführung und Erbringung der Aufgabe sowie deren Finanzierung verwaltungsintern organisiert ist. Vielmehr kann beispielsweise in die von Naschold et al. (1996, 102; eine andersartige Verantwortungsgliederung nimmt z.B. Schuppert 1998, 421ff. vor) vorgeschlagenen Verantwortungskategorien unterschieden werden:

- *Gewährleistungsverantwortung*: Gewährleistung, dass eine Leistung zielgerecht erbracht wird;
- *Finanzierungsverantwortung*: Sicherstellung der Finanzierung der Leistungserbringung;
- *Durchführungsverantwortung*: Erbringung und Vollzug der Leistung.

Je nach Verantwortungskategorie, in die eine öffentliche Aufgabe fällt, unterscheidet sich die Rolle der öffentlichen Verwaltung bei der Aufgabenerfüllung. Um auf die unterschiedlichen Anforderungen reagieren zu können, braucht die öffentliche Verwaltung eine Organisation, die ihr erlaubt nach den unterschiedlichen Verantwortungskategorien zu handeln. Dabei hat sich insbesondere in England das Modell der sog. *Enabling Authority* herausgebildet. Zentrales Element dieser Organisationsform ist die Errichtung einer *Vergabeabteilung*. Diese bekommt von der politisch-administrativen Führung Leistungsziele vorgegeben und schliesst zur Erreichung dieser Ziele Kontrakte mit verschiedenen (internen und externen) Anbietern ab (vgl. Kap. 4.1.4).

Im Unterschied zur hierarchischen, gegenüber nicht staatlichen Anbietern abgeschlossenen Gestaltung im Bürokratiemodell lässt dieses Auftragsmodell eine rationale Lösung im Einzelfall zu (z.B. nach Verantwortungskategorien) und stellt dieses Ziel über eine optimale institutionelle Lösung (Naschold et al. 1996, 104).

1.2.5 *Rationalitäten im Verwaltungsumfeld*

Die öffentliche Verwaltung als Untersuchungsgegenstand tritt in verschiedenen Disziplinen auf, wobei jede Disziplin die öffentliche Verwaltung aufgrund ihrer eigenen Rationalität untersucht. Die Unterschiedlichkeit der Rationalitäten in den wissenschaftlichen Disziplinen bewirkt, dass sehr unterschiedliche, zum Teil sogar unvereinbar erscheinende Betrachtungsweisen der öffentlichen Verwaltung vorliegen. Als wichtige Rationalitäten im Verwaltungsumfeld können die betriebliche, die juristische, die politische und die volkswirtschaftliche genannt werden.

Um die Auswirkungen des Rationalitätenpluralismus in der öffentlichen Verwaltung zu illustrieren, wird eine Typisierung der verschiedenen Rationalitäten anhand von fünf Dimensionen vorgenommen: Maxime, Argumentationslinie, Sicht der Verwaltung, Konfliktpotentiale und Abwehrstrategien der Verwaltung. Die in Abb. 1-7 dargestellte Gegenüberstellung der wichtigsten Disziplinen verdeutlicht zunächst die unterschiedliche Ziel- und Zwecksetzung, die jede Wissenschaftsrichtung verfolgt und die in der jeweiligen Maxime zum Ausdruck kommt. Ferner lässt die unterschiedliche Ausrichtung der Argumentation erkennen, dass das Finden einer gemeinsamen Diskussionsbasis zwischen den Disziplinen einer sorgfältigen Vorbereitung bedarf. Wenn sich die Diskussionspartner der unterschiedlichen Rationalität ihres Gegenübers nicht bewusst sind und seine Logik und Argumentationslinie nicht nachvollziehen und respektieren, sind keine konstruktiven Ergebnisse zu erwarten, da das Gespräch oftmals schon an Verständnisproblemen scheitern wird. Die Unterscheidung in verschiedene Rationalitäten soll verdeutlichen, dass in jeder Rationalität Begriffe, Begriffsketten und Zusammenhänge existieren, die ein System bilden. Wird eine Rationalität nun mit einem systemfremden Begriff konfrontiert, kann dieser zunächst nicht eingeordnet werden und wird in der Reaktion als unverständlich abgestossen. Ein Beispiel hierfür ist z.B. bei Häfelin/Müller (1998, 261) in ihrem jüngsten Lehrbuch zum Verwaltungsrecht zu erkennen. In ihren Ausführungen zum NPM bzw. zur Wirkungsorientierten Verwaltungsführung in der Schweiz sprechen sie von einer „wenig geglückten Anlehnung an Vorstellungen aus der Privatwirtschaft" und bezeichnen die Einführung und die Verwendung des Kundenbegriffs in die öffentliche Verwaltung als fragwürdig. Dabei lehnen sie wohl mehr den nicht-juristischen Begriff als die dahinterstehende eigentliche Überlegung ab.

Zu Verwirrung und Unverständnis führen vielmals auch sprachliche Missverständnisse. Jede Wissenschaft entwickelt eine Fachsprache, um die Kommunikation innerhalb der relevanten Fach-Community zu präzisieren und gleichzeitig zu rationalisieren. Es kann dabei vorkommen, dass dasselbe Wort von verschiedenen Fachkreisen mit einer unterschiedlicher Bedeutung belegt wird. So wird z.B. das Wort „Kompetenz" in der jüngeren Betriebswirtschaftslehre oft – abgleitet vom englischen Wort „competence" – im Sinnen von Fähigkeit bzw. Fachkenntnis verwendet, wohingegen in der Rechtswissenschaft Kompetenz die Bedeutung von (rechtlicher) Zuständigkeit und damit verbundener Entscheidungsbefugnis annimmt (Remer 1989, 791). Eine ähnlich unterschiedliche Bedeutung trägt der Begriff Legitimation in beiden Rationalitäten. Es ist offensichtlich, dass die Tatsache, dass ein Betriebswirt und ein Jurist formal vom selben, nämlich von Kompetenz oder Legitimation sprechen, materiell damit jedoch zwei vollkommen unterschiedliche logische Zusammenhänge oder Begriffswelten ansprechen, den Dialog zwischen beiden erheblich erschwert.

Dieser kleine Exkurs soll helfen, den konstruktiven Dialog zwischen den verschiedenen Fachgebieten zu erleichtern. Da die Reformdiskussion der öffentlichen Verwaltung nur zu Lösungen führen kann, wenn alle interessierten Fachkreise ihre Anliegen in die Diskussion einbringen können, müssen gemeinsam Alternativen entwickelt werden. Dabei ist es unerlässlich, dass die disziplinären Rationalitäten verstanden werden, um einen Diskurs zu führen, an dem keiner aufgrund seines „Codes" ausgeschlossen wird.

	Betriebswirtschaft	Rechtswissenschaft	Politikwissenschaft	Volkswirtschaft
Hauptthema „Maxime“	Überlebensfähigkeit der Unternehmung	Gerechtigkeit	Macht und Machtkonstellationen	Wohlfahrt
Argumentationslinie	Marktgerechtes Verhalten bringt Umsatz Umsatz und Marge bringen Gewinn Gewinn bringt Überlebensfähigkeit	Legalität bringt Rechtssicherheit Rechtssicherheit bringt Gleichheit Gleichheit bringt Gerechtigkeit	Demokratische Systeme bringen Machtteilung Machtteilung bringt Pluralität Pluralität bringt Gemeinwohl Gemeinwohl bringt Friede	Markt bringt optimale Allokation der Mittel Optimale Allokation der Mittel bringt Effizienz Effizienz bringt Wohlfahrt
Sicht der Verwaltung	Verwaltung ist ein komplexes, soziales System wie jede andere Organisation	Verwaltung wendet Recht an mit klar definiertem eigenem Spielraum (Ermessen) BürgerInnen müssen durch das Recht vor Übergriffen der Verwaltung geschützt werden	Verwaltung bereitet Politik vor, macht Politik und setzt Politik um: Policy making Policy implementation	Verwaltung existiert nicht; sie wird im Aggregat „Staat“ subsumiert
Konfliktpotentiale zum NPM	Das Politische an der Verwaltung wird ausgeklammert	Nur konditionale Steuerung kann die Verwaltung wirklich zähmen	Politischer Konsens bedingt z.T. Intransparenz	Staat ist per se ineffizient, also muss die Staatsquote reduziert werden (Privatisierung)
Abwehrstrategien der Verwaltung	Betonung der Andersartigkeit	Überregulierung	Rückdelegation heikler Entscheide an die Politik Zurückhalten von Informationen	Glorifizierung des „Service Public“

Abb. 1-7: Disziplinen-Tabelle zum NPM

1.3 Fragen zur Diskussion

- Im Modell der dreistufigen Legitimation werden die Rollen des Bürgers, des Politikers und des Kunden unterschieden. Welche weiteren Rollen könnten bzw. sollten definiert werden, um das Verhältnis des Einzelnen zum Staat zu fassen?

- Das hier dargestellte Modell des NPM versucht, deontologische und utilitaristische Elemente miteinander zu verbinden. Wie ist dieser Versuch zu beurteilen?

- Der Gewährleistungsstaat wird als ein Konzept dargestellt, das sowohl sozialstaatliche wie auch neo-liberale Politik zulässt. Es steht also unterhalb dieser grossen ideologischen Ausrichtungen. Ist es jedoch so neutral, wie es beschrieben wird?

- Public Management ist interdisziplinär und muss sich daher in den verschiedenen Rationalitäten zurecht finden. Wie kann mit dieser Situation in der praktischen oder akademischen Realität umgegangen werden?

2 Grundprämissen des NPM

Bei der Entwicklung eines Konzepts oder einer Theorie unterstellt der Wissenschaftler teils implizit bestimmte Vorstellungen über die Funktionsweise und die Gestaltung der Wirklichkeit. Die Feststellung bzw. Vorstellung über die natürliche Ordnung unserer Gesellschaft und ihrer Subsysteme stellt eine notwendige Voraussetzung für den logischen Aufbau einer Theorie dar. Das NPM baut sein Konzept auf eine Reihe vorausgesetzter Annahmen über die Realität. Diese zugrundegelegten Vorstellungen werden hier als *Grundprämissen des NPM* bezeichnet.

Die explizite Trennung und Darlegung der Grundprämissen vom eigentlichen Konzept des NPM, das in den folgenden Kapiteln dargestellt wird, dient zum einen der Strukturierung, zum anderen erlaubt dieses Vorgehen in der Diskussion klar zwischen ideologischen Argumenten und unterschiedlichen Weltbildern auf der einen Seite und strittigen Positionen hinsichtlich des Konzepts als solchem auf der anderen Seite zu unterscheiden.

2.1 Optimistisches Menschenbild

Die Vorstellung über das grundsätzliche Wesen des Menschen nimmt starken Einfluss auf das Konzept und die Ideen des NPM. Obwohl jeder Mensch seinem eigenen Charakter und seinen eigenen Erfahrungen entsprechend handelt, sind im Modell des NPM doch verallgemeinerte Annahmen über Anlagen und Verhaltensweisen des Menschen enthalten, die für das Funktionieren des Modells in der Praxis von entscheidender Bedeutung sind.

Dem NPM in seiner kontinental-europäischen Ausprägung liegt ein optimistisches Menschenbild zugrunde, das mit der Theorie Y von McGregor (1960, 45ff.) gleichgesetzt werden kann. Es geht von folgenden Grundannahmen aus:

- Der Mensch ist grundsätzlich (intrinsisch) motiviert, eine gute Arbeit zu leisten. Er ist bereit und fähig, sich neuen Situationen anzupassen und in seiner eigenen Arbeit dazu zu lernen.

- Der Mensch handelt verantwortungsbewusst und schätzt einen eigenen Entscheidungsspielraum.
- Menschen auf unterschiedlichen Hierarchiestufen sind prinzipiell gleich, werden jedoch durch ihre Aufgabe geprägt.
- Der Mensch ist ein „complex man". Er sucht eine Aufgabe, mit der er sich identifizieren kann, und gleichzeitig ein soziales Umfeld, in dem er sich integrieren kann.
- Die Anlage zu einem relativ hohen Grad von Vorstellungskraft, Urteilsvermögen und Erfindungsgabe für die Lösung organisatorischer Probleme ist in der Bevölkerung weit verbreitet und nicht auf einzelne Eliten beschränkt.

Dieser Sichtweise folgend funktioniert die NPM-Verwaltung nicht durch bürokratische Kontrollen und Androhung nachteiliger Konsequenzen bei Fehlverhalten, sondern vertraut primär auf die Eigenmotivation und -verantwortung der Betroffenen. Das NPM entspricht in dieser Hinsicht den Ansichten der neueren Managementlehre, die sich ebenfalls vom extrinsischen Menschenbild des Taylorismus löst und Führungsformen für intrinsisch motivierte Menschen entwickelt.

Ein nach aussen sichtbarer Ausfluss dieses Menschenbilds ist im NPM beispielsweise eine Organisationsstruktur, die nicht die individuelle Kontrolle und Überwachung betont, sondern Wirkung und Zielerreichung in den Vordergrund rückt. Die Mitarbeiterinnen und Mitarbeiter werden durch Kontrolle der Zielerreichung (nicht etwa der geleisteten Arbeitsstunden) zu zielgerichtetem Verhalten bewegt.

Allein dieses Menschenbild erlaubt es dem NPM schliesslich, ein Steuerungssystem zu etablieren, das auf Vereinbarungen (Kontrakte) aufbaut. Grundvoraussetzung einer Vereinbarung ist Vertrauen. Nur wer ein optimistisches Menschenbild in sich trägt, glaubt an die Effizienz von Verträgen. Wer hingegen misstraut, sichert sich ab und bürokratisiert die Steuerung.

2.2 Staat und Verwaltung sind notwendig

Der Staat und seine Verwaltung sind Institutionen, die nicht aus der Gesellschaft wegzudenken sind. Der Staat ist mit menschlichen Gemeinschaften und ihrem Zusammenleben untrennbar verbunden. Die Grundprämisse, dass der Staat und die öffentliche Verwaltung für eine funktionierende (d.h. in Frieden koexistierende) Gesellschaft notwendig sind, beeinflusst die Argumentation des NPM massgeblich: der Staat soll nicht „abgeschafft" bzw. durch radikale (Voll-)Privatisierung zurückgedrängt werden. Vielmehr will ihn NPM in seiner Funktion stärken, indem es neue Kompetenzen und schlankere Strukturen schafft, um ihn den heutigen Anforderungen anzupassen.

Neben eher staatstheoretisch geprägten Überlegungen stützen praktische Erfahrungen wie z.B. in Grossbritannien oder den USA die Erkenntnis, dass Privatisierung nicht das Allheilmittel für alle modernen Probleme des Staates darstellt (Naschold 1995, 32ff.). Im NPM geht es vielmehr darum, systemimmanente Probleme der öffentlichen Verwaltung zu erkennen und zu lösen. Die Verantwortung des Staates wird nicht aufgehoben, wie dies bei einer Privatisierung der Fall wäre. Über das Ausmass dieser Verantwortung entscheidet freilich die Politik.

2.3 Problem der Verwaltung ist Effektivität, nicht Rechtsstaatlichkeit oder Demokratie

Die subjektiv empfundenen hauptsächlichen Probleme einer Organisation können meist in den Lösungsansätzen identifiziert werden. Wer Probleme mit der Demokratie hat, wird ein Projekt zur Förderung der Demokratie in Gang bringen. Wer eine zu tiefe Frauenquote im Management hat, wird ein Frauenförderungsprogramm lancieren.

Die Tatsache, dass sich NPM vordergründig nicht mit Rechtsstaatlichkeit und Demokratie befasst, lässt darauf schliessen, dass in den „NPM-Ländern" diesbezüglich eine solide Basis besteht. Als Hauptproblem unserer Verwaltung wird nicht die Rechtsstaatlichkeit oder die demokratische Legitimation erlebt, sondern die mangelnde Effektivität.

Man könnte noch weiter gehen: Grundvoraussetzung für ein Funktionieren des NPM ist ein intakter Rechtsstaat und eine gelebte Demokratie. Erst darauf aufbauend kann das NPM umgesetzt werden. Die sogenannte „betriebliche Legitimation" bedingt die demokratische (Schedler/Felix 1998). Als Grundprämisse unterliegt dem NPM also die Annahme, dass der Staat in seiner Grundform vorhanden ist und richtig funktioniert.

2.4 Rationales Management ist möglich

Wenn die Verwaltung ein komplexes soziales System ist, das nach ähnlichen Mustern funktioniert wie andere Organisationen, so lässt sich ableiten, dass auch in der Verwaltung ein nach betriebswirtschaftlicher Rationalität funktionierendes Management möglich sein muss. Auf dieser Grundprämisse aufbauend, will NPM die betriebliche Rationalität stärken, indem betriebswirtschaftliche Instrumente in die öffentliche Verwaltung eingeführt werden. Im englischen Sprachraum wird dazu der Begriff des *Managerialism* verwendet, der alle Massnahmen zur Stärkung des Managements einschliesst.

Obwohl immer wieder betont wird, dass diffuse, schwer operationalisierbare Ziele gerade für den öffentlichen Sektor typisch sind (vgl. etwa Buschor 1992, 210), geht das NPM stillschweigend von klaren Zielen für die Verwaltung aus. Die Idee der Führung durch Zielvereinbarung, die im individuellen Bereich seit Jahren erfolgreich umgesetzt wird, spiegelt sich in den Leistungsvereinbarungen zwischen Institutionen, wie sie für das NPM typisch sind. Nur klar ausformulierte, operationalisierte Ziele ermöglichen die Kontrolle der Einhaltung solcher Vereinbarungen.

Gleichzeitig impliziert diese Grundprämisse, dass Erfahrungen aus der Privatwirtschaft mindestens zum Teil auf die öffentliche Verwaltung übertragen werden können. Management-Instrumente, die sich etwa bei Dienstleistungsunternehmen bewährt haben, sollten auch in der Verwaltung einen Nutzen stiften. Damit ist nicht gesagt, dass der Privatsektor an sich immer effizienter ist als der öffentliche Sektor. Erfolgreiche Konzepte und Instrumente werden jedoch vom NPM für die Verwaltung adaptiert.

2.5 Wettbewerb führt zu mehr Effizienz und Effektivität als Planung und Steuerung

In der ökonomischen Theorie wurden die Wirkungen von Markt und Wettbewerb ausgiebig untersucht. Weitgehend anerkannt ist die Erkenntnis, dass ein funktionierender Wettbewerb zu effizienter Verteilung der knappen Mittel führt. Auch dieser Zusammenhang wird im NPM stillschweigend vorausgesetzt. NPM folgert daraus, dass die interne und allokative Effizienz der Leistungserstellung umso höher ist, je grösser der Konkurrenzdruck ist. Dieser Theorie folgend versucht man im NPM, möglichst weitgehende Marktmechanismen im öffentlichen Sektor zu installieren.

Die gegenüber Marktmechanismen positive Grundhaltung rechtfertigt sich vor dem Hintergrund der Missstände heutiger Verwaltungen. Zahlreiche Beobachtungen und Untersuchungen belegen, dass die Prinzipien, welche den Entscheidungen im öffentlichen Sektor vielmals zugrunde gelegt werden, nicht immer die Produktivität der öffentlichen Leistungen gewährleisten (Badelt 1987, 55).

2.6 Politik und Verwaltung sind lernfähig

Viele Kritiker betonen, dass das NPM mit den heute üblichen Abläufen in Politik und Verwaltung nicht kompatibel sei und daher zwingend zu einem Misserfolg führen müsse. NPM basiert hingegen auf der Grundprämisse, dass auch die Abläufe und Strukturen in der Politik verändert werden können. Politik und Verwaltung werden als lernende Systeme gesehen, die sich – wenn auch oft langsam – auf veränderte Umweltbedingungen einstellen. Je offener diese Systeme gegenüber der Umwelt konstruiert werden, umso schneller laufen diese Lernprozesse ab.

2.7 Fragen zur Diskussion

- Sind die beschriebenen Grundprämissen des NPM in der Realität allgemein zutreffend, oder gibt es Situationen, Disziplinen und Branchen in der Verwaltung, für die diese Grundprämissen nicht gelten?

- Welche weiteren Grundprämissen des NPM würden Sie selbst formulieren?

STRATEGISCHE ELEMENTE IM KONZEPT DES NPM

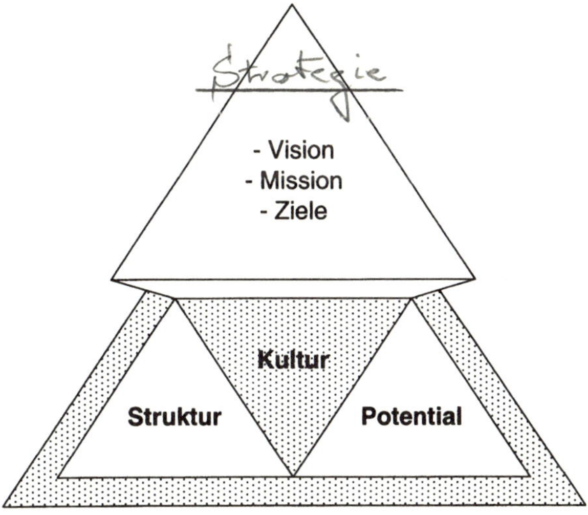

*das Auffinden Bezweckend

3 Strategie des NPM

Gemäss dem zu Beginn des Buches vorgestellten heuristischen Dreiecksmodell (vgl. Abb. 1-3) der öffentlichen Verwaltung existieren drei Bereichsfelder, innerhalb derer durch die Beeinflussung formeller Faktoren Veränderungen in der Organisation erzielt werden können. In diesem Kapitel soll die Ausrichtung des Bereichsfeldes Strategie, wie sie im NPM gesehen wird, untersucht werden. „Strategie" als formeller Einflusskanal von Veränderungsprozessen im Sinne des Modells fasst dabei Elemente wie Vision, Mission und strategische Ziele der Organisation zusammen. Im folgenden wird die Ausrichtung der einzelnen Elemente im Modell des NPM inhaltlich konkretisiert.

3.1 Vision von der „menschlichen Verwaltung" und vom „Dienstleister Staat"

In der Betriebswirtschaft stellt die Vision als generelle Leitidee den Ursprung der unternehmerischen Tätigkeit dar (Bleicher 1991, 75). Die Vision der modernen Verwaltungsführung liegt dabei zunächst in der Idee der Gestaltung der öffentlichen Verwaltung als *„menschliche Verwaltung"* im Gegensatz zur maschinellen, entpersonifizierten Sichtweise im Bürokratiemodell. Auszeichnen sollte sich die *„menschliche Verwaltung"* insbesondere durch den Einbezug und die Berücksichtigung von Elementen der individuellen Beziehung zwischen Verwaltung und den Anspruchsgruppen (vgl. Kap. 1.3.1.1.3) sowie durch bewusste Aufnahme des Faktors Mensch in das Führungsmodell. Die menschliche Verwaltung will zufriedene BürgerInnen, KundInnen und MitarbeiterInnen. Neben Genauigkeit, Beständigkeit und Unabhängigkeit muss sich die Verwaltung nach dieser Sichtweise um ihre Akzeptanz bei KundInnen, BürgerInnen und MitarbeiterInnen bemühen. Massgebend dafür ist die Ausrichtung an den tatsächlichen Bedürfnissen, die auf allen drei Legitimationsebenen zum Ausdruck kommen. Bedürfnisse sollen innerhalb des politisch determinierten Rahmens zu einem wesentlichen Massstab des Verwaltungshandelns werden, ohne dabei jedoch bestehende Kriterien wie Rechtssicherheit und -gleichheit zu verdrängen.

Zur Beschreibung der Vision der modernen Verwaltung werden oft etwas plakativ Parallelen zur privaten Wirtschaft gezogen. Die Vorstellung des Staates als *Dienstleister* soll die Übertragung verschiedener aus der Privatwirtschaft abgeleiteter, und auf die öffentliche Verwaltung angepasster, Konzepte und Instrumente ausdrücken. Der Konzepttransfer soll zu einer effektiveren, effizienteren und bürgernäheren öffentlichen Verwaltung beitragen. Unter dem Stichwort *„Dienstleister Stadt/Land"* soll dieser Aspekt der Vision der modernen Verwaltung nach NPM verstanden werden.

Die „menschliche Verwaltung" und der „Dienstleister Stadt/Land" ergänzen sich zur gesamthaften Vision der Verwaltung. Während die Idee der „menschlichen Verwaltung" stark auf aktuelle Legitimationsprobleme der traditionellen Verwaltung abzielt, vernachlässigt sie zugleich das mangelnde Bewusstsein für Wirtschaftlichkeit. Um klarzustellen, dass mit der „menschlichen Verwaltung" nicht ein modernes „Wohlfahrtsinstitut" propagiert werden soll, wird das Bild des *„Dienstleisters"* gegenübergestellt. Diese Metapher soll verdeutlichen, dass von der modernen Verwaltung erwartet wird, ihre Leistungen in guter Qualität gegenüber den KundInnen oder AuftraggeberInnen zu erbringen. Je nach Art der Aufgabe lassen sich mehr oder weniger Teilbereiche mit einer Dienstleistungs-Mentalität ausführen.

Diese Vision verkörpert die moderne Sichtweise der Verwaltung. Eine wirkungsorientierte Gemeinwohlorientierung sowie die rechtsstaatliche und demokratische Grundlegitimation bilden dabei die Basis. Es werden in dieses Bild Rahmenbedingungen einbezogen, die kundenorientierte, effiziente und wirksame Leistungserstellung fördern und sich hierzu geeigneter Organisationsstrukturen, Instrumente, Funktionen und MitarbeiterInnen bedienen.

3.2 Mission der öffentlichen Verwaltung

Die Mission eines Systems soll die Frage nach dem jeweiligen Zweck beantworten. Gemäss Bleicher (1991, 93) geben die Missionen grundsätzlich und umfassend gehaltene Vorgaben für den Vollzug von Handlungen. Die Mission der öffentlichen Verwaltung fasst also den Zweck des Verwaltungshandelns in für das Management fassbare Werte. So sind Richtwerte und Vorgaben für das konkrete Verwaltungshandeln ablesbar.

Öffentliches Verwaltungshandeln ist kein Selbstzweck. Die öffentliche Verwaltung ist in den westlichen, gewaltenteiligen Staaten ein Ausführungsorgan, das zur Erreichung des Staatszwecks nur in demokratisch bestimmten Aufgabenbereichen tätig werden darf. Darin unterscheidet sich die öffentliche Verwaltung deutlich vom Privatunternehmen, das bei der Festlegung seines Zweckes in der Gesellschaft eigenbestimmt ist.

Im US-amerikanischen National Performance Review, insbesondere unter dem Government Performance and Result Act, werden alle Ämter verpflichtet, sog. Mission Statements zu publizieren. Dies soll im Amt selbst einen Prozess auslösen, der seine Ziele bewusster ins Zentrum seiner Aktivitäten rückt. Den Auftraggebern (z.B. Parlament) soll es die Beurteilung der Aufgabenerfüllung erleichtern.

Unsere Erfahrungen zeigen, dass die Einigung auf eine Mission in deutschsprachigen Ämtern den angestrebten Bewusstseins-Prozess tatsächlich zu fördern vermag.

3.3 Normativ-strategische Führung

Die aus der Management-Lehre bekannte Unterteilung in normative, strategische und operative Führungsaufgaben (Bleicher 1991, 52ff.) kann auch in der öffentlichen Verwaltung helfen, die Aktivitäten des gesamten Systems auf massgebliche Ziele und Richtungen auszurichten, und sie damit effizienter zu machen. Diese „betriebswirtschaftlich-funktional bestimmten Rollen“ soll die in Bürokratien breit verankerte Hierarchie und operative Arbeitsteilung im tayloristischen Sinne ablösen.

3.3.1 *Kompetenzverteilung zwischen Politik und Verwaltung im NPM*

Eine funktionale Arbeitsteilung ist in der traditionellen, bisherigen Ausgestaltung der staatlichen Organisation nicht unbekannt. Das Verfassungsrecht von Deutschland, Österreich und der Schweiz sieht eine Kompetenzverteilung zwischen Regierung und Parlament durch die Gewaltenteilung vor. Die Unterscheidung in Rechtssetzung und Rechtsanwendung beinhaltet dabei durchaus einige Grundelemente der im NPM geforderten Rollenverteilung. So wird beispielsweise im schweizerischen System von der „Oberaufsicht" des Parlaments (aBV Art. 85 Ziff. 11 bzw. nBV Art. 169)[1] gesprochen. In Deutschland und in Österreich liegt die „Kontroll- und Aufsichtsfunktion" gemäss Verfassung ebenfalls bei den Parlamenten, wird jedoch faktisch eher von der parlamentarischen Opposition ausgeübt, da zwischen parlamentarischer Mehrheit (Regierungspartei) und Regierung politisch eine sehr enge Beziehung besteht (Ipsen 1997, 73; Schneider 1974, 280). Die Exekutivkontrolle durch Parlament oder Opposition hat dabei durchaus Ähnlichkeit mit der im NPM geforderten Führungsaufgabe des Parlaments (Bolz/Klöti 1996, 166).

Die Aufteilung der Führungsaufgaben im NPM wird oft vereinfacht wie folgt dargestellt: Die Parlamente und politischen Gremien sollen das „*Was*", d.h. die strategischen Ziele, vorgeben, und die Verwaltung bestimmt das „*Wie*" der Ausführung der vorgegebenen Ziele. Diese Aufgabenteilung berücksichtigt die unterschiedlichen Anreizstrukturen von PolitikerInnen und Verwaltung allerdings zu wenig. Während die Verwaltung und insbesondere die Verwaltungsspitze sich mit einer Rolle als Managementorgan identifizieren kann, welches nach rechtlichen und ökonomischen Grundsätzen führen muss, herrscht in der Politik ein plurales Ziel- und Anreizsystem.

---

[1] Per 1.1.2000 wird die alte Bundesverfassung der Schweizerischen Eidgenossenschaft vom 29. Mai 1874 (aBV) ausser Kraft treten und die neue Bundesverfassung der Schweizerischen Eidgenossenschaft vom 18. April 1999 (nBV) in Kraft treten.

Abb. 3-1: Integration von Politik und Management

Politik und Management bilden zwei Welten mit unterschiedlichen Denkmustern, Begrifflichkeiten und Sanktions- bzw. Honorierungsmechanismen. Daraus entstehen Rationalitäten des Denkens und Handelns, die für Politik und Management abweichen. Was politisch rational ist, kann auf das Management irrational wirken. Wo das Management Sachentscheide fällt, ist die Politik auf Mehrheiten angewiesen, um ihre Anliegen durchsetzen zu können. Mehrheiten wiederum sind oft das Ergebnis komplexer Aushandlungsprozesse, in denen Zustimmung oder Ablehnung zu Dingen getauscht wird, die oft nur wenig in Zusammenhang stehen. Politik und Management sind oft gleichermassen zielorientiert; nur der Weg zum Ziel kann sich fundamental unterscheiden. Die Kunst der Führung im politisch-administrativen System besteht nun darin, durch geschickte Kombination das Beste aus beiden Welten heraus zu holen.

Abb. 3-1 verdeutlicht, dass in der Verwaltung und der Politik zwei unterschiedliche Entscheidungskreise gelten, die idealerweise ineinander greifen. Allerdings ist eine sog. „Übersetzerfunktion" nötig: politische Vorgaben müssen in führungsrelevante Ziele zerlegt und umgekehrt das Ergebnis der Verwaltungsproduktion hinsichtlich politischer Aspekte einordnet werden.

Als Beispiel NPM-typischer Führung durch das Parlament kann die Steuerung der Gymnasien, Fach- und Berufsoberschulen (Mittelschulen, Handels- und Diplommittelschulen) im Kanton Zürich gelten. Das Parlament genehmigt eine einzige Kreditzahl als Globalbudget. Die Verwendung und Zuweisung dieses Kredits an die verschiedenen Schultypen und Aufwandpositionen liegt in der Kompetenz der Exekutive und ihrer untergeordneten Verwaltungseinheiten. An das Globalbudget gekoppelt ist ein Leistungsauftrag, in dem der Exekutive zu erreichende Wirkungen und zu erbringende Leistungen vorgegeben werden. Wirkungs- und Leistungsindikatoren erlauben dem Parlament zu prüfen, ob die im Leistungsauftrag umschriebenen Wirkungen und Leistungen erreicht wurden. Ein auf Gymnasien bezogener Wirkungsindikator ist beispielsweise der prozentuale Anteil von Abiturientinnen und Abiturienten, die nach 7 Jahren erfolgreich ein Studium abgeschlossen haben (Voranschlag des Kanton Zürich 1999).

Es ist nun Aufgabe der Regierung bzw. des Erziehungsministeriums, diese Vorgaben auf die einzelne Schule zu „übersetzen" und mit der Gesamtheit aller Schulen zu erreichen.

3.3.2 *Rollenzuteilung nach Ämtern*

Die Zuordnung der Rollen zu konkreten Ämtern wird stark von der Ausgestaltung des Regierungssystems bestimmt. Bei parlamentarischen Regierungssystemen, wie sie in Deutschland, Österreich und der Schweiz vorliegen, entscheidet insbesondere das System der Regierungsbildung über das Verhältnis von Regierung und Parlament. In Konkordanzsystemen (Regierung wird aus allen wichtigen im Parlament vertretenen Parteien zusammengesetzt), wie z. B. in der Schweiz und mehrheitlich auf Länderebene in Österreich, kann das Parlament faktisch eine Kontrollfunktion gegenüber der Regierung wahrnehmen. Für die Rollenzuweisung unter NPM bedeutet dies, dass das Parlament eine selbständige Rolle einnehmen kann. In diesem Fall wird das Parlament den

Outcome vorgeben und die Regierung den zugehörigen Output bestimmen.

In Konkurrenzsystemen (Parlamentsmehrheit bzw. Regierungsparteien stellen die Regierung) wird die parlamentarische Kontrolle aufgrund der Interessenverteilung nur von der Opposition wahrgenommen (Pede 1999, 67). Die „politische Fusion" zwischen Regierung und Parlamentsmehrheit, in der die Regierung das dominierende Übergewicht besitzt (Öhlinger 1997, 149), führt dazu, dass der erwünschte Outcome faktisch von der Regierung bzw. den einzelnen Ministern bestimmt wird. Die Anordnung der Outcome-Bestimmung auf Ministerebene berücksichtigt dabei zudem, dass die Regierung in Konkurrenzsystemen aufgrund der Anreiz- und Verantwortungsstrukturen als politisches Organ zu klassifizieren ist. Die Outputfestlegung sollte in der Verwaltung selbst durch die Verwaltungsspitze bzw. die Amtsleiter vorgenommen werden. Die Rolle des Parlaments kann hinsichtlich des Steuerungsmechanismus auf die Kontrollfunktion der Opposition beschränkt werden.

3.4 Strategische Ziele des NPM

Das Ziel, die Führung und den Leistungsprozess in der öffentlichen Verwaltung zu verbessern, versucht das NPM durch gezielten Einbezug unternehmerischer und marktwirtschaftlicher Elemente zu erreichen. Allen landesspezifischen Ausprägungen des NPM sind dabei zentrale Grundsätze gemein, die als strategische Einzelziele des NPM formuliert werden können.

Ein solches Ziel stellt die im vorangehenden Kapitel geforderte Stärkung der parlamentarischen Führungsfunktion des Parlaments dar, welche durch starke Konzentration auf strategische Aufgaben erreicht werden soll. Weitere Ziele sollen im folgenden dargestellt werden.

3.4.1 *Kundenorientierung*

Der Begriff Kunde bzw. Kundin und die damit verbundenen Assoziationen sind ursprünglich stark durch den Vertriebsbereich privater Unternehmen geprägt worden. Die Übertragung des Kundenbegriffs auf den öffentlichen Bereich ist eine *Metapher* für die geforderte Öffnung der Verwaltung gegenüber den Anliegen der Bürgerinnen und Bürger. Sie führt immer wieder zu Missverständnissen, da die Identifikation der Kundinnen und Kunden sowie ihre Rolle bei öffentlichen Leistungen oft nicht sofort ersichtlich ist. Die Schwierigkeit der Übertragung des Kundenbegriffs auf die öffentliche Verwaltung wird vor allem deutlich, wenn man sich Beispiele aus dem hoheitlichen Bereich der Verwaltung vor Augen führt. So stellt sich beispielsweise die Frage, wie einem Gastwirt kundenfreundlich die Lizenz entzogen werden kann oder aber auch, ob die Kundinnen und Kunden der Polizei die Bürgerinnen und Bürger oder die Kriminellen sind. Das privatwirtschaftliche Kundenkonzept kann also nicht unverändert auf den öffentlichen Bereich übertragen werden.

3.4.1.1 Übertragung auf die öffentliche Verwaltung

In demokratisch verfassten Staaten sind die Bürgerinnen und Bürger indirekt die Auftraggeber der staatlichen Leistungserstellung. Ihnen kommt nach der Idee des NPM in bestimmten Situationen eine zusätzliche Rolle zu, nämlich die des Kunden bzw. der Kundin. Der Kreis der Kundinnen und Kunden ist teilweise umfassender als derjenige der Bürgerinnen und Bürger, da der Kundenstatus unabhängig von Nationalität, Alter und Geschlecht ist. Die öffentliche Verwaltung soll sich vermehrt an den konkreten, erfragten Bedürfnissen ihrer Kundinnen und Kunden ausrichten. Die Einführung der Kundensicht soll dabei weder in Frage stellen, dass nach wie vor Gesetze und Verfahren einzuhalten sind und auch unbequeme Entscheide durchgesetzt werden müssen, noch soll es den Kunden bzw. die Kundin eindimensional zum alleinigen Mass der Dinge machen. Vielmehr soll und kann der Kunde bzw. die Kundin zur *Überprüfung der Dienstleistungspalette* und der *Qualität der angebotenen Leistung* genutzt werden (Bertelsmann-Stiftung/Saarländisches Ministerium des Inneren 1996, 20).

Die Rolle des Bürger bzw. der Bürgerin wird auf der Ebene der betrieblichen Legitimation durch die Rolle als Kunde bzw. Kundin ergänzt (nicht ersetzt). Die Kundenmetapher soll die Dienstleistungsmentalität in der Verwaltung unterstützen.

Es darf nicht vergessen werden, dass auch in der Privatwirtschaft dem Kunden bzw. der Kundin nicht jeder Wunsch erfüllt wird. Auch hier findet immer ein Interessenabgleich zwischen AnbieterIn und AbnehmerIn einer Leistung statt, der oft über den Preis abgewickelt wird.

Typisch für den öffentlichen Sektor ist die Aufteilung von Auftraggeber (nämlich den Bürgerinnen und Bürgern) und Leistungsabnehmer (den Kundinnen und Kunden). Die Verwaltung ist dem Auftraggeber verpflichtet, wird von diesem jedoch angehalten, gegenüber den Kundinnen und Kunden eine optimale Dienstleistung zu bieten.

3.4.1.2 Identifikation der Kundinnen und Kunden

Wer sind nun aber die Kundinnen und Kunden und besonderen Zielgruppen einer Verwaltungseinheit? Die Beantwortung dieser Frage ist entscheidend für die kundenorientierte Ausgestaltung der Verwaltung. Der Kundenkreis und dessen Anforderungen unterscheiden sich je nach Bereich, in welchem die öffentliche Einheit tätig ist, stark. Auch wenn sich die Rolle und die Position des Kunden nicht eindeutig und allgemeingültig für den gesamten öffentlichen Bereich definieren lassen, heisst dies nicht, dass sich bestimmte Bereiche der Verwaltung aus der kundenorientierten Ausrichtung ausklammern können. Vielfach wird in diesem Zusammenhang allzu schnell vorgebracht, der Kundenbegriff sei in diesem oder jenem Bereich unangebracht, oder in bestimmten Bereichen gäbe es keine Kundinnen und Kunden, sondern allenfalls Klientinnen und Klienten.[2]

[2] Die Bezeichnung KlientIn soll im Gegensatz zum Kunden bzw. zur Kundin verdeutlichen, dass das Gegenüber der Verwaltung nicht als gleichberechtigter Partner entgegentritt, sondern vielmehr auf die Leistung der Verwaltung angewiesen ist. Typischerweise wird in den Bereichen Sozialversicherungswesen, Gesundheitswesen usw. gerne der Begriff Klient vorgezogen.

Kunde bzw. **Kundin** einer Veraltungseinheit ist, wer von ihr individuell Leistungen abnimmt. Der Kundenbegriff bildet ein Dach für mehrere unterschiedliche Typen von Leistungsabnehmern.

Def. 3-1: Kunde bzw. Kundin

Klages (1998, 125f.) schlägt folgendes Vorgehen bei der Differenzierung der Kundinnen und Kunden einer Verwaltungseinheit vor. Er unterscheidet zunächst nach verwaltungsinternen und -externen Kunden. In einem nächsten Schritt trennt er zwischen „BürgerInnen" im allgemeinen und besonderen „Zielgruppen" der Verwaltungstätigkeit. Anschliessend nimmt Klages eine Unterscheidung der KundInnen hinsichtlich der Art ihrer Beziehungen zur Verwaltung vor. Dieser letzte, wichtige Schritt erlaubt, Einflussbereiche und -möglichkeiten für verschiedenen Kundengruppen zu bestimmen. Die OECD (Shand/Arnberg 1996) unterscheidet sieben verschiedene Typen von Kundinnen und Kunden, die je unterschiedliche Ansprüche an eine Leistung stellen. Die Berücksichtigung der Art der Beziehung stellt ein wesentliches Element der Kundenorientierung im NPM dar, und unterscheidet sie wohl auch von privaten Kundenbeziehungen.

3.4.1.3 Bedeutung der Kundenorientierung

Die stark zunehmende Bedeutung der individuellen Legitimation von Verwaltungstätigkeiten macht eine bewusste Steuerung der Leistungen am direkten Kunden bzw. Kundin zu einer Notwendigkeit. Die Ansiedlung der Kundenorientierung auf Ebene der individuellen Legitimation drückt dabei aber auch aus, dass Kundeninteressen nicht über die grundlegitimatorischen Interessen der Bürgerinnen und Bürger gestellt werden. Vielmehr soll eine ausgewogene Abwägung der Interessen und Anspruchsgruppen stattfinden, zu denen auch die direkten Kundinnen und Kunden zählen. Die Bürgerinnen und Bürger bestimmen dabei über den Grundsatz, dass sich der Staat in einem bestimmten Bereich betätigt, sowie über das Ausmass und die Wirkungen dieser Betätigung. Sie legen gleichsam fest, wer Kunde bzw. Kundin sein darf und welche Leistungen er bzw. sie beanspruchen kann. Die Kundinnen und Kunden nehmen hingegen Einfluss auf die konkrete Ausgestaltung der Betätigung, d.h. die Produkte.

Dennoch bleibt Kundenorientierung in der öffentlichen Verwaltung ein mehrdimensionales Konzept. Die verschiedenen Bedeutungen und Vorgehensweisen, die mit dem Begriff Kundenorientierung hervorgerufen werden, führen dies vor Augen (Klages 1998, 124). Die Bandbreite dessen, was Mitarbeiterinnen und Mitarbeiter in der Verwaltung heutzutage unter Kundenorientierung verstehen, machte eine an der Universität St. Gallen durchgeführte Studie deutlich. Während Kundenorientierung für einige Mitarbeiterinnen und Mitarbeiter bedeutet, sich in die Lage des Kunden bzw. der Kundin zu versetzen, verstehen andere die Herausforderung der Kundenorientierung darin, ihren Kundinnen und Kunden die (unveränderliche) Situation bestmöglich zu erklären. Dies zeigt, wie unscharf und unklar die Bedeutung von Kundenorientierung innerhalb derselben Verwaltungseinheit im Zusammenhang mit NPM sein kann. Die Verwaltungsführung ist daher gehalten, gemeinsam mit den Mitarbeitenden zu definieren, welches Verständnis der Kundenorientierung in ihrem spezifischen Umfeld angebracht und erwünscht ist.

3.4.2 *Leistungs-/Wirkungsorientierung*

Die traditionelle öffentliche Verwaltung wird über Inputgrössen gesteuert und geführt. Die dahinterliegende Logik unterstellt folgenden Mechanismus: durch die Zuteilung verschiedener Inputs wie finanzieller Mittel, Personal, Ausstattung usw. kann erreicht werden, dass die Verwaltung in bestimmten Aufgabenfeldern tätig wird. Dieser Mechanismus, der durch die Dosierung der Ressourcen das Verwaltungshandeln zu steuern versucht, bringt einige systemhinderliche Begleiterscheinungen mit sich. Durch die asymmetrische Information zwischen Mittelvergeber (Parlament) und Mittelverwender (Amt) sind im inputorientierten System die Anreize so gesetzt, dass es für das Amt nicht immer attraktiv ist, effizient und effektiv zu wirtschaften. Gelingt es nämlich einem Amt durch effiziente und effektive Arbeitsweise seinen Ressourcenverbrauch in einem Jahr zu verringern, führt dies im traditionellen Haushaltswesen zu einer entsprechend geringeren Mittelzuweisung im nächsten Haushaltsjahr. Ein wirtschaftliches Arbeiten wird also sozusagen durch Budgetkürzungen bestraft. Dies erklärt Phänomene wie das „Dezemberfieber", worunter man das Verhalten versteht, dass die Behörden im letzten Monat des Budgetjahrs unabhängig vom tatsächlichen Bedarf zustehende Budgetmittel ausgeben, um einer Budgetkürzung auszuweichen.

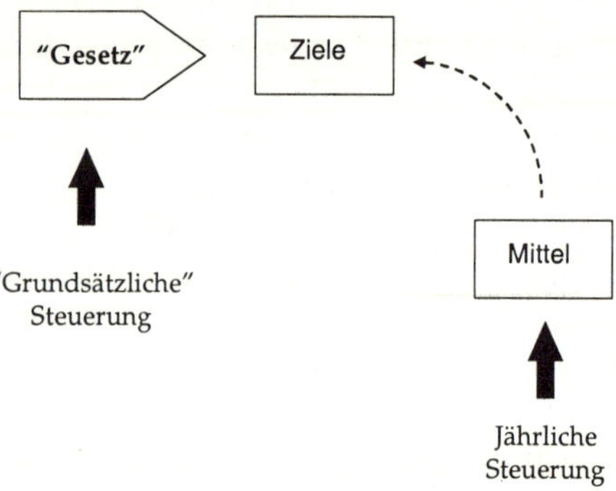

Abb. 3-2: Traditionelle Steuerung

Zentrales Element im NPM ist daher eine Verschiebung von der Inputorientierung hin zur Outputorientierung (vgl. dazu Kap. 6, Abb. 6-1). Nicht mehr die zur Verfügung stehenden Produktionsmittel, sondern die erbrachten Leistungen (Produkte) oder auch die durch die Leistungen erreichten Wirkungen sollen Diskussionspunkt und Ausrichtungsmassstab des Verwaltungshandelns werden. Das bedeutet, dass auch die politische Steuerung über Leistungs- und Wirkungsvorgaben zu erfolgen hat. Dahinter steht die Überlegung, dass die Wirkung letztendlich das Ziel ist, welches der Staat erreichen will, und nicht nur das Tätigwerden der Verwaltung.

Leistungen stellen das Ergebnis der Verwaltungstätigkeit aus dem Blickwinkel eines Dritten (externen Leistungsempfängers) dar. Wirkungen sind das mittelbare Ergebnis der Erbringung einer oder mehrerer Leistungen durch die Verwaltung. Die Verwaltung erbringt - durch eine Vielzahl unterschiedlicher, meist interner Aktivitäten - Leistungen an Leistungsempfänger, die bei diesen oder deren Umfeld bestimmte Wirkungen auslösen.

Def. 3-2: Leistungen und Wirkungen

3.4.2.1 Leistungen oder Wirkungen

Lange war man sich unsicher, ob als outputorientierte Zielgrössen für das Verwaltungshandeln Leistungen (Produkte) oder Wirkungen angegeben werden sollten. In der deutschen Reformdiskussion dominierten lange Zeit *Ergebnisse,* d.h. Produkte die Zieldiskussion. In der jüngeren Diskussion lässt sich aber eine Verschiebung hin zu den eigentlichen *Wirkungen* des Verwaltungshandelns erkennen (Hill 1996, 33). In der Schweiz sprach man von Anfang an von der *„Wirkungsorientierten Verwaltungsführung“* (Buschor 1993).

Grundsätzlich sollte sich das Verwaltungshandeln an Wirkungen orientieren, da die staatliche Aufgabe erst dann erfüllt ist, wenn die erwünschte Wirkung eingetreten ist (Brinckmann 1994, 173). Die grosse Schwierigkeit der Wirkungsorientierung liegt im Nachweis gültiger Ursache-Wirkungs-Beziehungen. Es ist teils unmöglich oder nur mit ausserordentlich hohem Forschungsaufwand zu erreichen, eine bestimmte Wirkung zu messen und die festgestellte Veränderung dann noch auf eine bestimmte Ursache zurückzuführen.

Oft sind Wirkungen erst langfristig erkennbar, was ihre Messung und Erfassung zusätzlich erschwert. Auch wenn daher Wirkungen die konzeptionell besseren Ziele wären, fehlen heute vielfach noch die nötigen Analyseinstrumente. Aus diesem Grund beschränkt sich die NPM-Praxis oftmals noch auf die Produktorientierung. Um das eigentliche Ziel der Wirkungsorientierung zu erreichen, muss die Verwaltung Erfahrungen sammeln und Anstrengungen in diese Richtung lenken. Denn die Produktorientierung ist konzeptionell gesehen lediglich eine Art „Zwischenstufe“ auf dem Weg zur Wirkungsorientierung.

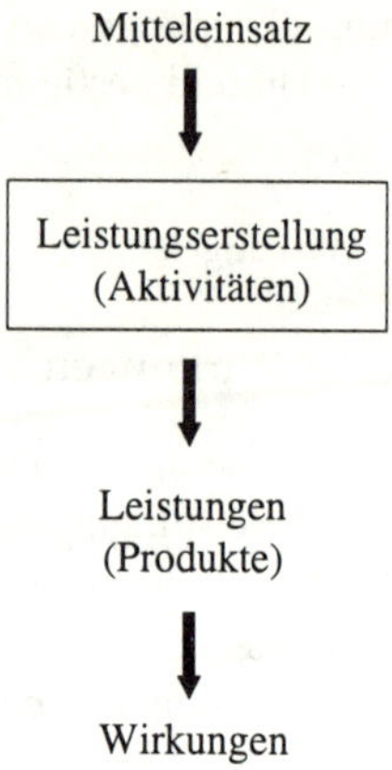

Abb. 3-3: Wirkungskette

3.4.2.2 Implikationen der Wirkungsorientierung

Eine wirkungsorientierte Steuerung der Verwaltung verlangt nach neuen Instrumenten und Mitteln. Eine Steuerung über Wirkungen und Leistungen ist erst möglich, wenn diese messbar gemacht wurden. Das Bedürfnis nach derartigen Informationen kann von den traditionellen Kontroll- und Finanzinstrumenten nicht erbracht werden. Eine funktionierende Steuerung über Wirkungen/Leistungen setzt folglich eine umfangreiche Kosten-/Leistungsrechung sowie ein differenziertes System von aussagekräftigen Indikatoren voraus (vgl. Kap. 9.1.1).

Die Outputorientierung muss sich im Anreizsystem der Mitarbeiterinnen und Mitarbeiter widerspiegeln. Die von ihnen erwarteten Leistungsziele müssen sich im Mess-/Beurteilungssystem wiederfinden (Fairbanks 1994, 117). Ergebnisverantwortung der Verwaltungseinheiten soll dies unterstützen.

Outputorientierung ist ausserdem eine zentrale Voraussetzung für die Einführung vieler NPM-Instrumente. Die Einführung von Wettbewerbsmechanismen (vgl. Kap. 7.2) ist beispielsweise erst bei einer Vergleichbarkeit der Leistungen verschiedener öffentlicher und privater Anbieter möglich. Als Vergleichsbasis sind Input-Daten ungeeignet, da bei jedem Anbieter unterschiedliche Ressourcen-Kombinationen vorliegen. Erst das Produkt ist für die Beurteilung einer Leistung massgeblich und lässt einen Vergleich zu anderen Alternativen zu (Adamaschek 1997, 42).

3.4.2.3 Effizienz und Effektivität

Die unterschiedlichen Beurteilungsebenen und -kriterien im Public Management verdeutlicht Buschor (1992, 238) in einem Vierebenen-Konzept. Er unterscheidet in seinem Modell zwischen der Zielebene, der Massnahmenebene, der Wirtschaftlichkeit und der Ordnungsmässigkeit. Auf der Zielebene misst die Effektivität das Verhältnis von Zielvorgabe und Zielerreichung. Mit Effizienz bezeichnet man das Verhältnis von Input zu Output auf der Massnahmenebene. Die Angemessenheit des Verwaltungshandelns unterteilt Buschor in diesem Konzept in Wirtschaftlichkeit und Ordnungsmässigkeit. Erstere bezieht sich auf den Vergleich der Ist- und Sollkosten, letztere auf die Gesetzes- und Vorschriftskonformität des Verwaltungshandelns.

Zwischen Effizienz und Effektivität kann ein Zielkonflikt entstehen, den es abzuwägen gilt. Es ist durchaus möglich, hocheffizient am Ziel vorbei zu schiessen. Daher ist es wichtig, dass die Verwaltung ständig beide Grössen im Auge behält.

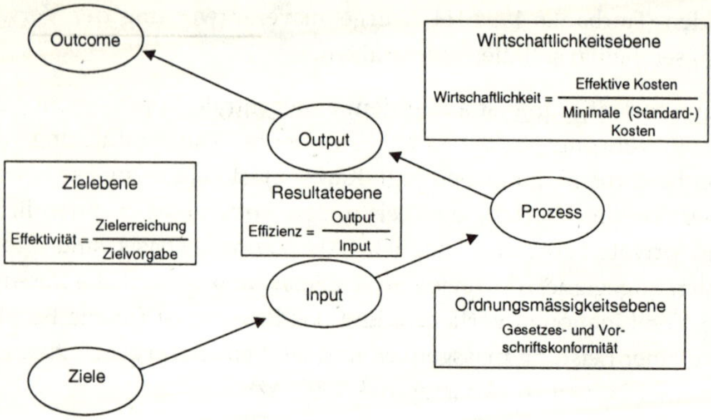

Abb. 3-4: 4-Ebenen-Konzept zur Wirkungsorientierung (Buschor 1992, 238)

Es ist notwendig, dass Effizienz und Effektivität als Indikatoren der Leistungsmessung zur ergebnisorientierten Steuerung herangezogen werden. Bei allen Vorwürfen der Unwirtschaftlichkeit gegenüber der Verwaltung scheint dabei aber in manchen Modernisierungsprojekten vergessen zu werden, dass die Senkung der Kosten nicht das einzige Ziel des NPM ist, und die billigste Gemeinde nicht auch die beste sein muss. Steuerungsinformationen, die sich einseitig auf die Kostenseite beschränken, sind unvollständig und führen zu einer Vernachlässigung der Leistungs-/Wirkungsseite.

3.4.3 *Qualitätsorientierung*

Die Diskussion über Ergebnisse, Produkte und Ziele gab vielerorts Anstoss zur Diskussion der Qualität öffentlicher Leistungen. NPM-Modelle selbst fokussierten sich lange auf die Gestaltung der Rahmenbedingung und Strukturen einer neuen Verwaltungsorganisation, ohne dabei die in der Verwaltungseinheit entstehenden Freiräume bzw. Anleitung für deren Nutzung zu entwickeln. Um jedoch zu mehr Effizienz und Effektivität bei der öffentlichen Leistungserstellung zu gelangen, müssen auch verwaltungsinterne Abläufe und Strukturen Gegenstand der Modernisierung werden. Verbunden mit der bereits erläuterten Kundenorientierung des

NPM, ergibt sich die Notwendigkeit eines umfassenden Qualitätsmanagements und -bewusstseins in der öffentlichen Verwaltung.

3.4.3.1 Qualität im öffentlichen Sektor

Der Begriff der Qualität in öffentlichen Institutionen wird traditionell vor allem mit Recht- und Ordnungsmässigkeit gleichgesetzt. Durch die Ausweitung auf die Benutzer- und Kundenorientierung umfasst er zum Teil völlig neue Elemente, die für viele Beteiligte ungewohnt sind: Der Leistungsabnehmer bzw. die Leistungsabnehmerin wird zum Kunden bzw. zur Kundin und darf Ansprüche an die Verwaltungsleistungen stellen. Nicht nur *wie* eine Leistung innerhalb der Verwaltung erbracht wird ist dann von Bedeutung, sondern auch *was* die KundInnen daraus nutzen können.

> Qualität bedeutet das Erfüllen von Erwartungen und Erfordernissen. (ISO 9000 1999, 12)

Def. 3-3: Qualität

Die Qualität der öffentlichen Verwaltung steht jedoch - und dies ist eine Eigenart des öffentlichen Sektors - im Spannungsfeld mehrerer Dimensionen. In Anlehnung an die klassische, für die Privatwirtschaft entwickelte Kategorisierung von Garvin (1984, 25 ff.) können für die öffentliche Institution folgende Qualitätsdimensionen unterschieden werden (vgl. dazu auch Oppen 1995, 43 ff.):

- **Produktbezogene** Qualität: Qualitätsunterschiede zeichnen sich durch unterschiedliche Attribute des Produktes aus. Hierzu gehören das Produkt selbst (das „nackte" Produkt), aber auch die Art, wie das Produkt gegenüber dem Kunden bzw. der Kundin erbracht wird, und die Zusatzleistungen, die damit verbunden sind, d.h. das Leistungssystem (Belz et al. 1991, 12).

- **Kundenbezogene** Qualität: Sie umfasst die mit der Leistungserstellung verfolgten Ziele der *Einwirkung* auf die Leistungsempfänger (in der Regel der Nutzen). Hierzu gehört die Kundenzufriedenheit, aber auch eine angestrebte Veränderung im

Kundenverhalten oder in Fähigkeiten der Kundinnen und Kunden.

- **Prozessbezogene** Qualität: Sie gibt das Ausmass der Sicherheit der Prozesse (wenig Fehler) sowie deren Optimierung (Schnelligkeit, Effizienz) an. Hierzu gehört auch die Frage der rechts- und ordnungsmässigen Erstellung der Leistung.

- **Wertbezogene** Qualität: Sie gibt an, ob eine Leistung ihren Preis wert ist. Qualitätsunterschiede zeigen sich hier primär im Kosten-Leistungs- oder Kosten-Wirkungs-Verhältnis (Effizienz).

- **Politische** Qualität: Die Politik als Auftraggeberin beurteilt die Qualität einer Leistung nach dem Nutzen, den sie für die Politik stiftet. Hierin ist der sachliche Nutzen für die Gesellschaft eine Komponente (z.B. Verbesserung des Lebensstandards, Sicherheit), aber auch der soziale Nutzen (z.B. sozialer Friede oder Zusammenhalt in einem Gemeinwesen). Die politische Qualität spricht oft die Angemessenheit staatlicher Massnahmen an.

Ein umfassendes Qualitätsmanagement befasst sich dementsprechend mit Fragen der Effizienz, der Effektivität sowie der Angemessenheit von staatlich produzierten Leistungen.

3.4.3.2 Entwicklung der Qualitätsmanagementmodelle

Ein Blick in die Vergangenheit zeigt, dass das Qualitätsverständnis in privatwirtschaftlichen Organisationen eine bewegte Geschichte hinter sich hat (Seghezzi 1996, 16ff.). Eine erste „Generation" des Qualitätsmanagements ging von einer statischen Qualitätssicherung aus, die sich auf das reine Einhalten technischer Standards beschränkte. Erst mit zunehmender Konkurrenz und damit dem Wechsel vom Verkäufer- zum Käufermarkt wurde offenbar, dass für qualitätsbewusste Organisationen weit mehr Komponenten zu berücksichtigen sind. Nicht die perfekteste Lösung gewann den Wettbewerb, sondern jene, die die Kundenbedürfnisse am besten befriedigen konnte. Es wurde deutlich, dass Qualität neben der

Technik und der Prozessbeherrschung auch den Einbezug von Aspekten wie Kundensicht, Mitarbeiterorientierung und Führung bedingt. Daraus entstand in der Folge das Konzept des umfassenden Qualitätsmanagements (Total Quality Management). Eine Übertragung des privatwirtschaftlich verwurzelten TQM in den öffentlichen Sektor bedingt somit ebenfalls eine sinngemässe und umfassende Interpretation von Qualität und geht weit über die „kundenorientierte Qualität" hinaus.

3.4.3.3 Entwicklungsstand des Qualitätsmanagements in der Verwaltung

Eine von Naschold (1997, 30f.) durchgeführte Studie verdeutlicht, dass in der öffentlichen Verwaltung das Qualitätsmanagement noch von zwei (Extrem-)Ansätzen geprägt ist. Zum einen sind die technischen und rechtlichen Normen der Verwaltung Ausrichtungspunkt der Qualitätsorientierung, zum anderen der Kundennutzen und dessen Umsetzung in praktisches Verwaltungshandeln. Je nachdem welcher Ansatz und welches Ziel mit der Qualitätsorientierung der Verwaltung erreicht werden soll, liegt eine andere Grundorientierung zugrunde und andere Instrumente werden eingesetzt. So zeigt diese Studie beispielsweise, dass Qualitätsmanagement in England oft zur Akzeptanzbeschaffung der Verwaltung gegenüber den BürgerInnen genutzt wird. Hierfür werden Instrumente wie allgemeine Kundenbefragungen und Citizen-Charter-Bewegungen eingesetzt. In Norwegen hingegen dient das Qualitätsmanagement eher einem organisationsinternen Entwicklungsprozess. Mitarbeiterinnen und Mitarbeiter werden in diesem Prozess z.B. in Form von Qualitätszirkeln stark eingebunden, wohingegen die Kundinnen und Kunden kaum in den Prozess eingebunden sind.

3.4.4 *Wettbewerbsorientierung*

NPM kennzeichnet sich durch einen systematischen Einbezug des Wettbewerbsgedankens in alle Bereiche staatlicher Tätigkeit. Da sich die öffentliche Verwaltung - zumindest in ihrem Kernbereich - meist in einem monopolistischen Markt bewegt, fehlt ein wettbewerblicher Selbststeuerungsmechanismus bislang. Unabhängig von technischem und betriebswirtschaftlichem Niveau und der Qualifikation des Personals fördert der mangelnde Wettbewerb in öffentlichen und privaten Organisationen eine stärkere Ausrichtung an Bedürfnissen der eigenen Organisation als an denen der Kundinnen und Kunden (Adamaschek 1997, 25).

Die bisher beschriebenen Ziele und daraus abgeleiteten Reformvorschläge des NPM wie Qualitäts-, Kunden- und Wirkungsorientierung vermögen nichts an der Monopolsituation der Verwaltung zu ändern. Obwohl jedes dieser Ziele einen nicht zu unterschätzenden Beitrag zur Neuausrichtung der Verwaltung leistet, ist zudem ein Umfeld zu generieren, welches die anderen Reformziele integriert und die Effektivität der Verwaltung weiter steigert. Dies soll durch die Einführung von Wettbewerb und marktähnlichen Strukturen erreicht werden (vgl. Kap. 7.1).

3.4.4.1 Marktmechanismen in der öffentlichen Verwaltung

Klare Zielsetzung des NPM ist es, in möglichst allen Bereichen der Verwaltung marktähnliche Situationen zu schaffen. Die Schaffung eines marktlichen Umfelds fällt dabei in der Leistungsverwaltung naturgemäss leichter als in der Hoheitsverwaltung. Da es Bereiche der öffentlichen Verwaltung gibt, in denen kein tatsächlicher Wettbewerb zwischen (öffentlichen und privaten) Anbietern herbeigeführt werden kann, sieht das NPM eine Reihe von Instrumenten vor, mit denen wettbewerbsähnliche Situationen simuliert werden. Derartige Instrumente sind z.B. reine Kosten-Leistungsvergleiche mit Privaten, Ausschreibungen oder echte Drittvergaben (vgl. Kap. 7.2).

Eine Gegenüberstellung der deutschen und internationalen Verwaltungsreformen zeigt, dass die Markt- und Wettbewerbsorientierung in deutschen Reformen eine relativ geringe Bedeutung hat. Die Idee der Verwaltung als Gewährleister scheint sich hier noch nicht durchgesetzt zu haben. Die Bemühungen, Wettbewerb zwischen öffentlichen und privaten Anbietern zu schaffen und Aufgaben auszulagern, hielten sich in Grenzen. Die Schaffung von internem (Quasi-)Wettbewerb, wie z.B. auch der durch die Bertelsmann-Stiftung lancierte interkommunale Leistungsvergleich, sind die verbreitetsten Instrumente der Wettbewerbsorientierung in Deutschland (Reichard 1997, 59).

3.4.4.2 NPM und Privatisierung

Wettbewerbsorientierung im NPM bedeutet eine Stärkung des Staates, nicht einen Aufruf zu radikaler Privatisierung. Im Sinne des eingangs beschriebenen Gewährleistungsstaates ist es Aufgabe des Staates, in seinem Verantwortungsbereich einen Wettbewerb für öffentliche Güter zu organisieren und aufrecht zu erhalten. Im Gegensatz zur (materiellen) Privatisierung behält der Staat die Verantwortung für die Bereitstellung der Leistung sowie für die Erstellung der Leistung unter Wettbewerb.

Das wettbewerbliche Umfeld wird in verschiedenen Ländern durch unterschiedliche Strategien zu erreichen versucht. Naschold (1995a, 84; 1997, 28) identifizierte in seiner international vergleichenden Studie verschiedene Formen der Vermarktlichung öffentlicher Aufgaben. Während in Grossbritannien beispielsweise durch die obligatorische Ausschreibung privatwirtschaftliche Wettbewerbsmärkte forciert wurden, setzen Christchurch und Phoenix auf Formen des geplanten Wettbewerbs zwischen privaten und öffentlichen Anbietern. Eine weitere Vermarktlichungsform wählte Hämeenlinna (Finnland), wo durch flexible Rechtsformen (innerhalb der öffentlichen Verwaltung) eine Flexibilisierung des Management und damit Kostensenkungen und –verlagerungen ausgelöst werden sollen.

Die bisherigen Erfahrungen und Erkenntnisse dieser Studie lassen darauf schliessen, dass formelle Privatisierungen bzw. Rechtsformänderungen alleine kaum die erhofften Selbstregulierungsmechanismen des Wettbewerbs auslösen. Erst ein funktionierender, dauerhafter Wettbewerb führt zu mehr Effizienz und Effektivität. In Bereichen, in denen Marktstrukturen genutzt werden können, erweist sich aus Sicht der KundInnen bzw. der BürgerInnen der

Wettbewerb zwischen privaten und öffentlichen Anbietern am vorteilhaftesten hinsichtlich Preis, Qualität und Kundenorientierung. Im allgemeinen ist insbesondere ein funktionsfähiger und zeitnaher Rückkoppelungsmechanismus zwischen BürgerInnen bzw. Kunden und Kundinnen und Produzent/Verwaltung wichtig, weswegen nicht systematisch eine Art von Wettbewerbsmechanismen bevorzugt werden sollte (Naschold 1995a, 84f.; 1997, 29f.).

Der Begriff Privatisierung wird heute als Oberbegriff für eine Reihe unterschiedlicher Formen der Übertragung ehemalig dem öffentlichen Bereich vorbehaltener Aufgaben auf den privaten Sektor (nicht zwingend den Markt) verwendet. Dies kann zu Verwirrung führen, weshalb wir in diesem Buch nur die Privatisierung im engeren Sinne als solche bezeichnen. Folgende Formen werden nach allgemeiner Auffassung unterschieden (Schuppert 1995, 766f.):

- Massgebend für die *formelle bzw. Organisationsprivatisierung* ist die äussere Rechtsform. Der Verwaltungsträger entledigt sich *nicht* einer bestimmten Aufgabe, sondern wählt zu deren Wahrnehmung lediglich Formen des Privatrechts wie z.B. eine GmbH oder AG. Diese Form der Privatisierung ist auch unter dem Begriff Korporatisierung bekannt. So ist beispielsweise die Bundesrechenzentrum GmbH in Österreich heute eine hundertprozentige Tochter des Bundes, die EDV- und Online-Dienstleistungen für die Verwaltung erbringt. Die Dienstleistungen werden heute nicht mehr nur an die Bundesverwaltung abgegeben, sondern auch an Gebietskörperschaften, Interessenverbände usw. (Winter 1998, 138f.).

- Mit *Vermögensprivatisierung* wird der Verkauf von Unternehmen(sbeteiligungen), Grundstücken usw. bezeichnet.

- Unter *Finanzierungsprivatisierung* versteht man die Beteiligung des privaten Sektors an der Finanzierung öffentlicher Aufgaben. Beispiele sind z.B. die Errichtung von Investitionsobjekten durch Private und anschliessendes Leasing durch die Verwaltung aber auch privates Haftungskapital in (halb-)öffentlichen Unternehmen.

- Bei der *materiellen Privatisierung* (Privatisierung im engeren Sinne) findet eine echte Aufgabenverlagerung in den privaten Sektor statt. Die öffentliche Verwaltung nimmt die Aufgabe nicht mehr länger wahr und gewährleistet sie auch nicht mehr. Es findet eine Reduzierung des Aufgabenbestandes und eine Entlastung des Staates statt.

- Als *funktionelle Privatisierung* wird der Einbezug Privater im Rahmen der Gewährleistungsverwaltung verstanden. Contracting Out und Outsourcing fallen hierunter.

3.5 Fragen zur Diskussion

- Das NPM geht von der Bereitschaft der Politikerinnen und Politiker aus, sich auf sog. relevante Frage- und politische Weichenstellungen zu konzentrieren. Ist diese Annahme richtig? Wollen die Politikerinnen und Politiker überhaupt politische Entscheide fällen?

- Die Verwaltung soll sich kundenorientiert verhalten, d.h. sie soll ihre Leistungserbringung verstärkt aus Sicht der Leistungsabnehmer beurteilen. Welche Gefahren und Chancen bietet die Kundenorientierung der Verwaltung aus Sicht der vier Disziplinen Betriebswirtschaft, Rechtswissenschaft, Politikwissenschaft und Ökonomie?

- Politik soll Wirkungssteuerung, Verwaltungsführung Leistungssteuerung betreiben. Diese Zuständigkeitsregelung ist für den deutschsprachigen Raum recht revolutionär. Wie beurteilen Sie diese Aufteilung vor dem Hintergrund Ihrer eigenen Erfahrungen?

- Warum hat die betriebswirtschaftliche Sicht der Qualität bislang in der öffentlichen Verwaltung nur wenig Verbreitung gefunden? Gibt es Parallelen zwischen der Entwicklung des Qualitätsmanagements im privaten und im öffentlichen Sektor?

- NPM grenzt sich klar von der (materiellen) Privatisierung ab. Wie ist diese Abgrenzung zu erklären? Wo sind Unterschiede, wo Gemeinsamkeiten?

STRUKTURELLE UND PROZESSUALE ELEMENTE IM KONZEPT DES NPM

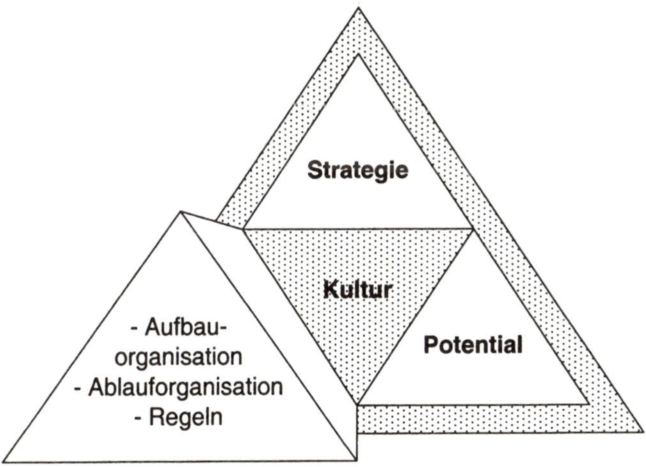

4 Dezentralisierung der Führungs- und Organisationsstruktur

4.1 Kennzeichen der neuen Führungs- und Organisationsstruktur

Die Strukturen und Prozesse der öffentlichen Verwaltung sind heute in aller Regel darauf ausgerichtet, grösstmögliche Sicherheit und einen Risikoausgleich im Handeln zu erzielen. Die Erreichung grösstmöglicher Wirkung scheint dabei eine untergeordnete Rolle zu spielen. Dies versucht das NPM zu ändern, indem die Strukturen konsequent auf die neue, outputorientierte Philosophie ausgerichtet werden.

Die Grundstrategie wirkungsorientierter Organisationsformen in der öffentlichen Verwaltung zielt auf eine *Vergrösserung der Verantwortlichkeit* der Verwaltungsstellen hin. Hinter allen Reformen, sei dies in Australien, Neuseeland oder in den USA, steht der Gedanke, dass nur effizient und effektiv arbeiten kann, wer für seine eigenen Handlungen verantwortlich ist und die Konsequenzen trägt. Daher wird eine Organisationsform angestrebt, deren Struktur derjenigen eines Konzerns (bzw. einer Management-Holding) gleicht. Folgende Merkmale sind für sie idealtypisch:

- Die Ministerien/Departemente und Ämter werden nach Produktgruppen strukturiert, d.h. die Organisation der Verwaltung wird auf die KundInnen und Produkte ausgerichtet anstatt auf traditionelle bürokratische Einflüsse. Die Zahl der Departemente/Ministerien und Fachämter wird möglichst klein gehalten.

- Zusammengehörende Aufgaben, Produkte, Produktionsprozesse, Teilmärkte und Zielgruppen werden in übersichtlichen Organisationseinheiten mit Ergebnisverantwortung zusammengeführt, um eindeutige Verantwortlichkeiten und optimale Verwaltungsabläufe zu schaffen.

- Die Verantwortung für bisherige Aufgaben der Querschnittsämter (z.B. Ausbildung) wird weitgehend an die Verwaltungseinheiten delegiert. Jene Teile der Ämter mit Koordinationsfunktion werden in einen Konzernstab (*zentraler Steuerungsdienst*) zusammengeführt, der direkt dem Steuerungsbereich, d.h. z.B. in der Schweiz der Regierung und der Verwaltungsführung auf kommunaler Ebene, unterstellt ist. Verwaltungsübergreifende Dienstleistungen können weiterhin zentral angeboten werden, sind jedoch als solche regelmässig durch interne Verrechnungen zu finanzieren, deren Bezug und Preis im Budgetierungsprozess festgelegt wird (vgl. Kap. 4.2).

- Kompetenzen und Verantwortungen werden auf drei Ebenen (Ebenen der Leistungsfinanzierer, der Leistungskäufer und der Leistungserbringer) aufgeteilt und neue Rollen für die Institutionen definiert (vgl. Kap. 4.1.3).

- Die Steuerung erfolgt im wesentlichen über Leistungsvereinbarungen und Globalbudgetierung. Für die Formulierung und Überwachung deren Einhaltung sind Steuerungsdienste einzurichten.

- Ein gut ausgebautes und vermehrt auf Leistungsindikatoren basierendes Kontroll- und Informationssystem stellt die politische und administrative Führung der dezentralen Einheiten sicher.

- Eine flächendeckende Qualitätskontrolle wird bereits in den Leistungsvereinbarungen festgehalten und durch den Steuerungsbereich sichergestellt.

Ziel der wirkungsorientierten Strukturen im NPM ist die Schaffung von Verwaltungseinheiten, die sich weitgehend selbst organisieren, sich den ändernden Gegebenheiten ihres Umfeldes laufend anpassen. Damit dies möglich ist, sollte eine minimale Grösse solcher Einheiten nicht unterschritten werden.

4.1.1 *Politische Führung und administratives Management*

Die vom NPM geforderte Organisationsstruktur versucht Ideen des privatwirtschaftlichen *Corporate Management* auf die Verwaltung zu übertragen, um damit ihre Steuerungs- und Handlungsfähigkeit ähnlich einem Konzern zu erhöhen. Zu diesem Zweck soll wie bereits angesprochen (vgl. Kap. 3.3.1) einerseits eine *Klärung der Rollen von Politik und Verwaltung*, andererseits die Etablierung einer tatsächlichen Managementebene für die Verwaltung eingeführt werden. Für die politischen Ebenen bedeutet dies ein neues Rollenverständnis, welches Einfluss auf die Tätigkeiten des Parlaments/Rats haben soll (weniger operative, mehr strategisch-normative Funktionen). Durch die Ausrichtung der Steuerung an eigentlichen Produktgruppen mit gleichzeitiger globaler Finanzmittelzuweisung verlagert sich das Interesse des Parlamentes/Rates von der detaillierten Kreditsprechung und -kontrolle auf die Produktseite der Verwaltung. Dies mag auf den ersten Blick nach einem Verlust an Einfluss für die Parlamente/Räte aussehen. Bei näherer Betrachtung der neuen Informations- und Entscheidungsmöglichkeiten wird jedoch deutlich, dass sie mehr Einfluss auf die tatsächlich erstellten Leistungen der Verwaltung erhalten, als dies bis anhin der Fall war. Erfahrungen, die in den Projekten gesammelt werden konnten, zeigen, dass sich den Politikerinnen und Politikern Möglichkeiten eröffnen, die sie selbst nie erwartet hätten - insbesondere Massnahmen zur Kosteneindämmung erhalten eine ungeahnt hohe Qualität, wenn nicht mehr Detailbudgets allein als Information zur Verfügung stehen, sondern konkrete Produktgruppen mit ihren Kosten diskutiert, Qualitätsstandards definiert oder einzelne Produktgruppen an Private vergeben werden.

Diese Neuausrichtung der politischen Organe im Sinne des NPM verlangt, dass diese zukünftig mehr *final programmierte Entscheide* treffen sollten, d.h. Entscheide über das „Was" und nicht das „Wie". Dem stehen jedoch einige zentrale Strukturprobleme des politischen System entgegen. Währenddem das politische System in seinen Abläufen und Mechanismen auf eine repräsentativ-

1750

demokratische Führung mit demokratischen Repräsentationsmechanismen aufbaut, zielt das NPM auf eine Rollen- und Verantwortungsanweisung an Politik und Verwaltung. Durch die beabsichtige Rollentrennung treten an der Schnittstelle konzeptionelle Spannungen zwischen politischer und administrativer Steuerung auf (vgl. Kap. 3.3.1 und Abb. 3-1). Für die Ausgestaltungen der gesamten Governance-Struktur, um diese Spannungen zu überwinden, lassen sich dabei im internationalen Vergleich unterschiedliche Beispiele finden. Eine von Naschold (1997, 324) durchgeführte internationale Analyse zeigt dabei, dass in der Mehrzahl der untersuchten Städte der Managerialismus-Gedanke überwiegt. Das Verwaltungsmanagement scheint damit auch die Politik zu dominieren. Das gegenteilige Beispiel der politischen Hegemonie war ebenfalls anzutreffen. Eine Kontraktbeziehung zwischen Politik und Verwaltung wurde lediglich in einer Stadt festgestellt, währenddem ein wechselseitiges Austauschverhältnis zwischen Politik und Verwaltung wiederum verbreiteter ist.

Die Ursache für die schwierige Durchsetzung der Konzentration von Politik und Verwaltung auf ihre neuen Rollen scheint auf kommunaler Ebene zudem im beschränkten Handlungsspielraum der Politik zu liegen. Da die Gemeinden zwar zur Selbstverwaltung in bestimmten Bereichen berechtigt sind, die tatsächlichen politischen Gestaltungsmöglichkeiten und die Eingriffstiefe lokaler Massnahmen aber sehr gering ist, scheint die Kommunalpolitik durch eine weitgehende Macht- und Hilflosigkeit gekennzeichnet zu sein (Bogumil 1997, 36; vgl. auch Kleindienst 1999, 108).

> *„Der prinzipiell bescheidene Handlungsspielraum der Kommunalpolitik bringt automatisch eine Vernachlässigung politischer Zieldiskussionen und zugleich eine gewisse Eigendynamik des Einmischens in eigentlich laufende Geschäfte der Verwaltung mit sich.“ (Bogumil 1997, 36)*

Dieser Aspekt verdeutlicht, wie auch schon die Ergebnisse von Naschold, dass die Konzentration auf strategische und operative Belange sich nicht von selbst einstellen wird, sondern von den PolitikerInnen und der Verwaltung bewusst und aus eigener Überzeugung angestrebt werden muss.

4.1.2 *Dezentrale, flache Organisation*

Die hervorstechendste *strukturelle* Veränderung, die mit dem NPM Einzug hält, ist eine *verstärkte Dezentralisierung* bei gleichzeitiger Schaffung *weitgehender Autonomie für die dezentralen Einheiten* mit eigenen Führungs- und Entscheidungsstrukturen (vgl. Kap. 4.1.3.4 und Abb. 4-4). Die Abgrenzung zur Zentralisierung ist dabei nicht nur struktureller, sondern auch kultureller Art:

> *Zentralisierung ist charakterisiert durch Eingriffe und Kontrollen vor einer Handlung, durch Regeln und Regulierungen, die festlegen, was getan werden muss und wie, wann, wo und durch wen.*
>
> *Dezentralisierung ist charakterisiert durch Eingriffe und Kontrollen nach Abschluss einer Handlung und durch Honorierungen und Leistungsziele, die hoch genug sind, um die grössten Anstrengungen beim Personal einer Organisation zu bewirken (Thompson/Jones 1994, 21).*

Eine umfassendere Betrachtung führt zu folgenden Dimensionen der Dezentralisierung:

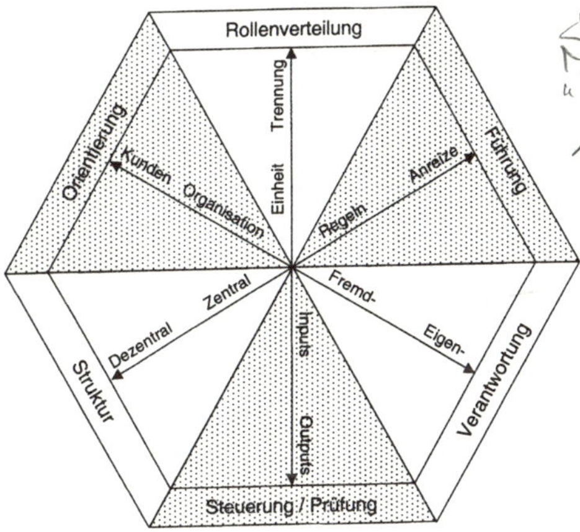

Abb. 4-1: Dimensionen der Dezentralisierung im NPM

Voraussetzung für die Autonomie einer Verwaltungseinheit ist ein abgegrenzter Aufgabenbereich, "der im unternehmerischen Sinn angegangen und gestaltet werden kann" (Gomez 1981, 110). In der öffentlichen Verwaltung wirken zwei Trends gegen diese Forderung: Einmal hat sich das Prinzip der Arbeitsteilung gerade in der Verwaltung besonders stark festgesetzt, zum anderen werden politisch brisante Aufgaben häufig bewusst verschiedenen Einheiten zugeordnet, um eine ausgleichende Wirkung zu erreichen, d.h. um eine Konzentration der Macht in diesen Bereichen zu verhindern. Dass sich solches effizienzhemmend auswirken muss, ist offensichtlich. Es gilt daher, auch in der Verwaltung vermehrt "Unternehmungen in der Unternehmung" (Gomez 1981, 110) zu schaffen, wobei der Freiheitsspielraum, der den Einheiten zugestanden wird, sowohl von der internen Struktur als auch von der Entwicklung der Umwelt abhängt und mit dieser variieren kann. Es lässt sich aus kybernetischer Sicht durchaus rechtfertigen, in Krisenzeiten die Freiräume für die Leistungszentren zu verringern, währenddem sie in der Hochkonjunktur ausgeweitet werden können.

Die notwendigen Schritte der Dezentralisierung betreffen nicht nur die Struktur der Verwaltung, sondern sind umfassend zu verstehen. Wie in Abb. 4-1 dargestellt, muss sich in sechs verschiedenen Dimensionen, die zum Teil bereits erwähnt wurden, eine Abkehr von der zentralistischen Ausrichtung des politisch-administrativen Systems durchsetzen:

- Die Strukturen werden - wie in diesem Kapitel zu zeigen sein wird - dezentraler.
- Die (zentralistische) Innenorientierung wird durch eine (dezentralisierte) Kundenorientierung abgelöst.
- Die (zentralistische) Einheit der Auftraggeber und Auftragnehmer wird durch Auftrennung der Rollen dezentralisiert.
- Die Führung über Anreize erlaubt dezentrale Lösungsansätze, während die Führung über Regeln zu starker Zentralisierung tendiert.

- Die Eigenverantwortung der operativen Einheiten und der MitarbeiterInnen löst die zentralistische Fremdverantwortung der oberen Hierarchiestufen ab.
- Die zentralistische Inputsteuerung, -kontrolle und -prüfung fliesst in ein System der dezentralen Outputausrichtung der Controlling- und Revisionsinstanzen über.

Diese Überlegungen führen unter anderem dazu, dass seit längerem die Bildung von *Verantwortungszentren* in der Verwaltung vorgeschlagen wird. Die Einführung bedingt dabei folgende Voraussetzungen:

1. Selbständige Entscheidung über Einnahmen und Ausgaben
2. Übertragung der vollen Verantwortung für die wirtschaftliche Tätigkeit an das Verantwortungszentrum (für gute und schlechte Resultate)
3. Beschränkung der staatlichen Kontrolle auf:
   - Festlegung des Leistungsauftrages und Regelung der Finanzierung der Leistungen
   - Sicherstellung der Erfüllung der Leistungen durch Weisungen
   - Preisfestlegung, soweit die Kosten der Leistungen nicht durch den Markt bestimmbar sind (Monopolleistungen, gemeinwirtschaftliche Leistungen)
   - Kontrolle der Ermessensüberschreitung bei der Wahrnehmung hoheitlicher Aufgaben
   - Überprüfung der Rechnungsführung und Verhinderung unwirtschaftlicher Leistungen

Diese Forderungen, die als Voraussetzungen für die Schaffung von Verantwortungszentren in der öffentlichen Verwaltung genannt werden, decken sich weitgehend mit dem Konzept des NPM.

Aus *dezentralen Strukturen* ergeben sich für die Verwaltung erhebliche *Vorteile* (Budäus 1995, 56):

- Abbau von Komplexität
- Schaffung von Transparenz
- Zurechenbarkeit von Leistungen und Kosten
- Schaffung einer Grundlage für die Globalbudgetierung
- Kongruenz von Entscheidung und Verantwortung, für deren Folgewirkungen dank Zusammenfassung von Fach- und Ressourcenverantwortung erreicht werden kann
- Möglichkeiten zur Institutionalisierung wettbewerbsähnlicher Funktionsmechanismen

Die Dezentralisierung birgt aber auch die Gefahr, dass Steuerungsmöglichkeiten verloren gehen. Daraus entsteht eine zentrifugale Tendenz, die zu Verselbständigung der Verwaltungseinheiten und damit zu suboptimaler Aufgabenerfüllung führt. Aus diesem Grund sind neue Steuerungsmechanismen aufzubauen, die eine zu starke Loslösung verhindern und eine koordinierte Verwaltungsentwicklung ermöglichen. Darauf wird in den nächsten Abschnitten (vgl. Kap. 4.1.3.1) einzugehen sein.

Für die Strukturen der Verwaltung bringt das Erfordernis der verbesserten Wirkungssteuerung erhebliche Neuerungen im Controllingbereich. Diese Aktivitäten werden auf jeder hierarchischen Ebene zu verstärken und vor allem zu koordinieren sein, was nicht zuletzt eine Hauptaufgabe des zentralen Steuerungsdienstes bildet. Dabei soll nicht einer aufwendigen Parallelorganisation mit zusätzlichen Stäben das Wort geredet werden. Für die neuen Aufgaben sind aber zuständige Personen zu bezeichnen, die entsprechendes Know-How aufbauen müssen.

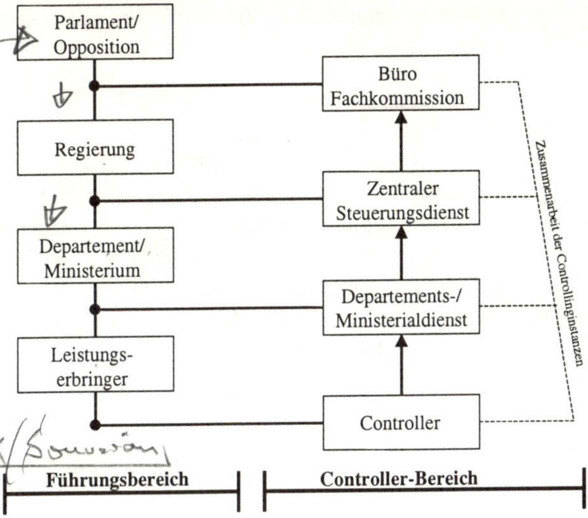

Abb. 4-2: Controlling-Struktur im NPM (Egli/Käch 1995, 177)

Bei der Betrachtung dieser auf den ersten Blick aufwendigen Struktur darf nicht vergessen werden, dass damit viele Entscheidungswege abgelöst werden, da im NPM-Modell vieles bereits auf der Stufe des Leistungserbringers entschieden wird, das bis anhin bei der Verwaltungsführung auf dem Tisch lag. Gelingt es der Verwaltung, das Controlling auf das Notwendige zu beschränken und eine schlanke Organisation auch in diesem Bereich durchzusetzen, so darf mit erheblichen Vereinfachungen der Abläufe gerechnet werden. Die detaillierte Ausgestaltung des Controlling wird in einem der folgenden Kapitel näher betrachtet (vgl. Kap. 9.1)

4.1.3 *Trennung von Leistungsfinanzierer, -käufer und -erbringer (Auftraggeber-Auftragnehmer)*

In der traditionellen Verwaltungsorganisation werden die Entscheide weitgehend zentral gefällt. Die Kompetenzen sind an der Spitze gebündelt, auch wenn sie durch die Verwaltungsführung delegiert werden können. Letztlich werden in den meisten Fällen die obersten Hierarchieebenen auch für detaillierte Entscheide zugezogen.

Diese Kompetenzklumpen werden im NPM durch eine Trennung von Leistungsfinanzierer, Leistungskäufer und Leistungserbringer aufgebrochen. Heute ist die Verwaltung gleichzeitig und monopolistisch Finanzierer, Anbieter und Käufer. *Preisverhandlungen* sind aufgrund der Personalunion nicht notwendig. Der verbleibende, oft einzige Steuerungsmechanismus für die Ausgaben der Verwaltung ist die jährliche Budgetierung und Haushaltsplanung. Die oft gehörte Auffassung, es gebe für Produkte des öffentlichen Sektors keinen Preis, mag ihren Ursprung in dieser Tatsache haben.

Die erwähnte Trennung schafft einen internen oder - je nach Ausgestaltung - externen Markt mit Leistungsanbietern und Käufern. Selbst wenn nur ein Käufer besteht (z.B. die Verwaltungsführung), können mehrere Anbieter auf dem Markt auftreten. Verwaltungsintern kann der Fall eines Duopols (ein Duopol liegt dann vor, wenn der Markt aus nur je 1 Käufer und 1 Verkäufer besteht) eintreten, wenn der Anbieter beispielsweise aus einer Behörde besteht, die hoheitliche Aufgaben wahrnimmt (z.B. Polizei). Die Trennung zwischen Anbieter und Käufer bewirkt dann zwar keine freie Preisbildung, aber eine klare Abgrenzung zwischen langfristiger Leistungsplanung, strategischer Zielsetzung und operativ-dispositivem Vollzug. Die verbindenden Elemente sind Budgets, die die Mittel möglichst als Totalsumme vorgeben (*Globalbudget*), sowie Leistungsaufträge und -vereinbarungen.

Die internen Kunden-Lieferantenbeziehungen haben zudem einen Qualitätsaspekt. Als interner Kunde führt die beziehende Verwaltungseinheit eine Qualitätskontrolle durch, sobald eine Leistung bzw. Aktivität[1] einer anderen Verwaltungseinheit bei ihr eingeht,

[1] Ob man nun von einer Leistung oder Aktivitäten spricht hängt davon ab, was die massgebliche Betrachtungseinheit ist. Betrachtet man ein einzelnes Amt als die massgebende Betrachtungsgrösse, dann sind alle Leistungen, die dieses an seine internen (andere Ämter) und externen KundInnen abgibt, Leistungen im Sinne von Produkten. Betrachtet man hingegen die gesamte Verwaltung als Betrach-

und wird reklamieren, wenn die Leistung nicht den vereinbarten und gewünschten Kriterien entspricht. Dadurch finden zahlreiche Zwischen-Qualitätskontrollen statt, bevor die Leistung letztendlich an den verwaltungsexternen Leistungsempfänger abgegeben wird.

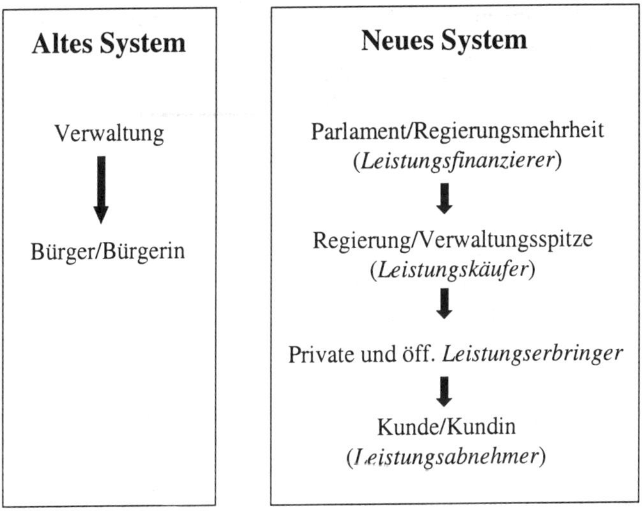

Abb. 4-3: Trennung von Leistungsfinanzierer, Leistungskäufer und Leistungserbringer

Das Prinzip der Trennung von Leistungsfinanzierer, Leistungskäufer und Leistungserbringer bewirkt starke Veränderungen der organisatorischen Gliederung des politisch-administrativen Systems. Eine klare Einteilung in reinrassige Funktionen ist dabei nicht immer möglich, aber es lassen sich in aller Regel deutliche *Schwerpunkte* setzen.

---

tungsmassstab, dann sind alle Leistungen, die an verwaltungsinterne Stellen abgegeben werden, Aktivitäten und nur diejenigen, die an verwaltungsexterne Leistungsempfänger gehen, sind Produkte (vgl. Abb. 6-3).

Die neue Struktur sieht drei getrennte Ebenen vor. Die in Abb. 4-3 aufgezeigte Trennung der Funktionen ist modellhaft; insbesondere in grossen Verwaltungen (z.B. im Bund) kann die Rolle der Leistungskäufer auch an einzelne Behörden delegiert werden. Ausserdem wird in der Darstellung vernachlässigt, dass auch horizontale Käufer-Lieferanten-Beziehungen bestehen (z.B. im Bereich der Querschnittsdienstleistungen), so dass eine indirekte Finanzierung entsteht.

4.1.3.1 Bemerkungen zur Rollenteilung in unterschiedlichen Staatssystemen und Gemeinwesen

Dieses Buch möchte das Konzept des NPM möglichst allgemein, und nicht bezogen auf eine landesspezifische Ausprägung darstellen. Eine Eingrenzung wird hinsichtlich des deutschsprachigen Raumes vorgenommen. Die politischen Systeme in Deutschland, Österreich und der Schweiz unterscheiden sich jedoch in verschiedener Hinsicht. Zum einen finden sich unterschiedliche Bezeichnungen, so dass z.B. in Deutschland und Österreich von Ministerien, in der Schweiz hingegen von Departementen gesprochen wird. Zum anderen führen die unterschiedlichen Regierungssysteme (vgl. Kap. 3.3) zu einer unterschiedlichen Rolle der verschiedenen Amtsträger innerhalb des politischen Systems. So steht das Regierungskabinett in einem Konkurrenzsystem wie insbesondere in Deutschland aufgrund seiner starken Bindung zur Regierungsmehrheit im politischen Bereich. Die Regierung des schweizerischen Konkordanzsystems hingegen lässt sich durchaus in administrative Führungsfunktionen ein. Diese unterschiedliche Verbundenheit und Abhängigkeit von Parlament bzw. Regierungsmehrheit hat konsequenterweise Auswirkungen auf die Rolle, die die jeweiligen Amtsträger im Modell des NPM wahrnehmen. So kann z.B. in der Schweiz die Regierung die Rolle der Leistungskäufer einnehmen, währenddem eine Zuteilung dieser Rolle an die Minister in Deutschland aufgrund ihrer Politikorientierung kaum sinnvoll wäre. Vielmehr stellen hier die Ministerien sowie die Verwaltungsspitze selbst den Steuerungsbereich dar, der die Rolle des Leistungskäufers wahrnimmt. Die Besonderheiten des zwei- bzw.

dreistufigen Verwaltungsaufbaus auf Landesebene, in dem zwischen Ministerium und Ortsbehörde noch sog. Mittelbehörden stehen, werden nicht weiter berücksichtigt.

Eine weitere Schwierigkeit ergibt sich aufgrund der Gemeinwesen verschiedener Stufen. Kommunen und Kommunalverwaltungen weisen einige Besonderheiten auf. So kann z.B. die direkte Bürgerwahl des Bürgermeisters, wie sie z.B. in Deutschland in einigen Kommunalverfassungen anzutreffen ist, diesem eine sehr eigenständige, vom Rat relativ unabhängige Position bieten.

Diese Vorbemerkungen sollen den Leser darauf aufmerksam machen, dass es in den folgenden Abschnitten, in denen eine Rollenzuteilung vorgenommen wird, immer notwendig ist, sich die Beschaffenheit des betrachteten Gemeinwesens vor Augen zu führen. Des weiteren soll es als Verständniserleichterung dienen und verdeutlichen, dass wenn z.B. in der Folge von Verwaltungsführung die Rede ist, damit z.B. in der Schweiz die Regierung und in Deutschland das Ministerium, gemeint sein kann.

4.1.3.2 Ebene der Leistungsfinanzierer

Leistungsfinanzierer der öffentlichen Verwaltung sind die Steuerzahler einer Stadt, eines Bundeslandes oder des Bundes. Die Aufgaben der Verwaltung und damit die Verwendung der Steuereinnahmen werden grundsätzlich durch Gesetze und Normen geregelt (daher auch "*normative Ebene*"). Sie sind Ausfluss des Willens des Volkes, entweder vertreten durch parlamentarische Gremien, oder aber mittels Stimmentscheid. Daran ändert auch das NPM nichts.

Die Bürger und Bürgerinnen sowie ihre parlamentarische Vertretung werden deshalb als Leistungsfinanzierer bezeichnet, weil sie über die Finanzierung öffentlicher Güter (Produkte) bestimmen. So liegt es in den deutschsprachigen Staaten in der Regel in der Kompetenz des Parlaments über die Verwendung der Steuergelder zu entscheiden und Gebühren, Abgaben und sonstige Preise für öffentliche Leistungen festzulegen.

Die Finanzierer einer Organisation erwarten, dass aus ihren Aufwendungen ein bestimmter Nutzen resultiert (*value for money*). Dieser Nutzen kann unterschiedliche Formen annehmen; man denke nur an die breite Palette von Produkten, die von der öffentlichen Verwaltung erstellt werden. Weil die Leistungsfinanzierer oft, jedoch nicht immer, auch Leistungsempfänger sind, ergeben sich Vernetzungen und Rollenkonflikte zwischen Kunde und Leistungsfinanzierer. Die Leistungen, die Bürgerinnen und Bürger sowie das Parlament für ihr Geld erwarten, betreffen ausschliesslich Produkte, die die Verwaltung verlassen. Interne Produkte sind für diese Ebene nicht von Interesse. Allerdings gibt es verwaltungsintern ebenfalls Kunden-Lieferanten-Beziehungen, in denen Leistungsfinanzierer auftreten: der Abnehmer eines internen Produkts (z.B. Ausbildung) finanziert dieses mit eigenen Mitteln. Diese Art der Finanzierung ergibt sich jedoch aus den verfügbaren Budgetmitteln und wird nicht weiter betrachtet.

Auf der Ebene der Leistungsfinanzierer werden die allgemeinen Ziele der Verwaltungspolitik bestimmt und in Gesetze und ein Leitbild gefasst. Ihre Organe sind die Bürgerinnen und Bürger sowie die gewählte Volksvertretung, wie Parlamente und Räte. Diese Organe bleiben dabei in der heutigen Struktur bestehen.

Die Frage, welche Veränderungen das NPM für die Bürgerinnen und Bürger bringt, wird in aller Regel knapp beantwortet: die demokratischen Instrumente sollen nicht angetastet werden, BürgerInnen sollen vor allem als KundInnen der Verwaltung bessere Leistungen erhalten. Ausserdem würden die BürgerInnen neben ihren heutigen Rechten und Pflichten durch die periodischen *Befragungen* vermehrt in den politischen Entscheidungsprozess einbezogen.

Allerdings können sich für die Bürgerinnen und Bürger - je nach Ausgestaltung des Modells - unter Umständen einige wesentliche Änderungen ergeben. Die Palette denkbarer Eingriffe ist weit und reicht von eher informellen Anpassungen bis zu einer denkbaren Neugestaltung je nach Staatssystem teilweise vorhandener direktdemokratischer Instrumente. Die bisherige Darstellung des *Jahres-*

ergebnisses eines Gemeinwesens beispielsweise dürfte sich deutlich verändern, wie die Jahresberichte aus Neuseeland, Deutschland und anderen Ländern zeigen. An die Stelle detaillierter Rechnungspositionen wird auch für die Einwohnerinnen und Einwohner eine attraktive Darstellung der Ziele, der Leistungen und der globalen finanziellen Aufwendungen des Gemeinwesens treten. Die Verwaltungsleistungen und deren Wirkungen werden transparent und verständlich dargestellt, sodass in einigen Ländern solche Jahresberichte sogar in Buchhandlungen verkauft werden können. Weitere Beispiele sind die üblicherweise aufliegenden *Fragebogen*, die die Zufriedenheit der Kundinnen und Kunden mit der soeben erhaltenen Leistung der Verwaltung erheben sollen.

4.1.3.3 Ebene der Leistungskäufer

Die Verwaltungsspitze bzw. die Exekutive ist mit ihren zugehörigen Ministerien, Behörden und Ämtern im Modell des NPM sowohl planende (und somit geschäftsvorbereitende) als auch ausführende bzw. Leistungen einkaufende Instanz. Sie trägt die Verantwortung für die Einhaltung des Produktbudgets gegenüber dem Parlament und dem Volk, erhält dafür aber weitgehende Ausführungskompetenz in Bezug auf die Art und Weise der Leistungsbeschaffung (*make or buy*). Konsequenterweise müsste dies beispielsweise heissen, dass die Auswahl von Kontraktpartnern, die Leistungen im Auftrag des Gemeinwesens erstellen, Sache der Leistungskäufer ist und durch das Parlament bzw. den Rat nicht beeinflusst werden kann. Im Gegenzug ist jedoch die Verwaltungsspitze gegenüber der Legislative für die korrekte Leistungserstellung verantwortlich.

Organisatorisch umfasst die strategische Ebene die Verwaltungsführung und die Ministerien/Departemente (in grossen Verwaltungen ev. auch einzelne Ämter). Um die neue Art der Steuerung über Leistungsvereinbarungen praktisch umzusetzen, bedarf es einer neuen Struktur in den Leitungsgremien. Für die Verwaltungsführung wird ein *zentraler Steuerungsdienst* geschaffen, der sowohl Führungsunterstützung als auch Konzernkoordination betreibt, und für die Ministerien/Departemente entstehen die *Ministerial-*

/Departementsdienste. Die Funktionen dieser neuen Stäbe, die vollumfänglich aus bestehenden Stellen gebildet werden, sollte eher zu einem Ab- als Aufbau der StabsmitarbeiterInnen führen.

Zur Illustration, welche Aufgaben innerhalb der Verwaltungsspitze anfallen, und wie sich insbesondere die Rolle von Politik und Verwaltung bzw. Leistungsfinanzierer und –käufer auf dieser Ebene gestalten können, soll hier ein Beispiel dienen. Die ersten Versuche der Rollenzuteilung der Verwaltungsspitze waren in der Praxis mit einigen Schwierigkeiten verbunden. In Australien beispielsweise wurde in einer ersten Reformwelle versucht, die Minister in die Managementverantwortung für die Verwaltung einzubinden. Dieser Versuch schlug fehl, weshalb in der Folge die Regelung aufgestellt wurde, dass die Minister nur zu dem Grad in das tatsächliche Management eingebunden werden sollen, wie es für eine klare Vorgabe politischer Richtungen und die Aufstellung konkreter Leistungs- und Wirkungsziele notwendig ist. Die eigentliche Managementverantwortung für die Verwaltung wurde an Manager in der Verwaltung selbst übertragen. Diese Aufgabenteilung wurde strukturell durch eine institutionelle Trennung von Ministerien, die sich mit der politischen Beratung der Minister beschäftigten, und ausführenden Agencies, deren Aufgabe es ist, staatliche Leistungen zu liefern, unterstützt. Entsprechend wurden auch die Verantwortungs- und Rechenschaftsstrukturen ausgestaltet. Die Manager berichten über die Ministerien an die Minister und sind diesem für die Einhaltung der operativen Ziele verantwortlich, die Minister ihrerseits sind gegenüber dem Parlament für die Arbeit der Ministerien und die Leistung der Agencies verantwortlich (Zifcak 1994, 75). In diesem Beispiel nehmen nun die Ministerien, die die Einhaltung der Leistungsvorgaben überwachen, die Rolle der Leistungskäufer ein. Der Minister selbst sowie ein grosser Teil des Ministeriums sind *politisch* tätig und arbeiten daher eher der Ebene der Leistungsfinanzierer als derjenigen der –käufer zu.

Die Verwaltungsspitze und die Ministerien/Departemente sind wie bis anhin die Schnittstelle zwischen Politik und Verwaltung. Sie sind für die Führung des Gemeinwesens verantwortlich. Ihnen obliegen die Aufgaben einer Konzernleitung, die mit recht grossen Kompetenzen ausgestattet ist (Freudenberg 1997, 79).

Die Verwaltungsspitze greift nicht mehr im gleichen Ausmass in die operativen Geschäfte der Verwaltung ein, wie dies heute der Fall ist. Sie übt jedoch einen grossen Einfluss auf die formelle Gestaltung der Vereinbarungen aus. Bei aller Freiheit, die den Verwaltungseinheiten gewährt werden soll, bleibt die Verwaltungsspitze und die Ministerien doch oberste Führungsinstanz der Verwaltung und fällt damit in vielen Fällen den letzten Entscheid in Führungsfragen (z.B. durch Vorgabe von Standards für die Personalarbeit). Sie ist auch die vorgesetzte Stelle des zentralen Steuerungsdienstes und diesem gegenüber voll weisungsberechtigt (zur detaillierten Erläuterung des zentralen Steuerungsdienstes siehe weiter unten).

Daneben hat jedoch die oberste Verwaltungsspitze weiterhin repräsentative Funktionen wahrzunehmen und die Anliegen des Parlamentes bzw. Rates in die Verwaltung einzubringen.

Es darf davon ausgegangen werden, dass auch bei der Verwaltungsspitze und den Ministerien/Departementen eine deutliche Verwesentlichung stattfindet. Heute werden zu viele Detailentscheide in die obersten Verwaltungsgremien gebracht, so dass nicht selten Verzögerungen der wesentlichen Entscheide eintreten.

Die Dezentralisierung der Verantwortlichkeit bewirkt zentrifugale Kräfte, d.h. die einzelnen Verwaltungseinheiten, die damit einen grösseren Spielraum in ihren Entscheidungen erhalten, streben automatisch nach vermehrter Selbständigkeit. Dies bringt die Gefahr mit sich, dass ihre Partikularinteressen die Gesamtinteressen der Verwaltung überwiegen und der *Dienstleister Verwaltung* in kleinere, unkontrollierbare Einzelteile zerfällt.

In aller Regel wird weder die politische noch die Verwaltungsführung ein Interesse daran haben, solche Entwicklungen zu fördern. Aus diesem Grund wird eine Institution geschaffen, die als starke Hand der Verwaltungsspitze gewisse Steuerungselemente zentral zusammenhält. Die Kapitäne in Führungsgremien erhalten somit zuverlässige und professionelle Steuerleute, die auch schwerfällige Schiffe auf dem richtigen Kurs zu halten in der Lage sind. Organisatorisch wird diese Crew in einem *zentralen Steuerungsdienst* zusammengefasst, der als Stab der Verwaltungsführung dieser direkt unterstellt ist (ähnlich auch KGSt 1993, 19).

Der zentrale Steuerungsdienst charakterisiert sich dadurch, dass er ausschliesslich jene Aufgaben übernimmt, die für die *Koordination* und *Kontrolle* der Gesamtverwaltung notwendig sind. Er arbeitet im Auftrag der Verwaltungsführung und hat selbst grundsätzlich kein Weisungsrecht gegenüber der Verwaltung. Seine Hauptaufgabe besteht - nebst der direkten Führungsunterstützung - somit darin, für bestimmte Bereiche Kriterien und Standards vorzugeben, "die kommunizierbar sind und anhand derer der Erfolg der Strategien und die erwarteten Zielerfüllungsgrade gemessen werden" (Bleicher 1991, 194) können. Explizit davon ausgenommen sind alle Tätigkeiten mit reinem Dienstleistungscharakter für die Verwaltungseinheiten, die keine Koordinationsfunktion haben.

Für die Beschaffung von Produkten für die Kundinnen und Kunden der Verwaltung sind zentrale Stellen zuständig, welche je nach Struktur und Grösse des Gemeinwesens Ministerien bzw. Departemente oder grössere Behörden oder Ämter sein können. Dabei ist unerheblich, ob sie die Produkte bei Dritten einkaufen oder durch die Verwaltung erstellen lassen wollen. Sie tragen allerdings die politische Verantwortung für die Produkte in bezug auf Qualität, Quantität, zeitliche Verfügbarkeit und Zugang für die Kundinnen und Kunden. Sie haben damit die *Führungsverantwortung* im Falle einer Abweichung bzw. Nichteinhaltung von Kontrakten wahrzunehmen und sind gezwungen, die Leistungserbringer gut auszuwählen und zu überwachen.

In den Leistungskäufer-Einheiten wird sich nach und nach neues Know-How für die Gestaltung und Überwachung von Kontrakten mit den Leistungserbringern aufbauen, wofür *Dienstabteilungen* als organisatorische Gefässe eingerichtet werden.

Diese unterstützenden Dienste nehmen alle Aufgaben wahr, die für die Führung der Leistungskäuferebene notwendig sind, also auch Querschnittsfunktionen, die bis anhin durch eigene Ämter durchgeführt wurden. Darin enthalten sind insbesondere Aufgaben im Bereich Controlling. Diese können etwas detaillierter umschrieben werden:

- Analyse der bestehenden Strukturen und Abläufe in der entsprechenden Behörde
- Durchführung von Ausschreibungen, sofern neue Offerten für Kontrakte eingeholt werden sollen
- Beurteilung der Offerten und Vorbereitung des Auswahlentscheids durch die Ministeriums-/Amtsleitung
- Vorbereitung der Kontrakte mit den Leistungserbringern
- Überwachung der Kontrakteinhaltung durch die Leistungserbringer
- Sammlung und Auswertung der Quartals- und Jahresberichte der Leistungserbringer
- Erstellen von Quartals- und Jahresberichten zuhanden der Regierung
- Vorbereiten von Massnahmen bei ausserordentlichen Vorfällen
- allgemeine Führungsunterstützung für die Departementsleitung

4.1.3.4 Ebene der Leistungserbringer

Die Ebene der Leistungserbringer (*operative Ebene*) umfasst jene Organisationseinheiten, die im Kontraktverhältnis mit den Ministerien/Departementen bzw. den Ämtern stehen. Sie können unterschiedliche *Organisationsformen* des öffentlichen oder privaten Rechts aufweisen. Ihre Rechtsform ist im Grunde für das Funktionieren des Modells unerheblich, wichtig ist ein regelmässiger und fairer Wettbewerb zwischen den Bewerbern. Die Voraussetzungen dazu sind durch genaue Regelungen zu schaffen.

Die Leistungserbringer übernehmen oft Aufgaben, die nicht nur Dienstleistungscharakter haben, sondern im Zusammenhang mit hoheitlichen Funktionen stehen. Je nach Situation können sie damit auch die Kompetenz erhalten, gegenüber Dritten Richtlinien festzulegen. Ausserdem ist es denkbar, dass die Leistungserbringer ihrerseits weitere Personen oder Institutionen beauftragen, in der Leistungserstellung mitzuwirken. Diese Möglichkeit muss insbesondere bei grösseren Aufgabenbereichen geschaffen werden, um grösstmögliche Flexibilität zu erreichen.

Die Verwaltungseinheiten geniessen im NPM einen hohen Grad an Autonomie. Sie sind operativ weitgehend selbständig und agieren im Rahmen der Vorgaben des jeweiligen Kontraktes. Sie übernehmen damit die Funktion der Leistungsanbieter.

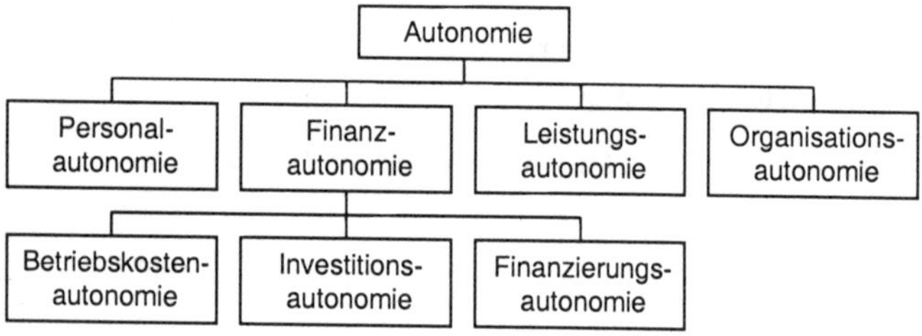

Abb. 4-4: Autonomiebereiche der Leistungserbringer (in Anlehnung an Dubs 1996, 12)

Die operative Selbständigkeit bedeutet für die Verwaltungseinheiten, dass sie über Art und Weise, wie sie eine bestimmte Palette vereinbarter Leistungen erstellen wollen, eigenständig entscheiden können. Die Entscheidungsautonomie betrifft dabei, wie in Abb. 4-4 ersichtlich verschiedene Führungsbereiche. Darin enthalten sind personelle Entscheide, beispielsweise über Anstellung, Beförderung oder Ausbildung, aber auch Entscheide der Finanzmittelverwendung und Sachmittelbeschaffung. Das hat zur Folge, dass etwa Stellenpläne, die heute von den Parlamenten bewilligt werden, zwar als Mittel der Konzernsteuerung noch eingesetzt werden *können*, als Instrument der politischen Einflussnahme hingegen ihre Bedeutung verlieren werden, weil sie als klassische Input-Regelung dem System zuwider laufen.

Verschiedene Leistungen, die heute durch die Verwaltung selbst erbracht werden, sind auch in der Privatwirtschaft oder in anderen Verwaltungen zu finden. Es besteht daher grundsätzlich die Möglichkeit, dass sie von der Verwaltung "eingekauft" werden. In diesem Fall sprechen wir - insbesondere im Zusammenhang mit EDV-Leistungen - von einem *Outsourcing*. Weitere Beispiele für ein derartiges Outsourcing sind z.B. die Vergabe von Reinigungsarbeiten, Druckaufträgen, Mechanikerarbeiten an Baumaschinen oder öffentlichen Verkehrsmitteln usw. an private Anbieter.

Weit verbreitet ist bereits heute die Zusammenarbeit des Staates mit *Non-Profit-Organisationen (NPO)*, die im dritten Sektor angesiedelt sind (Schwarz/Purtschert/Giroud 1995, 22). Sie gehören damit weder zum rein staatlichen noch zum rein privatwirtschaftlichen Bereich, gelten aber ebenfalls als zielorientierte Organisationen, die im Auftrag eines Gemeinwesens direkt gegenüber Leistungsempfängern auftreten können.

Ein vom Outsourcing zu unterscheidendes Instrument der Zusammenarbeit mit anderen Anbietern ist das *Contracting Out* (vgl. Kap. 7.2.3.2). Hier wird mit Dritten über detaillierte Leistungsvereinbarungen - wir nennen sie Kontrakte - vereinbart, welche Leistungen sie an die Kundinnen und Kunden der Verwaltung abzugeben haben.

4.1.4 *Das Modell der Gewährleistungsverwaltung*

Die eben dargelegte Rollenteilung führt vor dem Hintergrund der zu Beginn des Buches dargestellten Staatskonzeption des Gewährleistungsstaates zu einem neuen Konzept der Verwaltung. Das Konzept der *Enabling Authority* (Gewährleistungsverwaltung), das vor allem in Grossbritannien und Neuseeland breit Fuss gefasst hat (Reichard 1995, 11ff.), stellt ein Verwaltungsmodell dar, in dem der

Gewährleistungsgedanke verwirklicht werden kann und zu diesem Zweck eine klare Rollenteilung der Akteure vornimmt. Nach dem Gewährleistungskonzept muss eine Verwaltung die Produkte nicht mehr selbst erstellen, sondern Gewähr für deren Erstellung - durch eigene oder fremde Leistungserbringer - bieten.

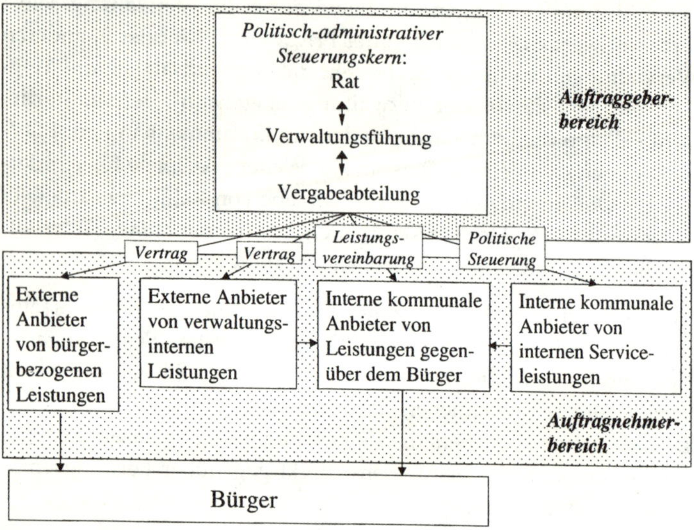

Abb. 4-5: Modell der Gewährleistungsverwaltung (Reichard 1998, 123)

In den folgenden Ausführungen sowie in der obenstehenden Abb. 4-5 wird beispielhaft auf die Ebene der Kommunalverwaltung im deutschen Staatssystem abgestellt. Damit wird ein konkretes Beispiel für die organisatorische Ausgestaltung der Gewährleistungsverwaltung geliefert.

Analog zur Trennung zwischen Gewährleistung und Vollzug wird in der Gewährleistungsverwaltung eine Zweiteilung der betrachteten Kommunalverwaltung vorgenommen. Im Auftraggeberbereich legen die Vertretungskörperschaft (Rat) und die Verwaltungsführung die Leistungsziele und –programme der Kommune fest, stellen die benötigten finanziellen Ressourcen bereit und überwachen allgemein den Prozess der Zielerreichung und Ressourcenverwendung. Diese Aufgaben entsprechen der Rolle des Leistungsfinanzierers. Die „Vergabeabteilung", welche die Rolle des Leistungskäufers einnimmt und damit noch zum Auftraggeberbereich zählt, setzt die politisch vorgegebenen Leistungsprogramme in konkrete Aufträge um, die einzelne zu erbringende Fachleistungen betreffen.

Die **Gewährleistungsverwaltung** kennzeichnet sich durch eine Zweiteilung der Verwaltungsorganisation in einen Auftraggeber- und einen Auftragnehmerbereich. Der Auftraggeberbereich besteht aus der politisch-administrativen Führung sowie einer Vergabeabteilung. Diese gewährleistet, dass die politisch erwünschten Leistungen zu vereinbarten Standards bereitgestellt werden. Auftragnehmer können verwaltungsinterne oder verselbständigte Einheiten oder auch Dritte sein.

Def. 4-1: Gewährleistungsverwaltung

Die Vergabestelle vergibt die Aufträge an den jeweils „günstigsten" Anbieter aus dem Auftragnehmerbereich. Dieser umfasst die verschiedenen Fach- und Serviceeinheiten der betreffenden Kommunalverwaltung sowie externe Anbieter. Die Vergabeabteilung nimmt in der Folge zudem die Rolle der unterstützenden Dienste wahr und überwacht den Prozess der Leistungserbringung, interveniert gegebenenfalls und berichtet regelmässig an den Steuerungskern (Reichard 1998, 122f.).

Als Vision der radikal verwirklichten Gewährleistungsverwaltung formuliert Reichard (1995, 42f.) die Vorstellung einer Kommune, die als „reine *Holding* ohne eigenen Leistungsbereich alle Leistungen, d.h. sowohl interne Servicedienste als auch Leistungen an die Bürgerinnen und Bürger, von externen Lieferanten „einkauft" (Hervorhebungen im Originaltext)." Diese Aussage darf nicht dahingehend missverstanden werden, dass es das oberste Ziel des NPM ist, die staatliche Leistungserstellung obsolet zu machen. Es geht im Gegenteil nur um eine effiziente und effektive Leistungserstellung, zu deren Verwirklichung eine Trennung verschiedener Rollen hilfreich ist.

4.2 Querschnitts- und Konzernfunktionen

Die Querschnittsaufgaben werden als mittelbare Aufgaben bezeichnet, da sie nur mittelbar auf den Zweck der Institution bezogen sind (Eilsberger/Leipelt 1994, 242f.). In der traditionellen Verwaltungsorganisationslehre werden die Querschnittsaufgaben zumindest in grösseren Verwaltungseinheiten meistens zentralisiert und von internen Leistungserbringern für einen Grossteil der anderen Verwaltungseinheiten wahrgenommen (Reichard 1987, 170). Zu den Querschnittsfunktionen zählen z.B. zentrale Organisationsstellen, EDV-Zentralen, Beschaffungs- und Personalämter. Oftmals werden diese zentralen Dienste organisatorisch in einer gemeinsamen Abteilung oder Zentralbehörde zusammengefasst.

4.2.1 *Koordination und Dienstleistung*

Wenn, wie oben erwähnt, die wichtigsten operativen Aufgaben an die Ministerien/Departemente bzw. die Fachämter delegiert werden, hat dies Konsequenzen für die heute zentral wahrgenommenen *Querschnittsfunktionen*. Grundsätzlich sind zwei Dinge zu trennen, die organisatorisch meist zusammengelegt sind, obwohl sie unterschiedlich gesteuert werden: Koordinations- und Dienstleistungsaufgaben.

- *Koordinationsaufgaben*: In diesen Bereich fallen alle Aufgaben, die zur Koordination der Organisation Verwaltung notwendig sind. Hier werden Standards für die Kommunikation, die Datenbereitstellung, ein einheitliches Erscheinungsbild, Führungsgrundsätze und andere zu koordinierende Bereiche festgelegt.

- *Dienstleistungsaufgaben*: In diesen Bereich fallen Aufgaben, die als Dienstleistungen gegenüber anderen Verwaltungseinheiten angeboten werden. Dies sind beispielsweise die Materialbeschaffung, Beratung in personellen Fragen, Ausbildungsangebote, juristische Abklärungen oder EDV-Support. Die anderen Verwaltungseinheiten können verpflichtet werden, die Dienstleistungen über die zentrale Stelle zu beziehen, sofern durch einen regelmässigen Mechanismus sichergestellt bleibt, dass dies die effizienteste Lösung ist, oder sofern die Bedürfnisse der Gesamtverwaltung dies erfordern. Die Verwaltungseinheiten werden intern für die bezogenen Leistungen belastet.

Grundsätzlich wäre es denkbar, dass eine organisatorische Einheit sowohl Koordinations- als auch Dienstleistungsaufgaben übernimmt. Dies ist heute in vielen Verwaltungen der Fall. Es wird aber dann zu einem Problem, wenn die Verwaltungseinheiten eigene Entscheidungskompetenzen erhalten, bei wem sie gewisse Dienstleistungen beziehen wollen. Der Sinn solcher fakultativer Bezüge besteht im Aufbau eines Marktes für interne (oder externe) Dienstleistungen. Markt bedingt aber freie Preisbildung, was dann nicht gegeben ist, wenn die Anforderungen an Dienstleistungen von einem der Anbieter vorgegeben werden können. Daher ist in diesem Fall eine konsequente Trennung angezeigt.

Ein Beispiel soll die Problematik verdeutlichen: Eine Verwaltung beschliesst, den Einkauf von EDV-Hardware für die Verwaltungseinheiten nicht mehr obligatorisch über die zentrale Informatikabteilung abzuwickeln, sondern diese Kompetenz zu delegieren. Die Informatikabteilung wird damit zu einem Dienstleistungsbetrieb innerhalb der Verwaltung, der mit externen Anbietern in Konkurrenz steht. Aufgrund ihrer profunden Kenntnisse der Verwaltung wird sie zwar noch einen Vorteil geniessen. Sie ist jedoch gezwungen, ihr Preis-Leistungsangebot so auszugestalten, dass sie mit privaten Anbietern konkurrenzfähig ist.

Aus der Notwendigkeit der Steuerungs- und Kommunikationsfähigkeit innerhalb der Verwaltung müssen allerdings gewisse Standards der Kompatibilität der technischen Einrichtungen beachtet werden. Die Festlegung dieser Standards ist eine klassische Koordinationsaufgabe. Standards können aber, wie wir am Beispiel von Spezialnormen für Importgüter unschwer feststellen, eine enorme marktverzerrende Wirkung haben. Sie könnten, würden sie durch die Informatikabteilung selber erstellt, geradezu protektionistisch wirken. Aus diesem Grund wird die Kompetenz zur Festlegung von Standards von der Informatikabteilung an einen zentralen Steuerungsdienst verschoben, der nun die Bedingungen für den

Markt definiert, damit alle internen und externen Teilnehmer gleichberechtigt mitwirken können.

4.2.2 *Obligatorische und freiwillige Produkte*

Eine besondere Bedeutung für die Querschnittsämter hat die Unterscheidung zwischen obligatorischen und freiwilligen Produkten. Sie stehen im Spannungsfeld zwischen *können* und *müssen* in zwei Richtungen: 1) der Bezug von Leistungen bei den Querschnittsämtern kann freiwillig oder obligatorisch sein und 2) die Lieferung bestimmter Produkte an die Verwaltung kann freiwillig oder obligatorisch sein. Als *obligatorisch* zu erstellen gelten Produkte des Querschnittsamtes dann, wenn deren Lieferung und Finanzierung im Kontrakt festgehalten ist. Naturgemäss handelt es sich dabei vorwiegend um Produkte, die ohne staatlichen Eingriff von Privaten nicht erstellt würden. *Freiwillig* sind Produkte, wenn deren Lieferung nicht im Kontrakt vorgeschrieben ist. Auf eine mögliche Pflicht zum *Bezug* hat dies nur indirekte Auswirkungen; es versteht sich, dass Produkte, die obligatorisch beim Querschnittsamt bezogen werden müssen, von diesem auch zu liefern sind. Insofern besteht eine *Kongruenz der Pflichten* bei Lieferung und Bezug.

Ein Beispiel für ein klassisches Dienstleistungs-Querschnittsamt im Ausland ist das *Department of Administrative Services (DAS)* in Australien. In ihm sind praktisch alle Aufgaben angesiedelt, die als Dienstleistungen gegenüber der Verwaltung definiert sind, wie z.B. Bürobauten und -unterhalt, Wagenpark und EDV-Geräte (Haldemann 1995, 24). Seine Leistungseinheiten (agencies) finanzieren sich grossenteils aus Verbrauchergebühren, d.h. über interne Zahlungen. Seit 1991 sind die Dienststellen in der australischen Verwaltung nicht mehr in allen Fällen verpflichtet, Leistungen beim DAS zu beziehen, wobei der Wechsel schrittweise erfolgt. Eine weitere Regelung betrifft die Eigenproduktion von bisher beim DAS bezogenen Leistungen, die nur dann erlaubt ist, wenn auf Vollkostenbasis nachgewiesen werden kann, dass sie durch Einsparungen gerechtfertigt ist.

Das DAS ist nach wie vor eine Verwaltungseinheit, die allen Regelungen des öffentlichen Rechts unterstellt ist (z.B. Personalrecht, Lohnregelungen, Freiheit der Information). Um trotzdem mit Privaten in einen fairen Wettbewerb treten zu können, geniesst es jedoch gewisse Erleichterungen wie etwa die Möglichkeit, bis zu einem festgelegten Umsatzanteil Leistungen an Private zu liefern.

4.2.3 *Organisationsstruktur und dezentrale Ressourcenverantwortung*

Im NPM soll organisatorisch eine weitgehende Kongruenz zwischen Aufgaben, Kompetenzen und Verantwortung für die Fachbereiche erreicht werden. Die Trennung von Leistungsfinanzierer, -käufer und –erbringer, welche untereinander durch Kontrakte verbunden sind, verwirklicht diesen Grundsatz. Diese Neugestaltung hat dabei auch Auswirkungen auf die organisatorische Einordnung der Querschnittsfunktionen.

Den Querschnittsfunktionsbereichen stehen in der traditionellen Verwaltungsorganisation faktisch gewisse Weisungsbefugnisse gegenüber den Fachbereichen zu, so dass z.B. die zentrale Personalstelle neben der Ausgestaltung der Arbeitsverträge und Anstellungsbedingungen auch bindende Grundsätze zur Personalbeurteilung aufstellen kann. Die in manchen Behörden übertriebene Zentralisation der Querschnittsfunktionen führt zu einer Verantwortungsaushöhlung bei den Fachbereichen, da diesen zwar personelle, finanzielle und andere Ressourcen von den Zentralbereichen zur Leistungserstellung zugeteilt werden, die Verantwortung für die Bewirtschaftung und Verwendung der Ressourcen jedoch nicht bei den Fachbereichen, sondern im Querschnittsbereich angesiedelt ist. Demgegenüber verfolgt NPM das Ziel, in der Ressourcenverwendung die Zügel zu lockern, die Ämter aber gleichzeitig stärker für die Ergebnisse verantwortlich zu machen.

Mit der Dezentralisierung der Führungsstruktur muss eine *Dezentralisierung der Ressourcenverantwortung* einhergehen. Dem Verwaltungsfachbereich, d.h. dem Leistungserbringer, wird ein bestimmtes Budget zur Verfügung gestellt, aus dem *alle* Aufwendungen zu decken sind. Der Verwaltungseinheit wird damit nicht nur die Verantwortung für die finanziellen Ressourcen, sondern auch für alle anderen Ressourcenbereiche, wie z.B. Personal und EDV übertragen. Die Verwaltungseinheit erhält dadurch eine erheblich erweiterte dispositive Gestaltungsverantwortung hinsichtlich der Organisation der Aufgabenerfüllung (Bertelsmann Stiftung/Saarländisches Ministerium des Inneren Band 4 1997, 18).

Vorteile:

- höhere Spezialisierung und Professionalisierung der betreffenden Mitarbeiter
- Verbesserung der zentralen Steuerung des Betriebes
- Einheitlichkeit und Gleichbehandlung

Nachteile:

- Distanz zu Facheinheiten
- Verantwortungsaushöhlung bei Fach einheiten
- Verzögerung von Entscheidungsprozessen
- mangelnde Dienstbereitschaft

Abb. 4-6: Aspekte der Zentralisation von Querschnittsfunktionen (Reichard 1987, 170)

Die dezentrale Ressourcenverantwortung soll und kann nicht zur vollständigen Auflösung der Querschnittsfunktionen führen. Vielmehr wird eine ausgewogene Reintegration der Organisations-, Personal- und Haushaltsfragen in die Fachbereiche angestrebt. Koordinierungs- und Dienstleistungsaufgaben, welche aus Sicht der Gesamtlenkung des Gemeinwesens besser zentral erbracht werden, bleiben weiterhin zentralisiert. Die Abwägung orientiert sich dabei im wesentlich an den in Abb. 4-6 aufgeführten Aspekten.

Die Einführung dezentraler Ressourcenverantwortung führte in der nordrhein-westfälischen Stadt Detmold zu einer neuen Aufgabenteilung der Fach- und Querschnittsbereiche. So konnten beispielsweise die Fachbereichsleiter ab 1995 erhebliche personalwirtschaftliche Befugnisse ausüben. Sie konnten damals bereits über die Beförderungen und Entlassung von Beamtinnen und Beamten bis zu einem bestimmten Dienstgrad, die Anstellung nach Ablauf der Probezeit, Beurlaubungen und die Festsetzung der regelmässigen wöchentlichen Arbeitszeit entscheiden. Aus organisatorischer Sicht entspricht dies einer Reintegration bislang bei der zentralen Querschnittsfunktion Personalwesen bestimmter Aufgaben in die Fachbereiche (Bertelsmann Stiftung/Saarländisches Ministerium des Inneren Band 4 1997, 58f.).

4.2.4 *Verhältnis der Querschnittsfunktionen zu anderen Verwaltungseinheiten*

Die Querschnittsfunktionen sind auf der einen Seite Leistungserbringer wie andere Verwaltungseinheiten auch, andererseits sind ihrer Kundinnen und Kunden vorwiegend innerhalb der Verwaltung zu finden. Damit stellt sich die Frage, für welche der Querschnittsleistungen ein Wettbewerb eingeführt werden kann (indem der Bezug für freiwillig erklärt wird) und welche anderen nach wie vor monopolistisch angeboten werden (weil sie einem übergeordneten, konzernweiten Zweck dienen). Zudem werden in den Querschnittsämtern viele Aufgaben wahrgenommen, die der Führung und Koordination des Gesamtkonzerns dienen. Dadurch wird eine Trennung von Koordinations- und Dienstleistungsfunktionen notwendig, um mehr Transparenz in die Produktpalette der Querschnittsämter zu bringen.

Die Reform der Querschnittsämter wird unter NPM ebenso wie die der Fachbereiche in Richtung von Verantwortungszentren gehen. Im Bereich des freiwilligen Bezuges pendelt sich die Preisstruktur der intern angebotenen Leistungen durch den Wettbewerb mit externen Anbietern ein. Im obligatorischen Bereich werden - falls überhaupt - Verrechnungspreise bestimmt, durch die ein Käufer-Lieferanten-Verhältnis entstehen kann. Die Motivation und Gründe für die Einführung eines fiktiven Marktes sind dabei, einerseits bei den Bereichsleitern eine gewisse Autonomie zu erzeugen und andererseits Druck auf einen effizienten Ressourceneinsatz auszuüben (Frese 1993, 447). Die Effekte der internen Märkte und Verrechnungspreise dürfen dabei nicht mit den „Selbststeuerungseffekten“ vollkommener Märkte gleichgesetzt werden, vielmehr entfalten sie verhaltensbeeinflussende Wirkungen.

4.3 Auswirkungen und Folgen der neuen Führungs- und Organisationsstruktur

Die Hoffnung, durch die beschriebene Dezentralisierung lasse sich kostenbewusstes Verhalten in der Verwaltung einführen, hat sich bisher zu einem ansehnlichen Teil erfüllt. Allerdings wurden damit auch neue Probleme geschaffen, die zu lösen sind:

- Viele Ämter sind (noch) nicht gewohnt, mit ihrer Autonomie umzugehen. Fehlreaktionen führen somit zu Ineffizienzen.
- Allgemein überschiessen viele Projekte das angestrebte Ziel, und der Perfektionismus treibt bisweilen seltsame Blüten.
- Die Aushandlung der internen Leistungen sowie die Bestimmung ob freiwillig oder obligatorisch ist aufwendig und verlängert in einer ersten Phase die Budgetierungsprozesse.

Es zeigt sich, dass die Schwächen des Konzern-Modells auch im öffentlichen Sektor zu Tage treten. Alles in allem scheint dieses Modell trotzdem dem Bürokratiemodell überlegen.

4.4 Fragen zur Diskussion

- Immer wieder wird NPM kritisiert, weil es davon ausgeht, die Rollen von Politik und Management liessen sich konkreter definieren als dies heute der Fall ist. Dies spiegelt sich in Schlagworten wie „Was vs. Wie" oder „Strategische vs. operative Entscheide". Wie beurteilen Sie diese Kritik am NPM?

- NPM geht davon aus, dass durch die Trennung von Leistungsfinanzierer, -käufer und –erbringer eine grössere Effizienz und Effektivität in der Verwaltung erreicht werden kann. Wie ist diese Annahme vor dem Hintergrund des Qualitätsmanagements, der Transaktionskostenanalyse und der Gewaltenteilung zu beurteilen?

- Querschnittsfunktionen können nach unterschiedlichen Kriterien beurteilt und zentral oder dezentral angesiedelt werden. Nach welchem Raster würden Sie vorgehen, wenn Sie beispielsweise die verschiedenen Funktionen des Personalbereichs zentral bzw. dezentral festlegen müssten?

5 Organisatorische Gestaltung aus Kundensicht

Die traditionelle Organisation der öffentlichen Verwaltung ist eine sachorientierte, nach Funktionen gegliederte Stab-Linienorganisation mit strengen Hierarchien, die eine demokratische Rechenschaft der politisch gewählten Personen ermöglicht. Die Motivation, die hinter den heutigen Strukturen steht, ist also eine klare Zuordnung von politischer Verantwortung sowie die Kontrolle der Verwaltung. Der Kunde oder die Kundin der Verwaltung hat in dieser Konzeption keinen Platz. Verlassen wir jedoch die Binnensicht, d.h. stellen wir uns auf die Seite der Kundin bzw. des Kunden, so wird auch aus dieser Optik ein Defizit der Verwaltung deutlich: die funktionenorientierte Struktur führt zu erheblichen Koordinationsproblemen. Um dieses Problem zu lösen, gibt es verschiedene Lösungsalternativen, die wir in der Folge kurz besprechen.

5.1 Koordination durch die Kundinnen und Kunden

Damit die Verwaltung in ihrer Spezialisierung verharren kann, ist es bei komplexen Problemen wie etwa einer Baugenehmigung notwendig, dass eine externe Stelle die Koordination zwischen den einzelnen zuständigen Stellen übernimmt. Traditionellerweise ist dies die Gesuchstellerin bzw. der Gesuchsteller: Die Baugenehmigung wird in Einzelgesuche aufgesplittet, so dass jede Verwaltungsstelle sich nur mit dem sie betreffenden Teil zu befassen hat. Dies hat Vorteile für die Verwaltung: Eine interne Koordination ist dadurch nicht notwendig. Für die Kundin oder den Kunden hat es jedoch den Nachteil, dass er oder sie in einer Art „Behördenrallye" von Amtsstelle zu Amtsstelle gehen muss, bis sämtliche erforderlichen Bestandteile einer Genehmigung gesammelt sind. Im Extremfall kann es dabei geschehen, dass sich Amtsstellen untereinander nicht einig sind und auf Kosten der Gesuchstellenden ihre Meinungsverschiedenheiten in rechtlichen Verfahren austragen.

Organisatorisch gesehen macht die Verwaltung nichts anderes, als die Koordination (insbesondere den Koordinationsaufwand und das Koordinationsrisiko) an die Gesuchstellenden auszulagern. Es ist offensichtlich, dass diese Organisationsform das sog. Gärtchendenken der Verwaltung geradezu fördert, dass also ganzheitliche Problemlösungen vom System eher behindert werden.

5.2 Koordination durch Intermediäre

Um diesen Problemen zu begegnen, haben sich vielerorts Organisationen gebildet, die diese Koordinationsaufgaben für eine bestimmte Gruppe von Kundinnen und Kunden übernehmen. Die unzähligen Selbsthilfeorganisationen und Verbände übernehmen in der Praxis sehr oft nicht nur die Interessenvertretung ihrer Mitglieder, sondern bilden auch eine professionelle Schnittstelle zur Verwaltung. Hier werden beispielsweise oft verwaltungsinterne Telefonbücher gesammelt, damit die zuständigen Sachbearbeitenden direkt angerufen werden können, oder es werden sämtliche Formulare angeboten, die für einen Antrag erforderlich sind. Selbsthilfeorganisationen und Verbände übernehmen damit faktisch die Rolle der Übersetzenden für ihre Kundinnen und Kunden, weil die Verwaltung für sie unverständlich und damit unzugänglich geworden ist – das Letzere ist aus demokratischer Sicht eine sehr gefährliche Entwicklung. In der Schweiz sind die Verwaltungen deshalb durch Bundesrecht gefordert, sich im Umgang mit dem Bürger zu koordinieren (vgl. dazu Hubmann Trächsel 1995).

5.3 One-Stop-Konzept

Aus eben dem erwähnten Problem, nämlich der eingeschränkten Zugänglichkeit der Verwaltung für nicht-professionelle Personen, wurden in den 70er Jahren in Australien sogenannte „One-stop Shops" eingerichtet (vgl. Wettenhall/Kimber o.J.). Ihr Zweck war:

1. Armen Leuten den Zugang zu Anbietern von Wohlfahrtsleistungen zu erleichtern, dies aus dem Wissen, dass es genau diese Bedürftigen waren, die die grössten Schwierigkeiten hatten, die richtige Stelle für ihr konkretes Problem zu finden.

Das Resultat war eine faktische Diskriminierung der armen, schlecht ausgebildeten Leute durch das bürokratische System.

2. Die Bezugspunkte und die Entscheidung näher zu den Kundinnen und Kunden zu legen.
3. Die Koordination zwischen den offiziellen Stellen zu verbessern.
4. PolitikerInnen und BeamtInnen eine Hilfestellung und Leitlinie zu geben, um bessere Entscheide fällen zu können.

Das Konzept des ersten *One-stop Shops* war so revolutionär für die traditionelle hierarchische Verwaltungskultur, dass der Shop Mitte der 80er Jahre geschlossen wurde. Die Idee überlebte jedoch, und ähnliche Ansätze können heute vor allem auf kommunaler Ebene beobachtet werden. Mit dem NPM hat diese – vor allem sozial motivierte – Idee einen neuen Aufschwung und eine neue Qualität erhalten. Nicht mehr nur sozial weniger begüterte, sondern alle Kundinnen und Kunden der öffentlichen Verwaltung sollen nun einen einfacheren, verständlicheren und freundlicheren Zugang zur Verwaltung erhalten. In der Zwischenzeit ist es geradezu ein Markenzeichen bürgerfreundlicher Kommunen, ein Bürgeramt oder Stadtbüro einzurichten, in dem praktisch alle Geschäfte mit der Verwaltung an einem Ort erledigt werden können.

Für die betroffene Verwaltung bedeutet dies, dass eine Schnittstelle zu den Kundinnen und Kunden geschaffen wird, die über ein enormes Generalistenwissen verfügen muss. Wenn das Bürgeramt nicht einfach eine bessere Auskunftei sein soll, die dann die Antragstellenden weiterverweist, sondern wenn es auch vor Ort über Entscheidungskompetenzen verfügen soll, so bedeutet dies einen Bruch mit der divisionalen und spezialisierten Struktur in der Verwaltung. Organisatorisch lässt sich so eine Neuausrichtung praktisch nur mit einer intelligenten Datenverarbeitung lösen, die den Kundenberatenden den Zugriff auf die wichtigsten Grundlagen und Daten ermöglicht (vgl. Kap. 11.4). Damit ist allerdings das in Australien aufgetretene verwaltungskulturelle Problem nicht gelöst. Auf das Thema Verwaltungskultur soll jedoch weiter hinten eingegangen werden (vgl. Kap. 12).

Die Umstellung zu einem Bürgeramt hat beispielsweise der Stadtbezirk Berlin-Köpenick in drei Phasen in Angriff genommen:

Phase 1: Aus den Fachämtern wurden Spezialistinnen und Spezialisten räumlich zusammengefasst, die vorerst jedoch ausschliesslich ihre eigenen Spezialgebiete bearbeiteten. Gleichzeitig bildeten sich die neuen Teammitglieder gegenseitig aus. Dies erfolgte in den Zeiten, die nicht dem Publikumsverkehr offen standen.

Phase 2: Nach Abschluss dieser „Generalisierung" des Teams konnte das *„first come, first serve"*-Prinzip eingeführt werden, da nun jeder und jede Mitarbeitende alle Geschäfte gleichwertig bearbeiten kann.

Phase 3: Weitere Angebote können sodann zusätzlich integriert, bzw. neue, dezentrale Bürgerämter eröffnet werden.

Die Erfahrungen mit Bürgerämtern in Deutschland ist in aller Regel ausserordentlich positiv (Lenk 1992, 570), und die Fachämter können durch kompetente Vorbereitung erheblich entlastet werden. Die Bürgerämter übernehmen damit vielfach nicht nur Triagefunktion, sondern bilden jene professionelle Schnittstelle zu den Fachämtern, die bei deren Fehlen durch Selbsthilfeorganisationen formiert werden (siehe oben).

Zur Illustration werden kurz zwei Beispiele skizziert:

1. *Bürgeramt Berlin-Köpenick*
   (http://comets.de/ba-kpn/bamt.htm):
   - Öffnungszeit 28h/Woche
   - umfassender Service wie Steuerangelegenheiten, Beglaubigungen, Sozialleistungen etc.
2. *Stadtbüro Baden*
   (http://www.baden-schweiz.ch):
   - Öffnungszeit *50h*/Woche
   - umfassender Service wie An- und Abmeldungen, Ausweise, Bewilligungen etc.

Bürgerämter sind auch anderen Ländern wie z.B. Australien, Grossbritannien etc. bekannt. Die Öffnungszeiten und der Dienstleistungsumfang variieren sehr stark.

5.4 Kundensegment-orientierte Organisation

Einen Schritt weiter geht die Ausrichtung der ganzen Organisation an vordefinierten Kundensegmenten. Das Amt für Umweltschutz (AFU) des Kantons St. Gallen hat eine solche Umstellung vorgenommen, um seinen Kunden optimale Leistungen anbieten zu können.

Bis zu seinem Reformprojekt war das AFU traditionell bürokratisch nach den verschiedenen Gesetzen – oder wie es im AFU heisst medienorientiert – organisiert. Boden, Wasser, Luft usw. waren die Organisationskriterien. Ziel des Reformprojekts war es nun, die Kernprozesse des AFU auf die Kundenerfordernisse auszurichten und damit eine nachhaltige Veränderung zu erzielen. Zu diesem Zweck identifizierte man vier Hauptkundengruppen: Verwaltung, Natur- und Umweltorganisation, Industrie und Gewerbe sowie Gemeinden/Infrastruktur. Entsprechend diesen Kundengruppen wurde die amtsinterne Organisation umgestellt und auf die KundInnen und Produkte ausgerichtet. Die Abteilungen gliedern sich heute in Recht und Umweltverträglichkeitsprüfungen, Umweltressourcen, betrieblicher Umweltschutz sowie Infrastruktur und Energie. Kundinnen und Kunden aus den einzelnen Gruppen haben dadurch heute eine Anlaufstelle, an der sie betreut werden. Die Fachspezialisten mussten weitergebildet werden zu spezialisierten Generalisten.

„Amt für Umweltschutz"

5.5 Fragen zur Diskussion

- Wenn Sie in einer Kommune die One-Stop-Idee konkret umsetzen müssten: wie würden Sie ein Bürgeramt oder Stadtbüro einrichten? Welche Leistungen könnten an einem Ort angeboten werden?

- Welche Argumente sprechen dagegen, alle Kontakte der Verwaltung zu den Bürgerinnen und Bürgern an einem Ort zu konzentrieren?

- Lässt sich das One-Stop Konzept auch auf Ebene der Landes- und der Bundesverwaltung umsetzen? Was wären Beispiele dafür?

6 Ergebnisorientierte Steuerung durch Leistungsvereinbarungen und Globalbudget

Die wohl herausragendste Veränderung, die mit dem NPM eingeleitet wird, ist eine Neugestaltung der Steuerungsabläufe in der Verwaltung. Nicht ohne Grund wird in Deutschland dafür der Begriff des *Neuen Steuerungsmodells* verwendet (KGSt 1993).

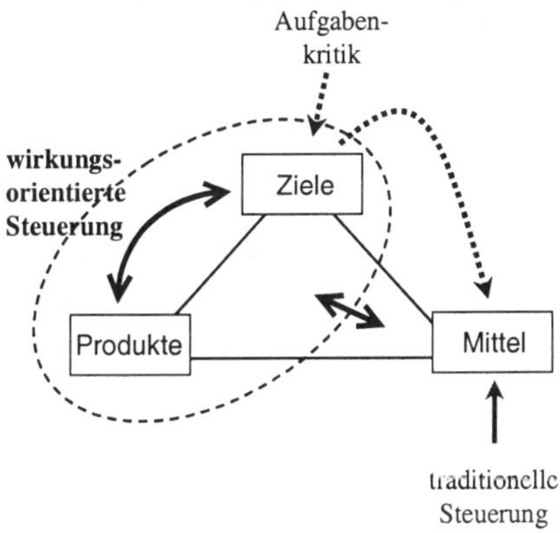

Abb. 6-1: NPM-Steuerung und traditionelle Steuerung im Vergleich

Als *Grundsatz* der neuen Steuerung kann die Ablösung der reinen Inputbetrachtung durch eine Wirkungsorientierung genannt werden. Alle folgenden Regelungen, Neuordnungen und Instrumente leiten sich aus diesem Grundsatz ab, und ihre Tauglichkeit kann daran gemessen werden. *Steuerungsgegenstand* sind damit nicht die Mittel, sondern die *Produkte* der Verwaltung. Wurde in der traditionellen Steuerung davon ausgegangen, dass zwischen Mitteln und der Erreichung von Zielen ein (direkter oder indirekter) Zusammenhang besteht (vgl. Kap. 3 Abb. 3-2), so wird dieser Zusammenhang im NPM durch die Definition von Produkten geschaffen. Die Definition von Produkten ermöglicht es, für geforderte Leistungen bzw. Wirkungen bestimmte finanzielle Mittel zur Verfügung zu stellen. Die Mittelzuweisung erfolgt in Verknüpfung mit Leistungen bzw. Wirkungen und nicht als eigenständige Steuerungsgrösse. Die Führung wird so direkter, die Einflussmöglichkeiten der politischen Instanzen auf die *Ergebnisse* (z.B. Zielerreichung) stärker.

6.1 Steuerungsprozess im NPM

In der öffentlichen Verwaltung werden Produkte verschiedenster Art hergestellt: Ausbildung, Stellungnahmen, Rechtsanwendungen, Dienstleistungen, Informationen u.a. Sie alle entspringen gewissen Bedürfnissen, die sich entweder aufgrund einer direkten Kundennachfrage (im Falle der Dienstleistungen) oder über politische Zielsetzungen (im Falle obligatorischer Leistungen) auf die Produktepalette der Verwaltung niederschlagen. Wie in jeder Organisation, deren Verhalten als zielgerichtet bezeichnet werden kann, entsteht dadurch ein Produktionsprozess der einen oder anderen Form, der nach betriebswirtschaftlichem Verständnis „gesteuert“ werden muss.

Der hier dargestellte Steuerungsprozess ist aus Gründen der Übersichtlichkeit stark vereinfacht. In der Realität verlaufen die Planungs- und Leistungsprozesse weder zeitlich noch inhaltlich in diesen klaren Schritten ab, sondern beeinflussen sich gegenseitig. Sie sind von externen Effekten geprägt (z.B. Beeinflussung durch andere Akteure im politischen System) und mit den Umsystemen (Ökologie, Technologie, Gesellschaft und Wirtschaft) vernetzt, so dass diese einfachen Kausalitäten selten vorzufinden sind. Trotzdem eignet sich die Darstellung, um die grundsätzlichen Abläufe im Umfeld der administrativen Leistungserbringung aufzuzeigen und die Prozesse theoretisch zu analysieren.

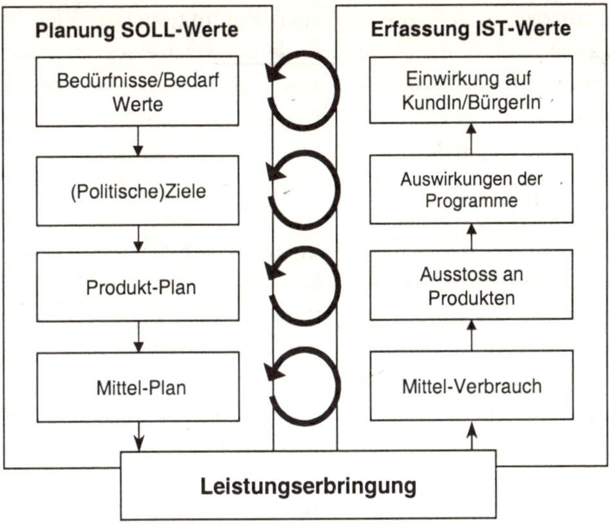

Abb. 6-2: Der Steuerungsprozess im politisch-administrativen System (in Anlehnung an Mäder/Schedler 1994, 58)

Diese Betrachtung der Verwaltung als Leistungserbringerin mag auf den ersten Blick ungewohnt erscheinen. Hier werden Parallelen zur *physischen* Produktion gezogen, obwohl die Produkte der Verwaltung oft nicht rein materiell und damit nicht im gleichen Masse erfassbar sind. Dieser Unterschiede sind sich die Vertreterinnen und Vertreter der Lehre des *Performance Measurement* (Leistungsmessung) bewusst. Dennoch ist die Darstellung des Steuerungsprozesses als Gedankenmodell ausserordentlich nützlich.

6.1.1 Planung Soll-Werte

In der Darstellung des Steuerungsprozesses wird davon ausgegangen, dass aufgrund von *Bedürfnissen und Werten* der verschiedenen Gruppen von KundInnen und Betroffenen im Staat gewisse politische *Ziele* gesetzt werden. Diese führen zu einem *Produktplan*, der im Idealfall dazu geeignet ist, die Ziele zu erreichen. Steht der Produktplan fest, so kann über die Kosten- und Leistungsrechnung ein *Mittelplan* berechnet werden, der bei effizienter Leistungserbringung ausreichen soll, die geplanten Produkte herzustellen. Diese Vorgänge sind Bestandteile des Planungsprozesses im politisch-administrativen System und führen im Idealfall zu einem Programm, d.h. zu einer in sich stimmigen Kombination der genannten Planungselemente.

6.1.1.1 Bedürfnisse

Bedürfnisse, die an die Verwaltung herangetragen werden, können auf unterschiedliche Weise erhoben werden. Der traditionelle Weg ist jener über die politischen Parteien und die VolksvertreterInnen in den Parlamenten und Räten, die als RepräsentantInnen des Volkes dessen Bedürfnisse in das politisch-administrative System einbringen. Ausserdem besteht für die *Bürgerinnen und Bürger* mancherorts die Möglichkeit, ihre Bedürfnisse über Volksbegehren, Referenden und andere demokratische Instrumente direkt in die Politik einfliessen zu lassen. Diese Manifestationen des *öffentlichen Interesses* sind vom NPM nicht grundsätzlich (höchstens formell) betroffen, und nach wie vor bleibt es die Aufgabe von Politik und Verwaltung, das öffentliche Interesse möglichst prospektiv zu verfolgen.

Bedürfnisse manifestieren sich jedoch auch in einem engeren, direkteren Zusammenhang mit dem betrachteten *Produkt.* Diese mikro-ökonomische oder betriebswirtschaftliche Sichtweise führt dann zu Fragen wie: Aus welchem Grund sind die Bürgerinnen und Bürger bereit, für dieses Produkt Steuergelder einzusetzen? Welche Beweggründe stehen hinter dieser Entscheidung? Für wen sollen bestimmte Leistungen erbracht werden, und welchen übergeordneten Zweck haben diese Leistungen?

Über die Analyse der ursprünglichen Beweggründe hinaus lässt sich auch fragen, welche Veränderungen in den Bedürfnissen und Werten der *Kundinnen und Kunden* eingetreten sind und welche Probleme sie mit den Produkten der öffentlichen Verwaltung generell haben. Die Erhöhung der Kriminalität in einer Stadt lässt beispielsweise das Bedürfnis nach Sicherheit ansteigen, die gegenwärtige Arbeitslosigkeit verändert das Bedürfnis nach sozialer Absicherung. Wieder andere Einflüsse können dazu führen, dass Bedürfnisse ganz verschwinden.

6.1.1.2 Ziele

Der Prozess der Zielsetzung in der öffentlichen Verwaltung wird immer wieder als ausserordentlich schwierig bezeichnet, weil die Zielstrukturen "wesentlich diffuser, vieldimensionaler und durch Interessengruppen heterogen gesteuert" (Buschor 1992, 210) seien. Wohl deshalb werden längst nicht in allen Bereichen klare Ziele gesetzt, so dass die Verwaltung auf eigene Vorgaben angewiesen ist. Aktivitäten der Verwaltung, die nicht zielgerichtet sind, können jedoch leicht *ineffektiv* werden. Aus diesem Grund sind zwei verschiedene Arten von Zielgruppen für jedes Produkt zu ermitteln: das *jeweils übergeordnete Sachziel (Wirkungsziel) und die dazu anzustrebenden konkreten (operativen) Ziele (Leistungsziele)* für die Betrachtungsperiode.

Wo Ziele vorhanden sind (z.B. Reduktion der Kriminalitätsrate in einer Stadt um xy %), werden sie bereits heute recht häufig gemessen. Dasselbe gilt aber auch im umgekehrten Sinn: Wo Ziele leicht messbar sind, werden sie schon heute regelmässig vorgegeben. Folglich fehlen konkrete Ziele oft in schwieriger messbaren Bereichen, was dazu führt, dass deren Erreichung nicht gemessen und damit auch nicht kontrolliert wird. Solche Bereiche werden dann zu faktischen Tabuzonen für jegliche Wirkungsorientierung erklärt. Die Wirkungen einer Aktivität gehören aber zu den wichtigsten Erfolgsfaktoren sowohl der *Leistungs-* wie auch der *Eingriffs*verwaltung und bedürfen einer konsequenten Erfassung, auch wenn dies nicht immer einfach ist. Hier wird der *Leistungserfassung* eine wichtige Bedeutung zugeschrieben (Congressional Budget Office 1993, 4). Denn bei jedem Vorhaben gilt es abzuklären, ob die Anstrengungen der Verwaltung wirklich die Bedürfnisse ihrer Auftraggeberinnen und Auftraggeber getroffen und befriedigt haben. Damit wird vorausgesetzt, dass sie ihre Bedürfnisse kennen und daraus ihren Bedarf ableiten, der die Grundlage für den politischen Entscheid bildet, gewisse Ziele für die Verwaltung zu setzen.

Die traditionell inputorientierte Betrachtungsweise in der Verwaltung wirkt sich im Prozess der Zieldefinition als besonders hartnäckig und störend aus. Selbst der geübte Berater muss sich immer wieder vor Augen halten, dass nicht Ressourcen oder das „Wie" der Leistungserstellung, sondern die konkreten Ergebnisse Gegenstand der Zielsetzung sein müssen. Die Fragestellungen lauten dabei:

- Für Wirkungsziele:
  Welches ist der Zweck einer Tätigkeit?
  Was soll mit der Erstellung eines Produktes langfristig erreicht werden?
  Welche Entwicklungen sollen angestrebt werden?

- Für Leistungsziele:
  Was soll in der Betrachtungsperiode erreicht werden?
  Welche Qualitätsstandards werden in der Betrachtungsperiode angestrebt?
  Welche Effizienzdimensionen sollen in der Betrachtungsperiode erzielt werden?
  Wieviele Produkte werden produziert?
  Wieviele Produkte werden abgegeben?
  Welchen Nutzen sollen welche Kundinnen und Kunden aus einem Produkt ziehen?

Die Unterschiede in den beiden Ansätzen der Zieldefinition sind offensichtlich. Obwohl das Formulieren wirkungsorientierter Ziele manchmal erhebliche Schwierigkeiten bereiten kann, ist doch grosses Gewicht auf ein korrektes Resultat zu legen. Wie später zu zeigen sein wird, sind diese Zielsetzungen die Grundlage für die Bildung von Leistungsindikatoren, über die der Erfolg des Leistungserbringers erhoben und der Kontrakt gesteuert wird.

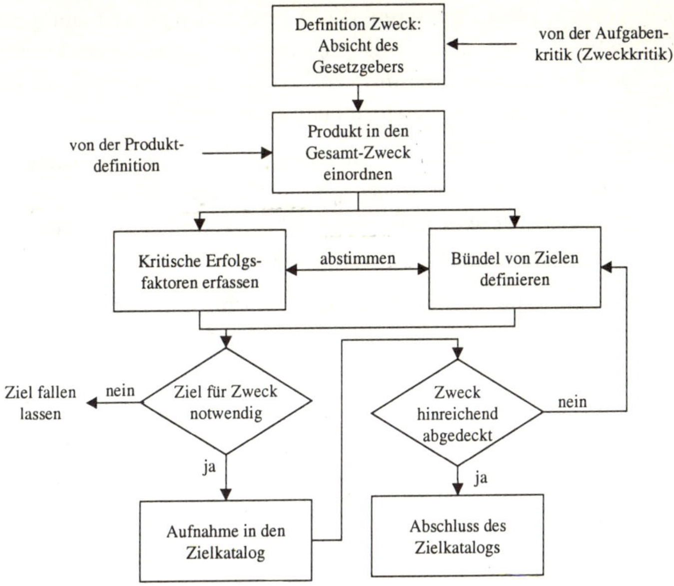

Abb. 6-1: Prozess der Zieldefinition

Die Zieldefinition erfolgt in einem iterativen Prozess, der immer wieder Informationen von aussen aufnimmt und die Einzelschritte mit vorherigen Ergebnissen vergleicht. Als Raster kann folgendes Vorgehen festgelegt werden:

1. Um zum Zweck der eigenen Tätigkeit zu gelangen („mission statement"), kann auf die Absicht des Gesetzgebers abgestützt werden, die mit der Aufgabe verfolgt wird. Viele Verwaltungen können dabei auf die in der Aufgabenkritik (v.a. Zweckkritik) erarbeiteten Ergebnisse zurückgreifen.

2. Die in der Produktdefinition erarbeiteten Produkte werden nun in Zusammenhang mit diesem Gesamt-Zweck gestellt. Welchen Beitrag erbringen die Produkte an die Zweckerfüllung?

3. Kritische Erfolgsfaktoren (KEF) sind Leistungselemente, die zwingend erfüllt sein müssen, damit der Zweck erreicht werden kann. Diese KEF müssen berücksichtigt werden, um ein erstes Bündel von Zielen zu definieren.

4. Das Zielbündel wird auf folgende zwei Fragen untersucht: a) notwendig, d.h. der Zweck kann nicht erfüllt werden, ohne jedes einzelne dieser Ziele zu erreichen, und b) hinreichend, d.h. wenn alle Ziele erreicht sind, ist auch der Zweck erfüllt.

5. Der Zielkatalog kann dann als abgeschlossen betrachtet werden, wenn die beiden Bedingungen für das Zielbündel zutreffen.

Ebenfalls in den Bereich der Zielsetzung gehört die Frage der Prioritäten- und Posterioritätenbildung. Dazu wurden in der Vergangenheit unterschiedliche Methoden entwickelt, die jedoch nicht immer Eingang in die Praxis gefunden haben.

> *"Es gibt verschiedene Methoden der Prioritätensetzung, die dem Entscheider ... helfen, sein Problem zu lösen. Nur eines können sie nicht: dem Entscheider das Problem abnehmen, zu sagen (zu urteilen), was für ihn wichtiger, unwichtiger oder gleich wichtig ist. Die Methoden der Prioritätensetzung erleichtern den Vorgang, weil sie systematisch-logische Verfahren sind" (Becker 1989, 769).*

Als Beispiel der politischen Prioritätensetzung können die *High Impact Agencies* in USA genannt werden. Im Rahmen des National Partnership for Reinventing Government - dem nationalen Verwaltungsreformprojekt unter der Leitung von Vizepräsident Al Gore – soll die Bundesverwaltung kunden- und wirkungsorientiert umstrukturiert werden. Zu Beginn konzentrieren sich dabei die Aktivitäten auf sogenannte High Impact Agencies. Es wurden Verwaltungseinheiten identifiziert, die das Image der Bundesverwaltung in der Öffentlichkeit *am meisten* prägen. Diese wurden auf bestimmte Zielvorgaben für die nächsten Jahre verpflichtet. Ziel dieses Vorgehens ist, mit den *ersten* Reformbemühungen bereits deutlich sichtbare und spürbare Ergebnisse zu erzielen.

6.1.1.3 Produkte

Die Definition von Produkten ist die Voraussetzung für das Gelingen des NPM. In der Praxis zeigt sich, dass der Begriff „Produkt" zu emotionalen Widerständen bei bestimmten Berufsgruppen führen kann. Einzelne Gemeinwesen ersetzen daher das „Produkt" durch „Leistung". In der vorliegenden Publikation wird jedoch am Begriff des Produkts festgehalten.

In Verwaltungen, die noch nicht mit Reformen in Berührung gekommen sind, fehlt die *Produktorientierung* in der öffentlichen Verwaltung oft völlig. Das traditionelle System der öffentlichen Verwaltung fördert das Denken in Ressourcen, Personalplafonds, Krediten und Sachmittelplänen. Es ist tendenziell bürokratisch orientiert, d.h. in vielen Fällen werden die Abläufe stärker gewichtet als die tatsächlichen Resultate. Dies mag eine gewisse Berechtigung haben, da - wie oft argumentiert wird - die Verwaltung gegenüber der Öffentlichkeit eine grössere Verantwortung im Umgang mit deren Geldmitteln hat, als eine private Firma im Umgang mit dem Aktienkapital. Kaum ein Aktionär würde am System der Privatwirtschaft zweifeln, wenn ein Buchhalter in einer Aktiengesellschaft Gelder unterschlägt. Geschieht dies jedoch in der Verwaltung, so sehen sich viele Steuerzahler veranlasst, das Verwaltungssystem grundsätzlich schuldig zu sprechen. Die Ressourcenorientierung ist daher auch Ausfluss der grösseren *Risikoaversion* vor dem Hintergrund kritischer Bürgerinnen und Bürger. Es wäre daher falsch, eine völlige Vernachlässigung der Inputseite zugunsten einer Resultatbetrachtung zu propagieren.

Das NPM versucht, alle Aspekte des Steuerungsprozesses in seine Überlegungen miteinzubeziehen. Trotzdem wird ein relativ starkes Gewicht auf die Leistungsseite gelegt, was den Eindruck erwecken könnte, sie beziehe sich *ausschliesslich* auf Leistungen. Dies ist dadurch zu erklären, dass die Leistungsbetrachtung das grösste Entwicklungspotential aufweist, und dass wir uns von einem Ausbau dieses neuen Ansatzes positive Effekte versprechen. Eine ausgewogene Gewichtung ist für die Verwaltung mittel- bis langfristig von grosser Bedeutung. Durch die starke Konzentration auf Aus-

und Einwirkungen wird die Seite der Ressourcen und jene des Ausstosses auch in der wirkungsorientierten Verwaltungsführung nicht vernachlässigt.

Die *traditionelle* Betrachtung der Vorgänge in der öffentlichen Verwaltung geht davon aus, dass bestimmte Aufgaben durch bestimmte Aktivitäten mit bestimmten Ressourcen (Geld, Personal, Sachmittel, Zeit) erfüllt werden. *Leistung* definiert sich in diesem Modell durch die Anzahl, Intensität und Qualität der Aktivitäten, die in der Mehrzahl der Fälle über die Ressourcen gesteuert werden. Im Modell des NPM werden ebenfalls bestimmte (oft dieselben) Aufgaben erfüllt, Betrachtungsgegenstand sind jedoch die Produkte, die von der Verwaltung mit den Ressourcen erstellt werden. Die Steuerung erfolgt in diesem Modell über die Definition der Produkte und über eine messbare Zielsetzung für die Aufgabenerfüllung.

Mit dem neuen, am Produkt orientierten, Instrumentarium können verschiedene Ziele verfolgt werden:

- den BürgerInnen Informationen über den Gegenwert liefern, den sie vom Staat für ihr Geld erhalten (*Value for Money*);
- die Geldströme kennen und kontrollieren sowie die Effektivität und die Effizienz messen und beurteilen können;
- die Steuerungsmöglichkeiten der politischen Instanzen qualitativ verbessern und damit neue Handlungsspielräume für Parlament/Rat und Verwaltungsführung schaffen;
- die Verantwortung von Parlament/Rat, Verwaltungsführung und Verwaltungseinheiten klar abgrenzen;
- rechtzeitig vollständige Informationen für die strategische und operative Planung liefern, um auf Abweichungen sofort reagieren zu können.

6.1.1.3.1 Eigenschaften eines Produktes

Ein Produkt eines Leistungszentrums ist jene Leistungseinheit, die das Leistungszentrum in abgeschlossener Form *verlässt*. Bei diesen Ausführungen wird implizit unterstellt, dass ein Unterschied zwischen Aktivitäten und Produkten besteht, der gross genug ist, dass er das Steuerungssystem der Verwaltung beeinflusst (vgl. Abb. 6-3): In der Tat bedeutet dieser Schritt, dass sich jede Verwaltungseinheit bewusster auf ihren tatsächlichen *Ausstoss* konzentriert, d.h. auf jene Leistungseinheiten, die ihren eigenen Bereich verlassen.

> Das **Produkt** ist die kleinste selbständige Leistungs- und Dienstleistungseinheit, die von einer Kundin bzw. einem Kunden genutzt werden kann. Als selbständig gilt eine Leistungseinheit, wenn sie ohne Bezug einer weiteren Leistung einen Nutzen stiftet. (Brühlmeier et al. 1998, 301)

Def. 6-1: Produkt

Ein Produkt hat damit vier Eigenschaften, die für dessen Bestimmung herangezogen werden können:

1. Es wird in einem Leistungszentrum produziert oder verfeinert, oder ein Leistungszentrum ist für die Leistungserbringung oder Verfeinerung im Sinne einer federführenden Stelle verantwortlich.
2. Es deckt einen Bedarf von Dritten (KundInnen), d.h. die Leistungserbringung ist nicht Selbstzweck der eigenen Leistungseinheit, und es stiftet aus sich heraus einen Nutzen für die Kundinnen und Kunden.
3. Es wird an Dritte abgegeben, d.h. es verlässt das Leistungszentrum.
4. Es ist geeignet, als Hilfsgrösse für die Steuerung im politisch-administrativen System eingesetzt zu werden.

In der Praxis werden interne und externe Produkte unterschieden. Interne Produkte gehen an Abnehmer innerhalb der Verwaltung (aber ausserhalb der eigenen Verwaltungseinheit), während externe Produkte die Verwaltung verlassen. Aus diesen vier Eigenschaften der Produkte können einige Konsequenzen abgeleitet werden.

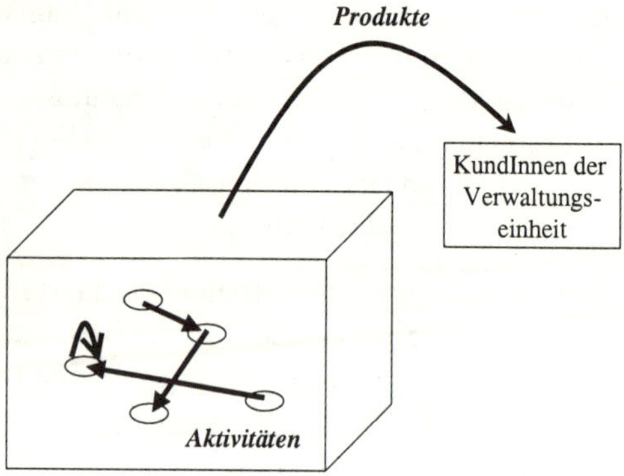

Abb. 6-3: Aktivitäten und Produkte der Verwaltungseinheit

Zu Punkt 1: Produkte werden in der Verwaltung oder im Auftrag der Verwaltung *erstellt*, wobei jeweils *eine Stelle* die Verantwortung für ein Produkt übernimmt. Reine Handelsware gilt nicht als Produkt. Dies lässt sich am Beispiel des Materialeinkaufs darstellen: Papier, Bleistifte, Bürogeräte usw. sind keine Produkte der Materialverwaltung, aber die Dienstleistungen dazu, z.B. die Abgabe und die Lieferung ins Büro, können als Produkte definiert werden.

Zu Punkt 2: Die Forderung, dass ein Produkt einen Bedarf von Dritten abdecken müsse, erhält Bedeutung, wenn beispielsweise ein Teil der Aktivitäten einer Verwaltungseinheit darin besteht, sich selbst in der Öffentlichkeit gut darzustellen. Solche PR-Massnahmen machen Sinn, wenn es darum geht, die Verteilung der knappen Ressourcen zugunsten der eigenen Aktivitäten zu beeinflussen. Sie jedoch als Produkt der Einheit zu akzeptieren hiesse, die Beeinflussung an sich als Bedürfnis von aussen zu bezeichnen, was kaum der Tatsache entsprechen dürfte. Die Forderung hat einen zweiten Grund: die Notwendigkeit, diesen Bedarf zu definieren und sich darüber Klarheit zu verschaffen, ob das Produkt für sich tatsächlich den erwarteten Nutzen zu stiften in der Lage ist.

Zu Punkt 3: Die Abgabe an Dritte bedeutet, dass ein Produkt die eigene Einheit verlässt. Führt beispielsweise ein Amt für Umweltschutz Messungen in der Umwelt durch, die der Überprüfung der Wirksamkeit eigener Massnahmen (z.B. Änderung der Vorschriften bezüglich Rauchgasreinigungsfiltern) dienen, so muss dies nicht ein Produkt sein. Es kann ebenso als Qualitätssicherungsmassnahme im eigenen Haus definiert werden, womit die Abgabe an Dritte fehlt. Werden die Messungen hingegen periodisch veröffentlicht und als Qualitätsdaten für die Öffentlichkeit verwendet, so wären diese Publikationen die Produkte, die Messungen selbst hingegen eine Teilleistung zur Erstellung der Publikation.

Zu Punkt 4: Die Leistungs- und Wirkungssteuerung im NPM erfolgt auf der künstlich geschaffenen Plattform Produkt. Dabei erfüllt das Produkt sehr unterschiedliche Funktionen:

- Es bildet die Grundlage für die Definition, Vorgabe, Messung und Kontrolle von Leistungen der Verwaltung.
- Es dient als Gegenstand für die Kalkulation, die Mittelzuteilung (Produktgruppenbudget) und die finanzielle Rechenschaftsablage (Produktgruppenrechnung) (zu Produktgruppen vgl. Kap. 6.1.1.3.3).
- Es ist mittelfristiger Planungsgegenstand (Integrierter Aufgaben- und Finanzplan).
- Es definiert die Ebene der politischen Einflussnahme (z.B. Parlament: Produktgruppe, Departemente/Ministerien: Produkt)
- Es dient als Gegenstand für die Formulierung von Politik (Wirkungsziele) und Massnahmen (Leistungsziele) sowie deren Evaluierung (Leistungs- und Wirkungsindikatoren).

Die Produktedefinition ist vor diesem Hintergrund kein rein technischer Vorgang, sondern Teil der Politikvorbereitung und damit von vitalem politischem Interesse. Sie ist mehr Kunst denn Wissenschaft. In der Praxis zeigen die Erfahrungen in den Versuchsprojekten bis heute, dass die Politik von diesen Vorgängen durchwegs ausgeschlossen ist; Produkte (und Indikatoren) werden in der Regel von Experten in der Verwaltung definiert. Dies hat deutlich erkennbare positive Wirkungen in der Form, dass bei den Mitarbeiterinnen und Mitarbeitern in der Verwaltung ein neues Leistungs- und Wirkungsbewusstsein geschaffen wird. Die Frage der Qualität der Verwaltungsleistung erhält im Idealfall einen grösseren Stellenwert und ersetzt die reine Effizienzorientierung, die dem NPM oft vorgeworfen wird. Damit kann man die Tatsache rechtfertigen, dass Produktdefinition bis heute ein vorwiegend verwaltungsinterner Prozess geblieben ist.

Allerdings muss NPM in absehbarer Zeit im ganzen deutschsprachigen Raum Mittel und Wege finden, Produkte (oder zumindest Produktgruppen) und Indikatoren einer demokratischen Prüfung und nötigenfalls Neu-Definition zu unterziehen.

Als vorläufige Hilfe der Beurteilung von Produktdefinitionen können folgende Kriterien erwähnt werden, die eine gute Lösung erfüllen muss:

- **Kundenoptik**: Ein Produkt soll aus der Sicht des Leistungsabnehmers und nicht aus Sicht der eigenen Organisation definiert sein. Beispielsweise sollen Produkte auch unterschiedliche Leistungserbringer zusammenfassen, wenn sie gegenüber dem Kunden bzw. der Kundin als homogene Leistung abgegeben werden. (Kontrollfrage: Ist es das, was der unkundige Leistungsabnehmer auf der anderen Seite des Schalters von der Verwaltung erhält?)

- **Relevanz**: Ein Produkt soll für die betriebliche Leistungssteuerung, eine Produktgruppe für die politische Steuerung relevant sein. Damit verbietet sich ein zu grosser Detaillierungsgrad (Faustregel: Für ein mittelgrosses Amt sollten 3-4 Produktgruppen zu je max. 8 Produkte genügen). Gleichzeitig heisst dies, dass die Bildung von Schwergewichten zugunsten der Übersichtlichkeit wichtiger ist als die detaillierte Vollständigkeit.

- **Auftragsoptik**: Ein Produkt muss dazu beitragen, dass der Auftrag einer Verwaltungseinheit gegenüber Öffentlichkeit und KundInnen erfüllt wird (*Ziel-Konformität* der Produkte).

Die Produktdefinition kann als Gelegenheit benützt werden, eine grundlegende Überprüfung der eigenen Tätigkeiten durchzuführen (Welche Aufgaben werden tatsächlich nachgefragt? Welche Tätigkeiten erhöhen den Wert unserer Produkte? Welche Produkte könnten von Dritten besser erstellt werden?).

6.1.1.3.2 Produktdefinition als Vorgang

Der Vorgang der Produktdefinition ist ein für Verwaltung und Politik ungewohnter Prozess. Aus diesem Grund ist es besonders wichtig, dass er zwar von einem externen Berater begleitet, im wesentlichen aber durch die Betroffenen selbst durchlaufen wird. Erstens kennen sie ihren Aufgabenbereich am besten, und zweitens erfordert die Produktdefinition genau jenes Umdenken, auf welches das NPM als Ganzes abzielt. Ausserdem sollte, wenn immer möglich, versucht werden, Politikerinnen und Politiker in diesen Produktdefinitionsvorgang einzubeziehen. Dadurch kann vermieden werden, dass die Verwaltung mit einer rein administrativen Rationalität jene Grundlage schafft, auf der politische Diskussionen stattfinden sollen.

Bei der *pragmatischen Produktdefinition* wird vorerst von der Ist-Situation ausgegangen, um sich ein Bild der aktuellen Leistung im Gewand der neuen Steuerungselemente zu machen. Produkte, Ziele und Indikatoren hängen praktisch untrennbar zusammen. Gleichzeitig ist es unerlässlich, dass die am Definitionsvorgang Beteiligten immer wieder die anzustrebende Wirkung dieses Aufgabenbereichs vor Augen halten (Soll-Situation). Obwohl Abb. 6-4 den Eindruck erweckt, dass sich dieser Vorgang systematisieren lässt, muss vor falschen Erwartungen gewarnt werden: Erst das ständige Rückkoppeln, verbunden mit Verbesserungs- und Lernprozessen, führt zu einer Produktepalette, die den hohen Anforderungen genügen kann.

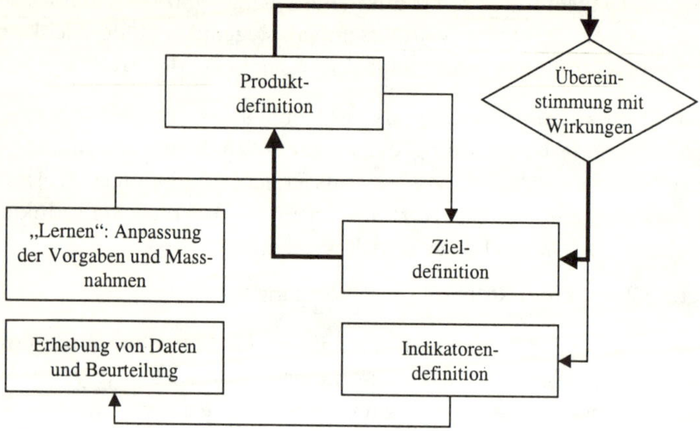

Abb. 6-4: Umfeld der Produktdefinition

Die Produktdefinition erfolgt in mehreren gedanklichen Schritten:

1. Zuerst wird festgelegt, welches die relevante Organisation ist, d.h. ab wann eine Leistung „die eigene Verwaltungseinheit verlässt".
2. Anschliessend werden die Kontakte mit Dritten analysiert und festgehalten, welche Leistungen diese Kundinnen und Kunden von der eigenen Verwaltungseinheit beziehen.
3. Sodann werden die verschiedenen Leistungen so gebündelt, dass sie den Anforderungen an ein Produkt entsprechen (vgl. oben).
4. Schliesslich werden die Leistungsempfänger zu Kundentypen zusammengefasst und auf ihre Übereinstimmung mit den Kontakten (d.h. der Leistungsabgabe) kontrolliert.

Sind diese ersten Vorbereitungsschritte erfolgt, so müssen die gefundenen Produktdefinitionen getestet werden. Die beiden wichtigsten Fragen sind dabei:

- Stiften die definierten Produkte einen selbständigen Nutzen? (v.a.: haben wir nicht zu detaillierte Aktivitäten als Produkte definiert?)

♦ Kann die Tätigkeit des Amtes über die definierten Produkte sinnvoll gesteuert werden, d.h. macht eine Leistungsvereinbarung für das Amt auf der Grundlage dieser Produkte Sinn?

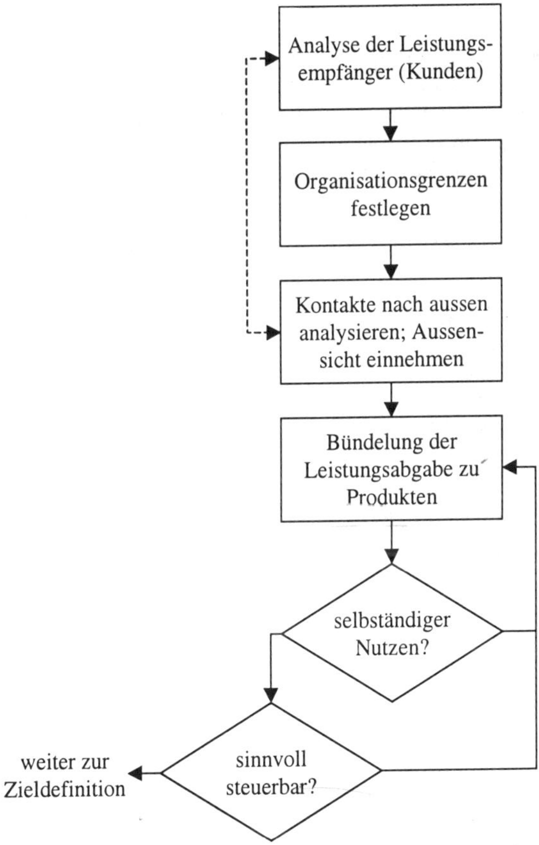

Abb. 6-5: Erste Schritte der Produktdefinition

Die Erfahrung zeigt, dass es einfacher ist, vorerst Produktgruppen zu definieren, bevor einzelne Produkte ins Visier genommen werden. Diese Gruppen können auch als Programme erfasst werden und stehen oft in engem Zusammenhang mit der Organisation einer Verwaltungseinheit. Danach werden in einem zweiten Schritt die Produktgruppen in Einzelprodukte und -leistungen aufgeteilt. Pro Produktgruppe, später für jedes Produkt, kann danach zur Ziel- und Indikatorendefinition (vgl. Kap. 9.1.2) übergegangen werden.

6.1.1.3.3 Gruppierung von Produkten

Für die Budgetierung und für die Berichterstattung zuhanden des Parlamentes/Rates ist es notwendig, die nach wie vor recht detaillierten Produkte in Gruppen zusammenzufassen. Damit soll einer Informationsüberflutung der politischen Instanzen entgegen gewirkt werden. Dies erfolgt im Sinne einer rein linienartigen Verdichtung.

> Die **Produktgruppe** fasst diejenigen Produkte zusammen, welche innerhalb eines Aufgabenbereichs eine strategische Einheit mit klarer Ausrichtung bilden. Die Produktgruppen decken in überblickbarer Anzahl einen gesamten Aufgabenbereich ab. (Brühlmeier et al. 1998, 301f.)

Def. 6-2: Produktgruppe

Da vom Parlament erwartet wird, dass es ganze Produktgruppen steuert, dürfen diese nicht zu heterogen sein. Die Produktgruppe umfasst daher Produkte mit einer gemeinsamen, möglichst klaren Ausrichtung auf ein politisches Programm oder eine Massnahme mit eindeutigem Wirkungsziel.

Aus der Zusammenstellung der Produkte und Produktgruppen ergibt sich eine ganze Anzahl von weitergehenden Definitionen, die auf speziellen Arbeitsblättern festgehalten werden können. In der Regel wird empfohlen, für jedes Produkt und jede Produktgruppe ein eigenes (IT-gestütztes Arbeits-) Blatt zu erstellen.

6.1.1.4 Mittelplan

Beim Mittelplan handelt es sich im wesentlichen um eine Bedarfsplanung für die Herstellung der gewünschten Produkte. Dieser

Mittelplan bezieht sich nicht nur auf finanzielle, sondern auch auf personelle, sachliche und investive Belange.

Obwohl mit dem NPM rechtlich bindende Detailbudgetierungen und Stellenpläne aufgegeben werden, müssen diese Planungsarbeiten natürlich weiterhin in den Verwaltungseinheiten stattfinden. Wie in jeder privaten Firma müssen sich die Manager dieser Aufgabe annehmen, um ihrer Verantwortung nachzukommen. Mehr noch: durch die Dezentralisierung der Kompetenzen kann sich die Verwaltungseinheit nicht mehr auf eine zentrale Vorgabe abstützen, sondern muss eigenständig entscheiden, welche Ressourcen sie in welchem Ausmass und Zeitpunkt braucht. Damit erhält der Mittelplan eine grosse Bedeutung für die Führung und wird in die Kosten- und Leistungsrechnung integriert werden müssen.

Wurde im Zusammenhang mit der Zielsetzung von der Notwendigkeit gesprochen, Prioritäten zu setzen, so wird eine Rückkoppelung von Zielen und Mitteln offenbar: Oft bestimmen die knappen Mittel über die Erreichbarkeit von Zielen und bilden somit die Grundlage für den Entscheid, aufgrund der Priorisierung gewisse Ziele aufzugeben.

6.1.2 *Leistungserbringung*

Mit den Mitteln, die aufgrund der Planung zugeteilt werden, produziert die Verwaltung eine bestimmte Anzahl Produkte in einer bestimmten Qualität und Zeit. Die verwaltungsinterne Leistungserbringung wird im dargestellten Modell als *Black Box* erfasst, weil sie sich um Fragen des „Wie“ dreht, die durch die Verwaltungseinheit selbst entschieden werden sollen.

In der Betrachtung der Leistungserbringung werden Fragen der Ablauf- und der Aufbauorganisation der Verwaltungseinheiten beantwortet, die jedoch das Verhältnis zwischen Verwaltungsführung und Verwaltungseinheit nicht (mehr) betreffen. Nach dem Prinzip der *Dezentralisierung* obliegt es ja den Verwaltungseinheiten selbst, sich zu organisieren. Allerdings kann die Verwaltungsführung, bzw. das Ministerium/Departement als Aufsichtsorgan ein gewisses Interesse an den Abläufen in den Verwaltungseinheiten haben, nämlich dann, wenn diese optimiert werden sollen. Stehen keine Vergleichsdaten mit anderen Organisationen zur Verfügung, so können solche Details in Untersuchungen abgeklärt werden.

Von besonderer Aktualität sind Ansätze, die die *Prozesse* in der öffentlichen Verwaltung analysieren und verbessern. Auch sie orientieren sich an den Bedürfnissen der Kundinnen und Kunden, indem sie die Abläufe - und soweit möglich auch die Aufbauorganisation - in der Verwaltung konsequent auf den Markt ausrichten.

Indem das NPM die Organisationskompetenz an die Verwaltungseinheiten delegiert, versucht es, die notwendige Flexibilität zu schaffen, um eben diese Anpassungen unbürokratisch zu ermöglichen. Gleichzeitig wird damit ausgedrückt, dass die entsprechenden Probleme der operativen Führung, etwa der Prozessbeherrschung, nicht mehr Sache des politisch-administrativen Systems, sondern ausschliesslich der Leistungserbringer sind.

6.1.3 *Erfassung der IST-Werte*

Aus der verwaltungsinternen Leistungserbringung entsteht ein *Mittelverbrauch,* der mit dem Mittelplan verglichen werden kann und soll. Die Analyse des tatsächlichen Verbrauchs bezieht sich ebenfalls auf alle Faktoren der Leistungserbringung. Von besonderem Interesse ist natürlich die finanzielle Seite des Mittelverbrauchs, so dass die *Kostenrechnung* einen hohen Stellenwert hat.

Die tatsächlich erstellten Produkte sind der *Ausstoss* des Prozesses. Dieser wird in aller Regel *quantitativ* gemessen, z.B. als Anzahl Produkte, sowie auf Einhaltung der vorgegebenen *Qualitätsstandards.* Das Produkt *Winterdienst* könnte demnach als Ausstoss ergeben, dass an x Tagen y Kilometer Staatsstrassen vom Schnee geräumt wurden, wobei z % der Strassen innert 4 Stunden frei waren.

Oft werden verschiedene Produkte zu einem *Programm* zusammengefasst, dessen Auswirkung (*Outcome*) auf die Umwelt bzw. das Umfeld der Verwaltung ermittelt und mit den politischen Zielen verglichen werden können. Die Auswirkungen der Schneeräumung könnten beispielsweise eine Verminderung der Unfälle, der Verspätungen der öffentlichen Verkehrsmittel oder der Strassenschäden im Frühling sein.

Der Adressat der Verwaltungsleistung (*Kunde bzw. Kundin*) erlebt diese Programme und deren Resultate vor dem Hintergrund seiner Bedürfnisse und Werte. Die *Ein*wirkung (*Impact*) kann sich daher von der - eher objektivierbaren - *Aus*wirkung unterscheiden. Gerade die beiden letzten Grössen (*Outcome* und *Impact*) werden in der Praxis kaum erfasst und unterschieden, sind aber für die Zufriedenheit der Einwohnerinnen und Einwohner mit der Verwaltung von grosser Bedeutung. Unter Umständen kann eine Qualitätsverminderung (z.B. Schneeräumung innert 8 Stunden statt 4) vorgenommen werden, ohne eine wesentliche Einwirkung zu erzielen, wenn nämlich die Kundinnen und Kunden der öffentlichen Verkehrsmittel deren Verspätung als Folge des schlechten Wetters akzeptieren (vgl. Kap. 9.2.1)

6.2 Leistungsvereinbarungen und Kontraktmanagement

Das Konzept des **Kontraktmanagements** sieht vor, dass zwischen verwaltungsinternen Organisationseinheiten unterschiedlicher Hierarchiestufen, aber auch zu verwaltungsexternen Organisationen Zielvereinbarungen (→ Leistungsvereinbarung) für einen bestimmten Zeitraum getroffen werden. Bestandteile dieses Steuerungsmechanismus sind die → Globalbudgets und die → Leistungsvereinbarungen. Das Kontraktmanagement wird sowohl zwischen Politik und Verwaltung, als auch zwischen verwaltungsinternen Einheiten und zwischen Verwaltung und ausgelagerten bzw. dritten Organisationen eingesetzt. (Neisser/Hammerschmid 1998, 568)

Def. 6-3: Kontraktmanagement

Die bislang streng hierarchische Abstufung der Entscheidungsebenen mit Weisungskompetenz der übergeordneten Stelle wird durch verstärkte Kommunikation zwischen - wenn auch nicht vollwertig gleichberechtigten - Partnern abgelöst (Hill 1994, 309). Quasi-

Verträge, sog. Leistungsvereinbarungen, sollen hierarchische Weisungen ersetzen. Im deutschen Sprachraum wird oft von Kontrakten gesprochen. Dieser Ansatz bedeutet eine neue Ausrichtung für die Verwaltungsführung: nicht obrigkeitliche Weisung, sondern partnerschaftliche Willensbildung bestimmt das Kosten-Leistungs-Verhältnis. Wo der operative Entscheid dem Ausführenden überlassen bleibt, bildet der Kontrakt seine Richtschnur für die Leistungserstellung. In ihm sind Qualität, Quantität und zeitliche Verfügbarkeit der zu erstellenden Produkte enthalten, ebenso wie eine Kontraktsumme, die dem Leistungserbringer zur Verfügung steht. Die inhaltliche Legitimation erhält der Kontrakt durch hierarchisch höher angesiedelte Vereinbarungen, in denen verdichtete Vorgaben festgelegt werden.

> Als **Leistungsvereinbarungen** werden sämtliche Aufträge, Kontrakte und Vereinbarungen bezeichnet, die Aufgaben, Kompetenzen und Verantwortung zwischen Politik, Verwaltungsführung, Verwaltungseinheiten und Dritten regeln. Die Leistungsvereinbarungen konkretisieren die übergeordneten und operativen Ziele, die zu erbringenden Leistungen und die dafür zur Verfügung gestellten Mittel (→ Globalbudget). Verwaltungsintern kommt den Leistungsvereinbarungen die Funktion von Management-Vereinbarungen zu, im Verhältnis zu Dritten sind es Verträge.

Def. 6-4: Leistungsvereinbarung

Aufgabe der politischen Ebene, d.h. des Parlaments oder des Rats ist es, politisch-normative Ziele in einem strategischen Plan festzulegen. Die finanziellen Mittel werden global genehmigt, wobei die Berechnung dieser Mittel offengelegt sein muss. Die Verwaltungsführung bzw. die Ministerien/Departemente sind für die Formulierung von Leistungsaufträgen für die Verwaltung verantwortlich.

Die *Vorteile* dieses Systems können wie folgt zusammengefasst werden:

- Vergrösserung der Flexibilität
- Grössere Motivation und Verantwortung des Personals
- Verringerung staatlicher Monopole, wenn Wettbewerb herrscht
- Wirksame Aufgabenerledigung
- Förderung des Kostendenkens
- Objektivierung der Interessenskonflikte zwischen Leistungskäufer (Verwaltungsführung/Vergabestelle) und Leistungsfinanzierer (Parlament/Rat)

Den erwähnten Vorteilen stehen jedoch *Probleme* gegenüber:

- Vor allem auf der politischen Ebene ist ein Umdenken notwendig, damit die neue Rollenverteilung erfolgreich spielen kann.
- Gesetzesänderungen werden notwendig sein; sicher sind ganze Rechtsbereiche direkt betroffen (z.B. Finanzhaushaltsrecht, Personalrecht, Organisationsrecht).
- Aufwendigere Kontrollmechanismen müssen die Einhaltung der Vereinbarungen sicherstellen.
- Die Umstellung auf das neue Modell erfordert die volle Unterstützung durch die Exekutive, selbst wenn sie von den Reformgegnern angegriffen wird.

Die Formulierung von Leistungsvereinbarungen muss im Detail in den konkreten Anwendungen geklärt werden. Wesentlich ist jedoch, dass die *Vorbereitung* von Leistungsvereinbarungen aller Stufen - wie bisher die Leistungsplanung – auf Landesebene durch die Ministerien/Departemente und auf kommunaler Ebene durch die Verwaltungsführung erfolgt, wo das Know-How angesiedelt ist.

Dabei zeichnet sich *modellhaft* folgendes *Prozedere* ab:

1. In den *Vergabestellen* werden - wie bereits heute - in Abstimmung mit den Leistungserbringern die planerischen Vorarbeiten für das konsolidierte Produktgruppenbudget geleistet. Dieser Prozess ist *vernetzt* und weist sowohl Komponenten eines Top-down- als auch jene eines Bottom-up-Prozesses auf. Gleichzeitig ist er geprägt von den Vorgaben des zentralen Steuerungsdienstes, die die strategische Sicht in die Planung hineintragen.
2. Unter Berücksichtigung der verschiedenen politischen Vorstösse im Parlament bzw. Rat und der Vorgaben der Regierung bzw. Verwaltungsführung sowie aufgrund der Vorarbeiten in den Vergabestellen wie z.B. den Ministerien/Departementen erstellt der Steuerungsdienst das konsolidierte *Produktgruppenbudget* für das neue Jahr zuhanden der Regierung.
3. Die Regierung bzw. die Verwaltungsführung entscheidet über den Vorschlag und präsentiert ihn dem Parlament, wo die vorberatenden Fachkommissionen ihre Bereiche behandeln und allfällige Abklärungen treffen.
4. Auf Antrag der Fachkommissionen genehmigt das Parlament bzw. der Rat das Produktgruppenbudget. Werden Änderungen verlangt, so ist es die Aufgabe des Steuerungsdienstes, schnellstmöglich die finanziellen Konsequenzen dieser Änderungen zu berechnen bzw. durch die Ministerien/Departemente oder Fachstellen berechnen zu lassen. So kann sichergestellt werden, dass den ParlamentarierInnen und Ratsmitgliedern die finanziellen Folgen ihrer Handlungen bekannt sind.
5. Die Regierung bzw. die Verwaltungsführung passt (aufgrund des genehmigten Produktgruppenbudgets) die *Leistungsaufträge* für die Fachbehörden bzw. die Ministerien/Departemente an. Im wesentlichen geht es darum, die Verantwortung für die Beschaffung der Produkte, sowie die dafür zur Verfügung stehenden Mittel, auf die einzelnen Vergabestellen zu verteilen.
6. Es obliegt nun den Vergabestellen, mit den Leistungserbringern *Kontrakte* für die Herstellung der Güter und Dienstlei-

stungen abzuschliessen und deren Ausführung zu überwachen.

6.2.1 *Produktgruppenbudget - der politische Auftrag*

Das Produktgruppenbudget ist die für das Parlament bzw. den Rat erarbeitete Zusammenstellung von Leistungen, welche innerhalb eines Jahres durch die Verwaltung zu erstellen sind, unter Angabe ihrer Kosten bzw. des (Netto-) Aufwandes. Es stellt damit die hierarchisch höchste formell festgehaltene Vereinbarungsebene im politisch-administrativen System dar. Es enthält alle Informationen, um dem Parlament bzw. dem Rat die strategische Steuerung zu ermöglichen. Seine Informationsdichte ist so gestaltet, dass die Parlamentarierin und der Parlamentarier bzw. die Ratsmitglieder direkt und verständlich an die wesentlichen Führungsinformationen gelangt. Das heisst, dass operative Daten (z.B. detaillierte Budgetpositionen, Anzahl Personalstellen) bewusst weggelassen werden.

Im Produktgruppenbudget sind folgende Informationen angegeben:

- Wirkungsvorgaben
- Bezeichnung der Produktgruppen
- Aufstellung der erwarteten Kosten und Erlöse pro Produktgruppe, somit die benötigten Netto-Mittel aus staatlicher Finanzierung (Budgets)
- Vorgaben für Qualität, Quantität und zeitliche Verfügbarkeit der Leistungen (Leistungsziele)
- Indikatoren, die Hinweise über die Erreichung der vorgegebenen Ziele geben

Die knappe Darstellung im Produktgruppenbudget ermöglicht es dem Parlament bzw. Rat, sich auf wesentliche Veränderungen bzw. grundsätzliche Entscheide zu konzentrieren. Sie schliesst jedoch nicht aus, dass die zuständigen Fachkommissionen über das angegebene Mass hinaus weitere, detailliertere Informationen verlangen können. Diese Möglichkeit muss im Sinne einer demokratisch legitimierten Überwachung weiterhin gegeben sein.

Der Übergang vom traditionellen Haushaltsplan zum Produktgruppenbudget ist sowohl für die Verwaltung als auch für die Parlamentarier und Ratsmitglieder ungewohnt und bedarf - zumindest in einer Einführungs- oder Pilotphase - zusätzlicher Aufklärung. Um den Unterschied im Informationsgehalt des neuen im Vergleich zum alten Budget aufzuzeigen, drängt sich eine Gegenüberstellung für beispielhafte Bereiche auf. Dies kann z.B. in der Form geschehen, dass neben die alte, detaillierte Darstellung das Produktgruppenbudget gelegt wird, wobei die Abweichungen zwischen den Netto-Aufwendungen zu begründen sind: kalkulatorische Zuschläge für Leistungen anderer Dienststellen, die neu intern verrechnet werden, und kalkulatorische Abschläge für Leistungen an andere Dienststellen, die neu interne Erträge auslösen. Ist die Kostenrechnung noch nicht in der Lage, diese Zahlen detailliert zu berechnen, so müssen diese Positionen aus didaktischen Gründen geschätzt und zumindest *pro memoria* aufgeführt werden.

Im Produktgruppenbudget werden die bis anhin getrennten Funktionen der Budget- bzw. Kreditsprechung und des Sachentscheids miteinander verknüpft. Wird am Prinzip der Jährlichkeit des Budgets festgehalten, was beispielsweise in den USA bereits heftig debattiert wird, so führt dies dazu, dass die Mehrheit der Sachentscheide auf das jährliche Vereinbarungsprozedere zugeschnitten wird. Entscheide, die die Leistungs- bzw. Produktpalette der Verwaltung während des Jahres verändern sollen, sind zwar weiterhin möglich, stören aber prinzipiell den Leistungsplanungs- und Leistungserstellungsprozess.

Die Frage, ob Investitionen getrennt geplant und bewilligt werden, oder ob sie als integrierter Bestandteil des Globalbudgets aufgebaut werden sollen, ist noch nicht abschliessend geklärt. Für eine Integration spricht das Prinzip der verstärkten Eigenverantwortung, für eine Trennung spricht die Notwendigkeit, den *Konzern Verwaltung* finanziell zu steuern. Die Integration bedingt, dass eine Kostenrechnung geführt wird, die auch die Reinvestitionskosten miteinbezieht. Gleichzeitig müsste sichergestellt werden, dass Unterhaltsarbeiten, z.B. an Maschinen und Geräten, weiterhin ausgeführt werden, um nicht den Anreiz zu schaffen, Gewinne auf Kosten der Substanzerhaltung zu erzielen. Die Trennung wiederum bedingt, dass Investitionen, die zu Rationalisierungen führen, unbürokratisch vorgenommen werden können, auch wenn sie nicht im Investitionsplan vorgesehen sind. In allen Projekten ist eine solche Flexibilisierung machbar und stösst auf keine grösseren Widerstände. Auf kurze bis mittlere Frist ist vor diesem Hintergrund die Trennung der mittelfristigen Investitionsplanung von der Globalbudgetierung vorzuziehen.

Die Informationen, die dem Parlament bzw. Rat mit dem Produktgruppenbudget zur Verfügung gestellt werden, können deutlich detaillierter sein als jene, die der Bevölkerung mit einem externen Budget unterbreitet werden. Wenn die Diskussion im Parlament tatsächlich neu über die Produktgruppen statt über generelle Mittelzuteilungen (im Moment v.a. Kürzungen) stattfinden soll, so sind dem Parlament die Angaben über die einzelnen Produkte und deren Kosten mitzuteilen. Dies kann sowohl in der Form detaillierter Aufstellungen als auch über Leistungsindikatoren erfolgen.

6.2.2 *Vergabeauftrag - der Beschaffungsauftrag*

Aufgrund des Produktgruppenbudgets wird die Verwaltungsführung bzw. das Ministerium/Departement beauftragt, in ihren Bereichen eine bestimmte Produktepalette zu *beschaffen*. Sie erhalten dazu ebenfalls Globalbudgets zugeteilt. In einigen Fällen kann der jeweilige Abschnitt des Produktgruppenbudgets als Leistungsauftrag an das Ministerium/Departement bzw. an die Fachdienstleistungen interpretiert werden. Viele Aufgaben sind jedoch nicht im Produktgruppenbudget enthalten, z.B. die Querschnittsaufgaben. Um den *Konzern Verwaltung* führen zu können, erteilt die Verwaltungsführung daher zusätzliche Aufträge an die als Vergabeabteilungen fungierenden Stellen, die verwaltungsinternen Leistungen zu erstellen. Welche Einheiten dabei als Vergabeabteilung fungieren, hängt von Gemeinwesen ab. In der Schweiz sind dies auf kantonaler Ebene die Departemente, in Neuseeland die Ministerien, und auf kommunaler Ebene in Deutschland und der Schweiz die obersten Exekutivgremien mit ihren Stabsstellen.

Denkbar ist jedoch auch, dass die Verwaltungsführung bzw. Regierung vom zentralen Steuerungsdienst zu einzelnen Problemstellungen Ergänzungen anfügen lässt. Insbesondere sind ständige Weisungen für bestimmte Vorgehen (beispielsweise die Ausgestaltung und Überwachung von Kontrakten) vom Steuerungsdienst auszuarbeiten und deren Einhaltung zu überprüfen.

Es ist denkbar, der Vergabestelle selbst eine bestimmte Summe als Führungsreserve zur Verfügung zu stellen. Sie erhöht die Flexibilität der Führung, für kleinere Ausgaben selbständig reagieren zu können.

Nicht abschliessend geklärt ist, wie gross die Möglichkeiten der Leitung der Vergabeabteilung sein sollen, Mittel von einer Dienststelle auf eine andere zu übertragen. Hier wird ausschlaggebend sein, ob die Mittel einer Dienststelle als Nettobetrag zugesprochen werden, oder ob sie je Produktgruppe gebunden sind.

6.2.3 *Kontrakt - der Produktionsauftrag*

Zwischen Leistungskäufer und -erbringer wird ein sog. Kontrakt abgeschlossen. Dieser vertikale Kontrakt ist zeitlich beschränkt (i.d.R. nicht mehr als 2-5 Jahre[1]), damit der Wettbewerb gewahrt bleibt. Nach Ablauf der Frist erfolgt in der Regel eine neue Ausschreibung, womit die Marktsituation überprüft wird. Bleibt eine erneute Ausschreibung aus, so ist durch Benchmarking sicherzustellen, dass die Kontraktbedingungen effiziente Leistungserstellung bewirken.

---

1 Die Dauer des Vertrages hängt vom Auftragstyp ab. Im Fall von Aufträgen mit besonders teuren Investitionen sind die Fristen so anzusetzen, dass es auch für eine private Unternehmung möglich ist am Markt teilzunehmen. Die Fristen sollten grundsätzlich keine Markteintrittsbarriere darstellen.

Rahmenkontrakt

1. *Hinweise auf generelle Regelungen (Verordnungen etc.)*
2. *Kontraktparteien*
3. *Dauer des Rahmenvertrages (i.d.R. 4 Jahre)*
4. *Produktgruppen mit*
   - *operativen Zielen*
   - *Zielgruppen, Abnehmer der Produkte*
   - *Zugang zu den Produkten*
   - *Leistungen an Dritte*
5. *Besondere Regelungen (abweichend/ergänzend)*
   - *Personal*
   - *obligatorische Leistungen (Gewinnvortrag)*
   - *kommerzielle Leistungen (Umsatzlimite für kommerzielle Betätigung)*
   - *Investitionen und Anlagebenützung*
   - *Zahlungskonditionen*
   - *Beiträge an und von Dritten (Subventionen)*
   - *Versicherungen*
6. *Kompetenzen und Kompetenzvorbehalte*
   - *Kontrolle bei Privaten*
   - *Subkontrakte*
7. *Qualitätssicherungsmassnahmen*
8. *Änderungen und Auflösung des Kontrakts*

Jahreskontrakt

1. *Übersichtsliste der Produkte nach Produktgruppen, mit Menge, Erlösen und Kosten (netto)*
2. *Kontraktsumme*
3. *Jahresziele für Spezialprojekte*

Abb. 6-6: Raster für einen Kontrakt

Der Abschluss von Kontrakten kann auf zwei Säulen basiert sein: ein mehrjähriger *Rahmenkontrakt* (i.d.R. 4 Jahre) regelt das grundsätzliche Verhältnis zwischen Vergabeabteilung und Leistungserbringer. Er bildet das mittelfristige Gerüst für die Geschäftsbeziehung. Ein zusätzlicher *Jahreskontrakt* enthält sodann die detaillierten Angaben über Produkte in Menge, Qualität, finanzielle Zusammenhänge und das Total der Kontraktsumme für das betreffende Jahr. Ausserdem führt er besondere Jahresziele auf, die sich beispielsweise aus Spezialprojekten ergeben. Eine ähnliche Anwendung liesse sich für alle Leistungsvereinbarungen vorstellen. Die heute üblichen Subventionsverträge würden damit qualitativ erheblich aufgewertet und zu starken Führungsinstrumenten ausgebaut.

Der Prozess der Vereinbarung auf Kontraktebene wird im Verwaltungsalltag mehrheitlich durch kleinere Anpassungen in den Kontrakten geprägt sein. Wenn grundlegende Änderungen anstehen oder von anderen Anbietern insgesamt bessere Konditionen erwartet werden, wird eine neue Ausschreibung in Betracht gezogen. Dies setzt natürlich voraus, dass die Vergabestellen eine gute Übersicht über den aktuellen Markt haben. Ist dies nicht der Fall, so sind so oder so periodische Ausschreibungen vorzunehmen.

Dieser Vorgang lässt sich auch in Neuseeland beobachten, wo insbesondere im Gesundheitswesen einige Erfahrungen mit Vereinbarungen gesammelt werden konnten. Ist es aufwandmässig nicht denkbar, sämtliche Leistungen immer wieder auszuschreiben (in Neuseeland hat jede Arztpraxis einen Kontrakt), kann eine Selektion der notwendigen Bereiche, die ausgeschrieben werden müssen, vorgenommen werden. Die Verantwortung für diese Auswahl liegt in diesem Fall beim Ministerium/Departement.

6.2.4 *Abweichungen von Leistungsvereinbarungen*

Während der Laufzeit eines Kontrakts wird gefordert, dass sich die Politik nicht in die Art und Weise der Kontrakterfüllung einmischt, die Verwaltung hingegen die geforderten Leistungen erbringt. Die Realität wird diesem Idealbild nicht in jedem Fall entsprechen: Abweichungen sind beiderseits möglich, indem sich entweder die Forderungen der PolitikerInnen verändern, oder indem die Verwaltungseinheit die geforderten Leistungen nicht oder schlecht erfüllt. Auf diese Möglichkeiten wird in den nächsten Abschnitten eingegangen (eine bessere Erfüllung ist nur dann problematisch, wenn statt dessen Mittel eingespart werden sollten).

6.2.4.1 Änderung der geforderten Leistungspalette

Die geforderte Zurückhaltung der Politik bezüglich operativer Mitsprache führt dazu, dass viele Politikerinnen und Politiker befürchten, während des Jahres keinen Einfluss mehr auf die Produktpalette nehmen zu können. Weil aber auch während des Jahres gesellschaftspolitische Veränderungen stattfinden, muss es der Politik möglich sein, im Bedarfsfall einzelne im Kontrakt fixierte

Leistungen auch während des Jahres zu verändern. Zu diesen Schlussfolgerungen ist man auch in den Niederlanden gelangt:

> *"Kontraktmanagement ist keineswegs ein Instrument, um die Politik aus der Verwaltung zu verdrängen. Allerdings wird erwartet, dass politische Interventionen in enger Abstimmung und nach Erörterung möglicher Konsequenzen mit dem Dienstdirektor erfolgen. Dabei ist es wichtig, eine neue Prioritätenrangfolge zu definieren" (KGSt 1992, 146).*

Die Umsetzung dieser Forderung führt dazu, dass Änderungsbedürfnisse der PolitikerInnen zwar berücksichtigt werden, eine *einseitige* Abänderung des Kontrakts jedoch ausgeschlossen bleibt. Jeder Wechsel in der Leistungspalette muss auf seine finanziellen Konsequenzen überprüft und die finanziellen Mittel entsprechend dazu angepasst werden. Produkte und Budget stehen auch hier in einem engen logischen Zusammenhang.

Aus praktischer Sicht müsste gefordert werden, dass Politikerinnen und Politiker die vorgegebenen Ziele nicht ohne Not während des Jahres abändern sollten. Hingegen kann es notwendig sein, dass einzelne Massnahmen der Verwaltung anzupassen sind, um ein Ziel trotz kurzfristig veränderter Umwelt noch zu erreichen. Solche Anpassungen sind unbürokratisch, im bilateralen Gespräch zwischen den Kontraktpartnern vorzunehmen und gegenüber dem Parlament im Jahresbericht zu kommunizieren.

6.2.4.2 Nicht- oder Schlechterfüllung der Vereinbarung

Die andere Kontraktpartei, der Leistungserbringer, kann ihrerseits Abweichungen vom Kontrakt verursachen, indem sie ihn über- oder untererfüllt. Eine problematische Situation entsteht dabei durch die Nicht- oder Schlechterfüllung der vereinbarten Leistung.

Fischer (1995) fordert die klare Unterscheidung von Soll- und Standardkosten im Rahmen der Kostenrechnung, denn nur damit lässt sich das Globalbudget wirksam auf die tatsächlich erstellte Leistungsmenge abstimmen. Während die Sollkostenrechnung nämlich von einer fixen Menge ausgeht und lediglich *Kostenabweichun-*

gen erfasst, sind in der Standardkostenrechnung auch die *Mengenabweichungen* berücksichtigt. Gerade im Fall grosser, nicht beeinflussbarer Schwankungen der Menge, wie dies für viele Verwaltungsbereiche typisch ist, muss die Mittelallokation und -kontrolle in der Lage sein, diese Schwankungen finanziell aufzufangen und nachzuvollziehen.

Eine solchermassen flexible Ausgestaltung des Kontrakts ist denkbar, auch wenn sie für die Globalbudgetierung eher mühsam sein dürfte. Hier ist noch einiges an Umgewöhnung zu vollziehen. Eine Kürzung des Globalbudgets aufgrund kleineren Ausstosses, die im Kontrakt vorgesehen ist, dürfte trotzdem keine grösseren Probleme verursachen. Echt problematisch ist die Situation dann, wenn Mengenabweichungen aufgrund eigenen Verschuldens der Verwaltungseinheit entstehen, d.h. wenn versprochene Leistungen nicht oder in schlechter Qualität geliefert werden.

Dieser Fall ruft nach Verbesserungs- und Sanktionsmöglichkeiten. Weil der Kontrakt - entgegen dem eigentlichen Wortstamm - nach heutiger Auffassung vieler Juristen im verwaltungsinternen Gebrauch keinen formalen Vertrag darstellt, sondern wohl eher eine Vereinbarung, an die sich beide Parteien *anständigerweise* halten, ist die Frage nach Sanktionen noch ungeklärt. Denkbar sind insbesondere Sanktionen gegen den Leiter der Verwaltungseinheit. Als Verantwortlicher für die Leistungen seiner Einheit hat er Sanktionen zu erwarten, wenn er die vereinbarten Produkte nicht erstellt. Ob es jedoch legitim ist, ihn für Fehlleistungen seiner gesamten Einheit verantwortlich zu machen, bleibt im Moment eine offene Frage. Der *Managerialismus* würde dies bejahen.

Im Ausland wurde bisweilen vorgeschlagen, als *Sanktion* die Budgets der betroffenen Verwaltungseinheiten zu kürzen. Die Folgen eines solchen Vorgehens sind jedoch angedenk der angestrebten Verbesserung eher fragwürdig: Führt eine Kürzung des Budgets im nächsten Jahr zu einer Verbesserung der Leistungen?

Dasselbe Problem stellt sich, wenn bei Nichterfüllung die Budgets ausgeweitet werden, um bessere Leistungen zu ermöglichen. Hier stellt sich die Frage, ob - in Abwandlung eines Banquier-Satzes - dem schlechten Geld gutes Geld nachgeworfen werde, oder anders: Wird die Ineffizienz nicht weiter verstärkt, wenn ich noch mehr Mittel bereitstelle?

Die Antwort liegt auf der Hand: Es ist eine unabdingbare Führungsaufgabe der Vergabestelle, die Ursachen für die Abweichungen zu erforschen und fallweise die richtigen Massnahmen zu ergreifen. Allgemeingültige, quasi-automatische Regelungen führen nicht zum gewünschten Erfolg. Damit ist eine wichtige Einschränkung angesprochen, die allgemein gilt: *Das NPM kann gutes Management (politische Entscheide) nicht ersetzen* (auch KGSt 1992, 148).

6.2.5 *Notwendige Qualifikationen für das Kontraktmanagement*

Die Notwendigkeit, für praktisch alle Produkte der öffentlichen Verwaltung recht detaillierte Kontrakte abschliessen zu müssen, führt dazu, dass sich in den Vergabestellen ein Stab von Fachleuten ansiedelt, die in der Lage sind, solche Kontrakte auszuarbeiten. Diese Kompetenz ist heute in den jeweiligen Stellen in aller Regel nicht vorhanden. Im Gesundheitswesen liegt beispielsweise die fachliche (medizinische) Kompetenz oft allein bei den Krankenhäusern. Dieser Informations- und Wissensvorsprung führt konsequenterweise dazu, dass für die Vergabeabteilung wie z.B. ein Departement eine zentrale Steuerung, wenn auch nur der Mengengerüste, über Vereinbarungen mit den Krankenhäusern ausserordentlich schwierig ist. Um der faktischen *Übermacht* der Krankenhäuser entgegentreten zu können, braucht die für Gesundheitsleistungen zuständige Vergabeabteilung medizinisch und betriebswirtschaftlich geschultes Personal, das

- die Leistungsvereinbarungen (Kontrakte) einzugehen und
- die Kontrakterfüllung bezüglich Qualität und Quantität nach rein wirtschaftlichen Kriterien zu beurteilen

in der Lage ist. Weil es gerade in einem so komplexen und sich schnell verändernden Umfeld wie dem Gesundheitswesen ausserordentlich schwierig ist, zentral alles notwendige Fachwissen bei gleichzeitig vernünftigen Kosten der Kontraktbewirtschaftung vorzuhalten, muss es für die Verwaltungen auch denkbar sein, mit *externen Spezialisten* (z.B. für die Qualitätsbeurteilung) zu arbeiten. Diese Art des Qualitätsmanagements hätte zudem den Vorteil, dass länderübergreifende Vergleiche zu einem ähnlichen Effekt führen könnten, wie er durch das Benchmarking angestrebt wird: die Entdeckung und Verbreitung der *Best Practice.*

6.3 Finanzielle Steuerung

Eines der hervorstechendsten Merkmale des NPM ist die Veränderung der finanziellen Steuerung in der öffentlichen Verwaltung. Der Verzicht der inputorientierten Steuerung über detaillierte Haushaltspläne und Budgets führt zu einer Reihe von Anpassungen im Bereich des Finanzmanagements. Damit werden die folgenden Zwecke verfolgt:

- Vergrösserung der *Verantwortlichkeit* der einzelnen Verwaltungseinheiten
- Vergrösserung des *Entscheidungsspielraums* für die Leiter der Verwaltungseinheiten
- Verkürzung der *Entscheidungswege,* damit Abbau von Bürokratie und Effizienzsteigerung
- Ablösung der Ressourcenorientierung durch eine *Produktorientierung* im finanziellen Management

Obwohl in der Folge die finanzielle Steuerung getrennt von der oben behandelten Leistungssteuerung betrachtet wird, ist festzuhalten, dass das Eine nicht ohne das Andere sinnvoll ist. Die Einführung des Globalbudgets allein, ohne gleichzeitig die Leistungssteuerung zu verbessern, ist auf längere Frist nicht zu verantworten. Als Regel gilt daher: *kein Globalbudget ohne Leistungsvereinbarung.* Die hier geforderte Kombination findet sich natürlich auf allen Vereinbarungsebenen, nämlich im Produktgruppenbudget, im Vergabe-Auftrag und im Kontrakt. Sie alle zeichnen sich durch klare Leistungsdefinition und Globalbudget aus.

6.3.1 *Globalbudgetierung*

In einem **Globalbudget** werden bestimmten Aufgabenbereichen oder Organisationseinheiten die Mittel für die Aufgabenerfüllung in Form einer „globalen" *Netto*-Gesamtsumme zugewiesen. Das heisst, die Verwaltungseinheiten können höhere Ausgaben tätigen als budgetiert, sofern sie diese über zusätzliche Einnahmen finanzieren. Zudem entfällt die Mittelbindung nach Inputkategorien, was eine Delegation der Ressourcenverantwortung bewirkt. Die Zuweisung des Globalbudgets wird mit dem Abschluss einer → Leistungsvereinbarung verbunden. Dadurch erreicht man eine Verknüpfung von Finanz- und Leistungsseite, d.h. von politisch vorgegebenen Leistungszielen und dafür verfügbaren Ressourcen.

Def. 6-5: Globalbudget

Eine wesentliche Voraussetzung für die Dezentralisierung von Ressourcenkompetenzen ist nach Auffassung vieler Experten die Einführung der Globalbudgetierung in der öffentlichen Verwaltung. Damit soll die Mehrzahl der heute geltenden Budgetprinzipien von der Input- auf die Outputorientierung gerichtet werden, was oft radikal als Abweichung oder gar Auflösung von geltenden Prinzipien interpretiert wird (zur Gegenüberstellung von herkömmlichen und neuen Haushaltsaufstellungs-/Budgetierungsverfahren vgl. Bertelsmann Stiftung/Saarländisches Ministerium des Inneren 1997, 24). Tatsächlich handelt es sich jedoch vielmehr um eine *Neuausrichtung* der Betrachtungsweise:

- *Qualitative Haushalts-/Budgetbindung:*[2] Sie generiert ein Verbot der Kreditverschiebung von einer Position auf eine andere. Dieser Grundsatz wird - soweit er *inputorientiert* ist - mit dem Globalbudget fallen gelassen, weil durch die Aufgabe der Spe-

[2] In diesem Zusammenhang wird oft auch vom *Grundsatz der Spezifikation* oder der *Spezialität* gesprochen. Diese umfasst die drei Säulen der qualitativen, quantitativen und zeitlichen Bindung, die hier besprochen werden (Saile 1995, 33ff.).

zifikation die detaillierte Aufgliederung überhaupt fehlt. Eine neue qualitative Bindung entsteht jedoch im Produktbereich, indem die Kontraktsumme mit *Produktgruppen* verknüpft wird. Es wäre durchaus systemkonform, eine Übertragung zwischen den Produktgruppen zu verbieten.

- *Quantitative Haushalts-/Budgetbindung:* Auch die quantitative Bindung an den Haushaltsplan muss differenziert betrachtet werden - sie wird nicht ersatzlos aufgegeben. Allerdings besteht die Bindung nicht mehr auf den Detailpositionen in den Haushaltsplänen, sondern auf der Kontraktsumme, die naturgemäss globaler ausfällt. An die *Kontraktsumme* ist der Leistungserbringer jedoch strikte gebunden, so lange die vereinbarte Leistungspalette keinen Änderungen unterliegt. Auch hier muss ein Nachtragskredit eingeholt werden, sollte die geplante Summe nicht ausreichen.

- *Zeitliche Haushalts-/Budgetbindung:* Das Verbot einer Übertragung von Budget-/Kreditresten auf das folgende Jahr wird aufgehoben, um die bestehenden Anreize für die Ausschöpfung der Budgets vor Jahresende (*Dezemberfieber*) abzuschaffen. Die Voraussetzung für eine Übertragung ist allerdings, dass die vereinbarten Leistungen erstellt wurden. Das Ausmass der Übertragung ist unterschiedlich: Ob die Mittel zu 100 % übertragbar sind, oder ob das Gemeinwesen einen Teil abschöpft, hängt von der individuellen Regelung ab und hat konkrete Auswirkungen auf die Anreizsituation der Verwaltungseinheit.

- *Bruttoprinzip:* Das Bruttoprinzip wird insofern aufgegeben, als nicht mehr die im Haushaltsplan ausgewiesenen Bruttopositionen rechtlich bindend sind, sondern nur noch die Nettoaufwendungen für die einzelnen Produktgruppen. Der Leistungserbringer kann somit höhere Aufwendungen haben als budgetiert, sofern er sie über zusätzliche Erträge finanziert. Als *Prinzip der Rechnungslegung* hat die Brutto-Erfassung sämtlicher Vorfälle nach wie vor *uneingeschränkte Gültigkeit.*

Die anerkannten Grundsätze kaufmännischer Rechnungslegung sind vom Globalbudget nicht betroffen.

- *Jährlichkeit des Haushalts/Budgets:* Im Zusammenhang mit dem Abschluss von Rahmenkontrakten werden sich die Verwaltungsführung und die Vergabestellen überlegen müssen, ob sie weiterhin an der Jährlichkeit der Budgets festhalten möchten. Zukünftig ist den mehrjährigen Finanz- und Leistungsplänen eine grössere Bedeutung einzuräumen, während die jährliche Steuerung über Haushaltspläne und das Budget eher an Gewicht verlieren sollte.

Das so verstandene Globalbudget ist nicht so revolutionär wie es den Anschein macht. Ein ähnlicher Ansatz liegt etwa vor, wenn ein Projektkredit (z.B. für die Renovation eines Schulhausdaches) als Nettokredit gesprochen wird, d.h. ohne detaillierte Aufteilung in einzelne Aufwandarten und abzüglich der zu erwartenden Beiträge von anderen Gemeinwesen. Auch bei Subventionen an Dritte, die im Auftrag des Gemeinwesens Leistungen erbringen, handelt es sich im Prinzip um Globalbudgets. Allerdings fehlen hier regelmässig die für eine outputorientierte Steuerung notwendigen Leistungsvereinbarungen.

6.3.1.1 Umfang der Globalbudgetierung

Wird die Globalbudgetierung für Verwaltungseinheiten konsequent durchgeführt, so muss dies heissen, dass die internen Verrechnungen neu dort budgetiert werden, wo die Leistungsbezüger sind. Die Globalbudgets der Leistungsbezüger werden also - ein Nullsummenspiel vorausgesetzt - umso grösser, je mehr Leistungen intern verrechnet werden (Dezentralisierung der Ressourcenverantwortung). Im gleichen Ausmass nehmen die Budgets der internen Leistungslieferanten ab. Im Extremfall kann dies dazu führen, dass ein interner Lieferant kein eigenes Budget mehr ausweist, da er sich zu 100 % aus den internen Verrechnungen finanziert. Er fiele damit aus dem Produktgruppenbudget heraus, könnte aber pro memoria mitgeführt werden, um dem Informationsbedürfnis des Parlamentes gerecht zu werden (vgl. Kap. 9.1.1.2).

6.3.1.2 Ebenen der Globalbudgetierung

Die Überlegung, zukünftig auf bestimmte Teile des herkömmlichen Haushaltsplanes zu verzichten, da sich die Verwaltungseinheiten über interne Verrechnungen finanzieren, führt zur Frage, ob dies auf allen Vereinbarungsebenen (Produktgruppenbudget, Vergabe-Auftrag, Kontrakt) möglich und sinnvoll sei.

Nehmen wir die Vereinbarungsebene zwischen Parlament/Rat und Verwaltungsführung, so ist in der Tat ein Verzicht auf alle internen Funktionen, die nicht direkt Produkte an die Öffentlichkeit oder externe KundInnen abgeben, möglich. Wenn sich die Debatte rein um die Leistungsseite dreht, dann sind die Querfunktionen nicht mehr von Bedeutung, weil sie in den Kosten der Produkte enthalten sind. Das heisst, dass das zu debattierende Budget schlanker sein sollte, als es heute der Fall ist.

Dies bedeutet aber auch, dass sich die ParlamentarierInnen und Ratsmitglieder im klaren sein müssen, dass beispielsweise das Ausmass der EDV-Anwendung in der Verwaltung nicht mehr Gegenstand der Vereinbarung zwischen Verwaltungsführung und Parlament sein kann. Solche Untersuchungen sind Aufgabe des Managements der Verwaltung. Das Produktgruppenbudget in seiner Reinform wird nur noch die zu produzierenden Produktgruppen, die angestrebten Wirkungen und die dazu notwendigen finanziellen Aufwendungen wiedergeben, d.h. der Fokus ruht auf den Produkten, die gegen aussen abgegeben werden.

Der Prozess der Einführung der Globalbudgetierung ist in Berlin in verschiedenen Phasen verlaufen:

- Seit den 70er Jahren sind Budgetierungsmodelle erprobt worden, die auf der kameralistischen Einnahme-/Ausgaberechnung beruhten und keinen Bezug zu erstellten Leistungen haben (sog. Inputorientierte Budgetierung).
- In einem System der "Gesamtbindung" wurde der sog. Eigenverantwortungsteil für die beeinflussbaren, ein neutraler Teil für die nicht beeinflussbaren Sachausgaben eingebunden. Die Bezirke erhielten so eine beschränkte Budgethoheit.
- In den 80er Jahren entstand eine Weiterentwicklung, die sog. Globalzuweisungen mit einem (beeinflussbaren) allgemeinen Teil und einer (nicht beeinflussbaren) Zweckzuweisung. Daneben erhielt jeder Bezirk einen Dispositionsfonds für Personalausgaben sowie einen Sockelbetrag für kleine bauliche Investitionen. Ausserdem konnten nicht in Anspruch genommene Ausgabeermächtigungen auf das kommende Jahr vorgetragen werden.
- Für 1995 konnten die Bezirke auch ihre geplanten Investitionsmassnahmen eigenverantwortlich gewichten, und als weitere Zuweisungsblöcke stehen die komsumtiven Sachausgaben sowie die budgetierten Personalausgaben.
- Noch offen ist, ab wann und in welcher Form eine outputorientierte Budgetierung erfolgen soll und kann.

(Quelle: Rödig 1997, 149ff.)

Abb. 6-7: Von der Kameralistik zur Globalbudgetierung in Berlin

Eine andere Sichtweise kann sich bereits auf der Ebene der *Leistungsaufträge* einstellen. Hier besteht die Aufgabe der Verwaltungsführung darin, den *Dienstleister Verwaltung* auf dem richtigen Kurs zu halten. Dazu kann es notwendig sein, bestimmte Richtlinien für Querschnittsfunktionen zu erlassen, damit das ganze Gebilde nicht aus den Fugen fällt. So wird es beispielsweise notwendig sein, für die interne Abrechnung der Kredite zu sorgen und dazu eine Stelle einzurichten, die die Kontoführung für die Verwaltungseinheiten übernimmt. Diese Stelle ist reine Querschnittsfunktion, d.h. sie gibt keine Leistungen gegen aussen ab. Trotzdem ist sie notwendiger Teil der Verwaltung, der von der Verwaltungsführung bestimmt ist.

Detaillierter kann die Betrachtung auf der Ebene der *Kontrakte* mit den einzelnen Verwaltungseinheiten oder anderen Leistungszentren sein. Hier wird jede Querschnittsfunktion aufgeführt, in aller Regel mit einer Angabe über die Berechnung der Verrechnungspreise.

Erfahrungen mit der Globalbudgetierung in Deutschland zeigen, dass die positiven Effekte deutlich gegenüber den negativen überwiegen. Ein Speyerer Forschungsteam unter der Leitung von Klages (Klages et al. 1998) evaluierte Budgetierungsansätze bei Schulen in kommunaler Trägerschaft und bestätigte die positiven Ergebnisse, deckte allerdings auch Schwächen bezüglich der Outputorientierung auf.

6.3.2 *Berechnung der Kontraktsumme*

Nicht nur die Preisberechnung der einzelnen Produkte, sondern auch die Berechnung der Kontraktsumme als Ganzes wurde in NPM-Projekten getestet. Im Abschnitt 6.2.4.2 wurde die Führung einer Plankostenrechnung gefordert, um Mengenabweichungen (hier im Zusammenhang mit einer Schlechterfüllung) finanziell auffangen zu können. Solche Abweichungen können sich ohne Zutun der Leistungserbringer aus der Natur der Sache ergeben: Die staatliche Schule kann beispielsweise die Anzahl der Neueintritte ebenso wenig steuern wie das Tiefbauamt die Anzahl Schneetage im Jahr. Beides kann die Kosten aber erheblich verändern. Die Lösung müsste somit in einer variablen Kontraktsumme bestehen, die

a) rein variabel (d.h. pro Produkt) oder

b) gemischt mit einem fixen Anteil

berechnet wird. In Variante b würde somit ein fester Bereitschafts- oder *Stand by*-Preis erstattet.

Ist eine entsprechende Formel zur Berechnung der Kontraktsumme nicht anwendbar (z.B. weil die Daten fehlen), kann kurzfristig auf die bisherige Praxis abgestellt werden. Übermässige Mengenabweichungen, die nicht über das Globalbudget abgefangen werden können, führen dann zu einem Nachtragskredit. Obwohl nachträgliche Kreditgewährung grundsätzlich ausgeschlossen ist, wäre diese Lösung modellkonform, sofern tatsächlich eine wesentliche Mengenausweitung stattfindet, die nicht vorhersehbar war. Dies bedingt jedoch einerseits, dass die Kalkulationsbasis für die Kontraktsumme klar definiert wird ("Summe xy bei einer erwarteten Menge z"), und andererseits, dass die Mengenabweichung objektiv erfassbar ist.

Viele Verwaltungseinheiten erstellen Produkte, die voll oder teilweise über Beiträge anderer Gemeinwesen finanziert werden. Bei Kontraktabschluss stellt sich damit die Frage, ob diese Zahlungen Bestandteil der Kontraktsumme sind. Werden sie als Erträge in den Kontrakt aufgenommen, so geht das Risiko ihres Eingangs auf den Leistungserbringer über. Damit wird ein Anreiz geschaffen, Ausgleichszahlungen auszulösen, indem die Kriterien der Berechtigung erfüllt werden. Dies ist im Sinne des betroffenen Gemeinwesens und modellkonform, sofern die Ausgleichszahlungen tatsächlich durch den Leistungserbringer selbst beeinflusst werden können. Ausgleichszahlungen, die ganz oder teilweise von Vereinbarungen zwischen den Gemeinwesen oder gar einseitig durch ein anderes Gemeinwesen bestimmt sind, sollten nicht in die Kontraktsumme aufgenommen werden. Dieses (letztlich politische) Risiko gehört zum Gemeinwesen selbst, und die Erfüllung der Ausgleichskriterien bildet Inhalt des Kontrakts mit dem Leistungserbringer. Die Art der Berechnung der Kontraktsumme, insbesondere die darin enthaltenen Zahlungsströme, bestimmen also das Risiko für Leistungskäufer und –erbringer.

6.4 Fragen zur Diskussion

- Wie würde der WoV-Steuerungsprozess anhand eines konkreten Produktes einer Verwaltung aussehen? Versuchen Sie, einen solchen Prozess zu entwickeln, und diskutieren Sie danach die Konsequenzen für die Leistungsvorgaben und –messung.

- Welche Vor- und Nachteile hat die Steuerung über Leistungsvereinbarungen gegenüber der traditionellen Steuerung über Regulierung?

- Viele Elemente des NPM werden schon heute punktuell erfolgreich eingesetzt. Welches sind Beispiele für solche vorhandenen Steuerungselemente des NPM?

- Warum gilt (nicht nur) im NPM der Grundsatz „Kein Globalbudget ohne Leistungsvereinbarung"?

- Die Jährlichkeit des Haushalts wird im NPM im deutschsprachigen Raum bisher kaum wirklich hinterfragt. Neuere Entwicklungen zeigen jedoch in die Richtung, die mittelfristige Sicht zu stärken. Welche Gründe könnten dahinter stehen? Wer profitiert von einer mittelfristigeren Steuerung? Was spricht dagegen?

- NPM wird u.a. kritisiert, weil es seine Steuerungsmechanismen auf politische Zielsetzung abstützt. Vor allem aus der Politikwissenschaft kommt der Einwand, dass klare politische Ziele realistischerweise nicht erwartet werden können. Wie sind diese Einwände zu beurteilen?

7 Institutionalisierung von Wettbewerb und Marktmechanismen

Ein hervorstechendes Postulat des NPM ist die Anwendung von Marktmechanismen in der öffentlichen Verwaltung. Dahinter steht die Grundhaltung, dass - generell formuliert - der Markt besser in der Lage sei, eine effiziente und effektive Leistungserstellung zu bewirken als Regulierungen. Mit der Einführung und Etablierung von Wettbewerb und Marktmechanismen soll zusätzlich zu den binnenstrukturellen Massnahmen (Rollenteilung, Leistungsvereinbarungen usw.) eine Erhöhung der Effizienz, Produktivität und Flexibilität öffentlicher Leistungserstellung sowie eine Verbesserung der Kontrollmechanismen und der Transparenz erzielt werden. Wettbewerb ist kein Ziel des NPM, sondern ein Instrument, das durch seine integrative Wirkung das NPM-Modell „unter Strom" setzt (Reichard 1997a, 651).

7.1 Wettbewerb in der öffentlichen Verwaltung

7.1.1 Managed competition

In vielen europäischen Staaten herrschte bis zu Beginn der 80er Jahre ein klassisches Modell der staatlichen Steuerung und wohlfahrtsstaatlichen Versorgung durch verwaltungsinterne Einheiten und Non-Profit-Organisationen vor. Wettbewerb und Markt hatten in diesem Modell der öffentlichen Verwaltung keine grosse Beachtung und wurden von der Theorie lange Zeit nur im Bereich der privaten Wirtschaft behandelt. Es herrschte ein sehr polares Bild von staatlicher Steuerung einerseits und privatem Markt andererseits. Der Gedanke der Wettbewerbseinführung in der öffentlichen Verwaltung wurde nur unter den Stichworten *Privatisierung und Aufgabenkritik* diskutiert. Da aber öffentliche Einrichtungen meist Güter produzieren, die keinem vollständigen Markt (Marktversagen) unterliegen bzw. aus politischen Gründen der Verteilungsfunktion des Marktes entzogen wurden (z.B. Schulbildung), war die Privatisierungsdiskussion schon immer stark ideologisch geprägt und viel kritisiert. Mit NPM wird nun erstmals das Thema Wettbewerb in der öffentlichen Verwaltung systematisiert.

Ziel der Wettbewerbsorientierung (vgl. Kap. 3.4.4) ist nicht eine Überführung bisher staatlicher Leistungserstellung in den privaten Markt, sondern eine staatliche wettbewerbsorientierte Leistungserstellung (vgl. Kap. 1.3.4.1). Mit verschiedenen Mechanismen wird ein *geführter Wettbewerb* (*managed competition*) erzeugt.

Mit **Marktmechanismen** werden die Vorteile des Wettbewerbs genutzt, ohne auf die Vorzüge einer staatlichen Aufgabenverantwortung zu verzichten. Durch die Marktmechanismen schafft die Verwaltung Marktstrukturen für Güter und Dienstleistungen, für die kein privatwirtschaftlicher Markt existiert bzw. der freie private Markt zu suboptimalen und politisch unerwünschten Resultaten führt. Es stehen eine ganze Reihe verschiedener Mechanismen zur Verfügung, wie z.B. Leistungsvergleiche, Ausschreibungen und Contracting Out, wobei jeweils die situativ optimale Variante ausgewählt wird.

Def. 7-1: Marktmechanismen

7.1.2 *Staatliche Institutionen als Marktteilnehmer*

Die Beteiligung privater oder anderer nicht öffentlicher Organisationen an der öffentlichen Leistungserstellung ist international heute recht verbreitet. Insbesondere haben die Erfahrungen aus Grossbritannien und Phoenix gezeigt, dass vor allem das Zusammenwirken von öffentlichem und privatem Sektor bzw. der Wettbewerb zwischen öffentlichen und privaten Anbietern für positive Effekte verantwortlich ist. Zudem wurden auch mit verwaltungsinternen Wettbewerbsmechanismen erfreuliche Resultate erzielt.

Um verschiedene Verwaltungseinheiten untereinander oder auch mit privaten oder anderen nicht öffentlichen Organisationen in ein Wettbewerbsverhältnis zu stellen, müssen als Ausgangslage die berühmten *„gleich langen Spiesse“* für alle Mitbewerber sichergestellt werden. Dabei kann der neu aufkommende Wettbewerb durch die besondere Stellung der öffentlichen Institutionen verfälscht werden:

- Die öffentlichen Institutionen können durch ihre besondere Stellung - z.B. als faktischer Monopolist oder durch Quersubventionierungen aus dem hoheitlichen Bereich in den kommerziellen - gegenüber privaten Anbietern einen namhaften *Marktvorteil* erlangen.
- Die öffentlichen Institutionen können durch ihre besondere Stellung - z.B. wegen der Unterstellung unter das öffentliche Recht - gegenüber privaten Anbietern einen namhaften *Nachteil* erlangen.

Erste Bedingung hierzu ist das Schaffen von Kosten- und Leistungstransparenz in der Verwaltung. Durch die Einführung einer Kosten-Leistungsrechnung soll Klarheit über die tatsächlichen Kosten öffentlicher Leistungserstellung erreicht werden (vgl. Kap. 6.3.2.3). Auch bei verwaltungsinternen Wettbewerbsmechanismen ist eine Abstützung der Vergleichswerte auf inputorientierte Finanzzahlen nicht aussagekräftig, da in der Regel nicht bestimmbar ist, welche Leistungen mit den eingesetzten Mitteln erbracht wurden. Damit fehlt eine Vergleichsgrösse.

Zahlreiche Einwände und Schwierigkeiten werden hinsichtlich einer aussagekräftigen Preis- und Kostenberechnung öffentlicher Leistungserstellung angeführt (Walsh 1995, 91ff.). Im allgemeinen handelt es sich dabei um generelle, nicht verwaltungsspezifische Problemstellungen der Zuordnung von indirekten Kosten, wie z.B. sehr hohe Investitionskosten, hohe Overhead/Verwaltungskosten usw., welche typischerweise auch beim Produktionsprozess der öffentlichen Verwaltung anfallen. Als Bedingung für die wirksame Einführung von Wettbewerbsmechanismen genügt es, die Kosten der Leistungserstellung so zu berechnen, dass keine versteckten Quersubventionierungen enthalten sind.

7.2 Wettbewerbsmechanismen in der öffentlichen Verwaltung

In der Praxis haben sich sehr unterschiedliche Instrumente herausgebildet, mit Hilfe derer Wettbewerbsmechanismen in die öffentliche Leistungserstellung eingeführt werden. Zum Teil handelt es sich dabei um marktähnliche Mechanismen, zum Teil wird die Wettbewerbssituation auch nur simuliert.

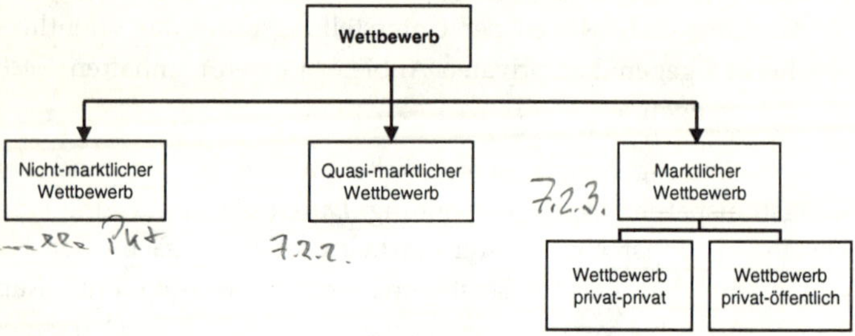

- interne Leistungsverrechnung
- Leistungsvergleich
- Preiswettbewerb
- Benchmarking

- Leistungsvereinbarung
- Aufhebung von Pflichtbezügen
- Wettbewerb innerhalb der Gemeinwesen

- Ausschreibung
- contracting in/out

Abb. 7-1: Formen des Wettbewerbs in der öffentlichen Verwaltung (Wegener 1997, 83)

7.2.1 Nicht-marktlicher Wettbewerb

Für viele Leistungen der öffentlichen Verwaltung gibt es keine Parallelangebote in der privaten Wirtschaft. Die Erreichung von Wandelungs- und Anpassungsfähigkeit durch Konfrontation mit dem privaten Sektor ist daher nicht möglich. Diese Aufgaben gehören zum Kernbereich der staatlichen Tätigkeit und werden auch in Zukunft einen grossen Teil der Haushaltsmittel in Anspruch nehmen. Deshalb müssen in diesen Bereichen Instrumente eingesetzt werden, die ähnliche Wirkungen wie der direkte Wettbewerb von vielen Anbietern zeigen.

Bei den nicht-marktlichen Wettbewerbsformen besteht kein echter Markt. Der Anreiz zur Aufdeckung und Behebung von Ineffizienzen wird hierbei durch *zusätzliche Transparenz* und *Vergleiche* der beteiligten Einheiten geschaffen.

7.2.1.1 Interne Leistungsverrechnung

Über interne Leistungsverrechnungen wird ein verstärktes Kostenbewusstsein der Mitarbeiterinnen und Mitarbeiter der öffentlichen Verwaltung angestrebt. Leistungen eines Bauamtes für den Unterhalt der Verwaltungsliegenschaften, des Finanzamtes für Passivzinsen, Abschreibungen auf Liegenschaften, Materiallieferungen, gegenseitige Beratungen und eine lange Liste weiterer interner Leistungen werden grundsätzlich jenen Stellen belastet, die sie bestellen und beziehen. Hinter der Einführung solcher Verrechnungen steht eine Sicht aus der Anreiztheorie: Erst wer seinen eigenen Konsumentscheid im eigenen (beschränkten) Budget zu spüren bekommt, hat einen ökonomischen Anreiz, den Konsum effizient und effektiv auszugestalten. Deshalb wird im NPM gefordert, interne Leistungsverrechnung einzuführen, die die beeinflussbaren internen Leistungsbezüge betreffen (vgl. auch Kap. 9.1.1 zur Ausgestaltung des Rechnungswesens).

Die Erfassung und korrekte Zuordnung der Kosten ist ein erster wichtiger Schritt zur Kostenwahrheit, garantiert allein aber noch nicht für Effizienz. Es besteht insbesondere kein Anreiz, Kosten zu senken, wenn sie voll auf andere überwälzt werden können. Dieser Anreiz muss demnach geschaffen werden, indem beispielsweise im Verlauf der Budgetverhandlungen auch die Kostenverrechnung intern debattiert werden muss oder indem externe Anbieter als Beschaffungsalternative zugelassen werden. Die Folge daraus wird und soll ein erhöhter Druck auf die internen Lieferanten sein, da die Verwaltungseinheiten beginnen, Kosten-Nutzen-Überlegungen anzustellen. Dies wird verstärkt, wenn wirtschaftliches Verhalten im Rahmen der Globalbudgetierung zu Vorteilen für die Verwaltungseinheiten führt.[1]

7.2.1.2 Leistungsvergleich und Preiswettbewerb

Eine weitere Variante nicht-marktlichen Wettbewerbs ist der reine Datenvergleich zwischen ähnlich gelagerten Institutionen. Man spricht in diesem Zusammenhang von Betriebsvergleichen oder auch allgemein von Leistungsvergleichen (competitive testing). Dieser Prozess, der auch als erster Schritt des Benchmarking betrachtet werden kann, führt zu Erkenntnissen, die der Führung helfen, die richtigen Fragen zu stellen und Abklärungen zu treffen. Zwar besteht damit noch kein echter Markt. Immerhin kann aber ein Vergleichsdruck aufgebaut werden, der ineffiziente Organisationen aufspürt und zielgerichtete Verbesserung ermöglicht.

Für die politische Führung wie auch für die Verwaltung ergeben sich aus Betriebsvergleichen Erkenntnisgewinne, weil sie helfen, gezielte Abklärungen vorzunehmen. Traditionelle flächendeckende Verwaltungsanalysen sollten ergänzt werden durch Methoden des Betriebsvergleichs. Allerdings bleibt zu betonen, dass die reinen Vergleiche nicht für eine Beurteilung ausreichen. Die Tatsache, dass ein Bezirk teurer ist als ein anderer, heisst noch nicht, dass er schlechter ist. Solche Auswertungen bedürfen immer einer vertieften Interpretation.

In Deutschland ist der bekannteste Leistungsvergleich der auf nationaler Ebene durchgeführte Interkommunale Leistungsvergleich der Bertelsmann-Stiftung. Im Rahmen dieses Leistungsvergleichs wurden verschiedene kommunale Aufgabenfelder wie z.B. das

---

1 Wenn etwa Laux (1994, 174) hierzu kritisiert, die Gefahr sei gross, "dass verschiedene Leistungseinheiten bei der Festlegung von Verrechnungspreisen in permanente Streitereien geraten und das Ganze zu einer Art Selbstbeschäftigung ausartet oder der Manipulation Tür und Tor geöffnet" werde, so ist in Erinnerung zu rufen, dass eben diese Preis-Leistungs-Bestimmung bei internen Dienstleistungen Bestandteil des neuen Budgetprozesses sein wird. Es ist nachgerade die Absicht hinter dem Modell, diese Diskussionen auszulösen, um die Lieferanten-Kunden-Beziehung auch im internen Verhältnis klarer zum Vorschein treten zu lassen.

Kfz-Zulassungswesen, das Abgabenwesen oder auch das Einwohnerwesen der Partnerstädte in funktionsfähigen Leistungsvergleichssystemen erfasst und Instrumente zur Umsetzung entwikkelt. Ein Schwesterprojekt „Wirkungsvolle Strukturen im Kulturbereich", an dem inzwischen über 150 Städte und Gemeinden beteiligt sind, analysiert die kommunalen Kulturaufgaben (Adamaschek 1997, 14).

Eine weitere Möglichkeit sind Wettbewerbe um Preise. Aus einer Reihe von Bewerbern werden Gemeinwesen bzw. Verwaltungseinheiten von einer Jury ausgewählt und bewertet. Die Teilnahme oder Qualifikation zu derartigen Wettbewerben kann alleine schon Anreiz für Innovationen und Verbesserungen innerhalb der Verwaltung sein. Einige dieser Wettbewerbe wie z.B. der Carl-Bertelsmann-Preis werden von einer beachtlichen Publicity begleitet und versprechen einen Reputationsgewinn und positive Medienpräsenz für den Gewinner. So sind z.B. die Gewinnerstädte des Bertelsmann-Wettbewerbs Phoenix/USA und Christchurch/Neuseeland heute international bekannte Fallstudien, deren Reformmodelle in Literatur und Praxis hohe Anerkennung finden.

Im deutschsprachigen Raum dominiert v.a. der Speyerer Qualitätswettbewerb, der seit 1992 besonders innovative Verwaltungen und Projekte auszeichnet (vgl. etwa Hill 1996).

7.2.1.3 Benchmarking

Weil es aus zwei wesentlichen Elementen besteht, kann das Benchmarking als Instrument für zwei Dinge eingesetzt werden, die beide für die Verwaltung grosse Bedeutung haben:

a) Der Aspekt des *Lernens* steht vor allem in bisherigen Anwendungen in der Privatwirtschaft im Vordergrund. So ist das Benchmarking Teil des Qualitätsmanagements der einzelnen Institution (hier der Verwaltungseinheit).

b) Der Aspekt des *Vergleichens* wird wichtig, wenn Ineffizienzen ohne Markt aufgedeckt werden sollen. Insofern enthält das Benchmarking eine Wettbewerbskomponente.

Dieser Vergleichsprozess ist Bestandteil eines umfassenderen Konzeptes, das organisatorisches Lernen (*the learning organization*) systematisch fördern soll. In der Betriebswirtschaftslehre bezeichnet das Benchmarking eine Methode, wie sich eine Firma mit anderen, ähnlich gelagerten Unternehmungen vergleichen kann. Dabei soll für jeden einzelnen Teilbereich der Unternehmenstätigkeit der jeweils beste Konkurrent durch Quervergleiche ermittelt werden. Von diesem *Vorbild* soll in der Folge gelernt werden, wie die betrachtete Aufgabe am effizientesten und mit der besten Qualität ausgeführt werden kann.

Mit Einführung des Benchmarking soll der Bezug auf die Vergangenheit durch einen Bezug auf die Gegenwart ergänzt werden. Der Vergleich soll nicht nur mit sich selber, sondern auch mit anderen erfolgen. An dieser Stelle ist der Begriff der *Qualitätsstandards* einzuführen. Sie ermöglichen ein konsequentes Qualitätsmanagement, was wiederum nachhaltig zu einer Leistungsverbesserung in der Verwaltung führen soll. Die über allem stehende Idee heisst: *lernen von den anderen, lernen vom Markt*.

7.2.2 *Quasi-marktlicher Wettbewerb*

Beim quasi-marktlichen Wettbewerb werden Wettbewerbsbedingungen innerhalb der Verwaltung durch Wettbewerbssurrogate geschaffen, ohne dabei auf den privaten Sektor zurückzugreifen. Wie die nicht-marktlichen Wettbewerbsformen finden sich quasi-marktliche Wettbewerbsformen in allen Bereichen, die keinen direkten Wettbewerb zwischen öffentlichen und privaten Anbietern zulassen, oder in Bereichen, die noch nicht dem Wettbewerb zugeführt sind.

7.2.2.1 Verantwortungsdelegation und Kontrakte

Das schon ausführlich erläuterte Instrument der Leistungsvereinbarung verbunden mit der im NPM geforderten Verantwortungsdelegation stellt eine Form quasi-marktlichen Wettbewerbs dar. Zum einen bewirkt die vertragsähnliche Vereinbarung eine Qualitäts- und Bedürfniskontrolle, wie sie im Markt ebenfalls erfolgt.

Zum anderen sind echte Konkurrenzverhältnisse bei der Erbringung von internen Dienstleistungen zu beobachten. Durch die Dezentralisierung entsteht z.B. im Personalbereich Wettbewerb zwischen den Querschnittsämtern und den Fachämtern, indem es beispielsweise den Fachämtern überlassen wird, die Leistungen selbst zu erbringen oder vom Personalamt zu „kaufen".

7.2.2.2 Wettbewerb innerhalb des Gemeinwesens

In grösseren Gemeinwesen werden Aufgaben oft durch verschiedene Betriebe ausgeführt, die sich geografisch voneinander abgrenzen. Dies führt dazu, dass die einzelnen Betriebe in ihrer Region eine faktische Monopolstellung einnehmen und sich oft politisch gegen Veränderungen absichern. Beispiele für öffentliche Betriebe, die sich gegenseitig regional abgrenzen, sind etwa die Schulen, Krankenhäuser, Forstbetriebe und viele mehr.

Markt und Wettbewerb können demnach zwischen Betrieben geschaffen werden, wenn die geografische Bindung aufgehoben wird. So können beispielsweise Überkapazitäten, die heute nachweisbar vorhanden sind, durch eine Ausweitung des Versorgungsgebiets abgebaut werden, sofern die Transaktionskosten einer geografischen Verbreiterung dies zulassen. Dann ist damit zu rechnen, dass Gebietsreformen auf unspektakuläre Art erfolgen werden, was jedoch das konstruktive Mitwirken der Gemeinde- und Regionalpolitikerinnen und -politiker voraussetzt.

Eine weitere Variante, Wettbewerb zwischen den Betrieben zu schaffen, ist die *interne Ausschreibung von Leistungen,* wie sie etwa die integrierte regionale Leistungssteuerung im Gesundheitsbereich des Kantons Zürich vorsieht (Buschor 1994, 48f.). Dieses Modell, das den neuseeländischen Ansätzen nachempfunden ist, geht davon aus, dass sich die öffentlichen Krankenhäuser mit Offerten um ausgeschriebene Leistungen bemühen. Die regionalen Trägerorgane wählen das günstigste und effektivste Angebot aus und schliessen mit dem oder den Lieferanten (den betroffenen Krankenhäusern) eine Vereinbarung ab. Die Folge daraus könnte eine verstärkte Spezialisierung der einzelnen Krankenhäuser sein, was sowohl zu einer Qualitätsverbesserung als auch zu Kostensenkungen führen soll. Voraussetzung ist allerdings, dass die Regionen für die Ausschreibungen so gewählt werden, um verschiedenen Anbietern Platz zu schaffen, d.h. das Marktvolumen genügend gross zu erhalten.

In solchen Situationen kann ein Markt geschaffen werden, indem allfällige Absprachen zwischen den Anbietern aufgehoben werden. Dies heisst, dass beispielsweise die Ausbildungsabteilung des Amtes X auch Kurse für Teilnehmer aus dem Amt Y anbietet und diese durch interne Verrechnungen finanziert. Dasselbe ist grundsätzlich mit Rechtsdiensten, Organisations- und Informatikdiensten und ähnlichen Stabsfunktionen denkbar, die nicht durch fachliche Spezialisierung vollumfänglich an einen Fachbereich gebunden sind.

Als Folge würde eine fachliche Spezialisierung stattfinden, die sich mehr an den materiellen Inhalten als an den organisatorischen Fachbereichen ausrichtet. Einige Probleme stellen sich für alle Fachbereiche gleichermassen; die Schaffung eines solchen internen Marktes könnte somit eine fruchtbare Spezialisierung ermöglichen, ohne formal-organisatorisch zentralisierte Stabsstellen aufbauen zu müssen.

7.2.3 *Marktlicher Wettbewerb*

Bei marktlichem Wettbewerb sollen mittels öffentlicher Ausschreibung kompetente Geschäftspartner gefunden werden, die die Leistung direkt an die Kundinnen und Kunden erbringen. Es können entweder nur private Anbieter konkurrieren oder öffentliche und private Anbieter in Konkurrenz treten. Insbesondere die zweitgenannte Form stellt eine herausragende Innovation der modernen Reformbewegungen dar.

7.2.3.1 Ausschreibungen

Die Ausschreibung (competitive tendering) dient der Suche nach einem kompetenten Partner, der in der Lage ist, eine bestimmte Produktpalette in der gewünschten Form und Zeit zu möglichst günstigen Bedingungen zu liefern. Je nach Form der Ausschreibung werden entweder nur private oder private und öffentliche Anbieter zur Abgabe eines Angebots zugelassen. Ausschreibungen, zu denen nur Private zugelassen sind, sind schon seit langem im Bereich der öffentlichen Vergabe von Bauaufträgen bekannt. Zur Eruierung des wirtschaftlich günstigsten Angebots bei derartigen Submissionen werden z.B. im Kanton Bern folgende Kriterien herangezogen: Termin, Qualität, Preis, Wirtschaftlichkeit, Betriebskosten, Kundendienst, Zweckmässigkeit, Ästhetik, Kreativität, ökologische Anforderungen und technischer Wert (Submissionsverordnung des Kanton Bern Art. 6a lit. b). Erst Ausschreibungsverfahren, bei denen öffentliche und private Anbieter zugelassen werden, stellen eine Innovation im Sinne des NPM zur Förderung des Wettbewerbsgedankens in der Verwaltung dar.

Das prominenteste Beispiel für diese Form des Wettbewerbsmechanismus ist das *Compulsory Competitive Tendering (CCT)* wie es durch die „Local Government Acts" unter der Regierung Thatcher in Grossbritannien grossflächig eingeführt wurde. Die Bestimmungen besagen, dass in den darin aufgeführten Bereichen *zwingend* Ausschreibungen erfolgen müssen. Nach Eingang der Angebote wird ein Kostenvergleich der Leistungserstellung durch die Verwaltung mit derjenigen aller interessierten privaten Leistungsanbieter vorgenommen. Den Zuschlag erhält der Anbieter mit dem preiswertesten Angebot (Gerstelberger/Grimmer/Kneissler 1998, 284). Der Gesamterfolg dieses Projekts wird heute eher kritisch beurteilt, und das flächendeckende Programm wurde wieder aufgehoben. Dennoch lassen die Erfahrungen den Schluss zu, dass in ausgewählten Bereichen, in denen marktfähige Güter erbracht werden, erhebliche Produktivitätssteigerungen durch das CCT erzielt wurden. Die Schwachstelle des britischen Programms lag wohl eher im Stil seiner Einführung und in der radikalen Anwendung auf alle Bereiche der kommunalen Tätigkeit (Naschold 1995, 35).

7.2.3.2 Contracting Out

Von Contracting Out oder auch Auslagerung spricht man, wenn im Anschluss an eine Ausschreibung der Zuschlag an einen Dritten geht (d.h. keine Einheit der öffentlichen Verwaltung). Die Auslagerung von Staatsaufgaben ist die letzte Stufe in einer ganzen Reihe von Instrumenten, die - ohne die Verantwortung für den Aufgabenbereich in die Hände Dritter (Private oder auch andere Gemeinwesen) zu legen - zu mehr Wettbewerb bei der Bereitstellung der Aufgabe führt. Bei der Auslagerung geht es also nicht um die Privatisierung von Staatsaufgaben, sondern um die Entscheidung *make-or-buy* (vgl. Kap. 7.3). Die Aufgaben werden nicht aus dem Grund an Dritte vergeben, weil sich der Staat aus der Verantwortung ziehen will, sondern weil man sich durch den Wettbewerb eine billigere oder qualitativ bessere Bereitstellung erhofft, oder aber auch um die verwaltungsinterne Effizienz zu überprüfen und Know-How Transfers zu ermöglichen.

Oft wird durch Contracting Out tatsächliche Konkurrenz geschaffen, indem nicht nur ein einziger Anbieter alleine zur Leistungserstellung zugelassen wird, sondern mehrere Anbieter die gleiche Leistung anbieten. So wird die Müllentsorgung in Phoenix in der Hälfte der Stadtteile von einem öffentlichen Anbieter erbracht, in den anderen Stadtteilen von verschiedenen privaten Müllunternehmern. In Christchurch erteilen neben den Baubehörden auch verschiedene lizenzierte Ingenieurbüros Baubewilligungen. Durch dieses Vorgehen entsteht tatsächlicher Wettbewerb über die Phase der Ausschreibung hinaus, und die Verwaltung erhält sich selbst Know-how und Kapazitäten, um einer eventuellen privaten Monopolbildung oder dem plötzlichen Ausfall eines Anbieters vorzubeugen (sog. Notfallkapazitäten).

In der Betriebswirtschaftslehre werden make or buy-Entscheide oft mit dem Begriff *Outsourcing* in Verbindung gebracht. Die Unterscheidung zwischen Contracting Out und Outsourcing ist nicht immer eindeutig, und auch in der Praxis werden die Begriffe in verschiedenen Bedeutungen oder als Synonyme verwendet. Für die hier gemachten Ausführungen soll folgende Abgrenzung gelten (vgl. Abb. 7-2): Beschafft sich die Verwaltung Leistungen *zum eigenen Gebrauch*, so sprechen wir von Outsourcing (z.B. Informatikleistungen). Werden die Leistungen *direkt und ohne weitere Verarbeitung* durch die Verwaltung an die Kunden und Kundinnen abgegeben, bezeichnet man dies als Contracting Out.

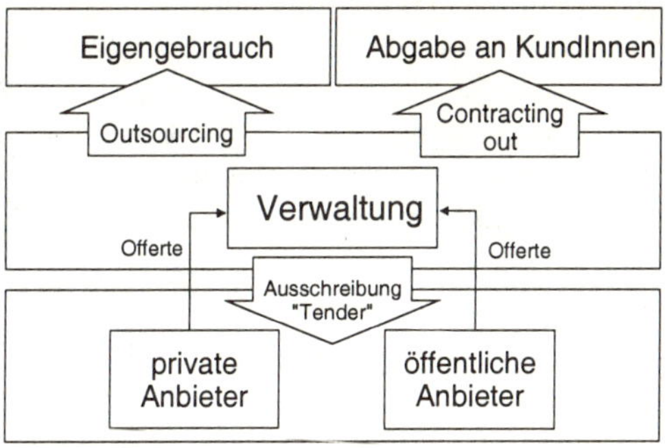

Abb. 7-2: Der Staat als Leistungskäufer

Die Anwendung der verschiedenen Formen des Wettbewerbs variiert sehr stark in den nationalen Modernisierungsbewegungen. Während sich die USA, Grossbritannien und Neuseeland sehr stark zu den marktlichen Wettbewerbsinstrumenten bekennen, ist dieses Element in den deutschen sowie auch in den schweizerischen und österreicherischen Reformen recht gering entwickelt. Die Gründe hierfür liegen wahrscheinlich zum Teil in der strikten Trennung von öffentlichem und privatem Recht, die das angelsächsische Rechtssystem in dem Masse nicht kennt, aber auch in kulturellen Unterschieden. Diese rechtlichen Gegebenheiten erschweren den Einbezug privater Leistungsanbieter. Wettbewerbsorientierung wird hierzulande vor allem durch nicht-marktlichen und Quasi-Wettbewerb eingeführt (Reichard 1997, 59).

7.3 Leistungstiefe im öffentlichen Sektor

7.3.1 *Institutionelle Wahlmöglichkeiten*

Die dargestellten Formen der Wettbewerbsorientierung können nicht in allen Bereichen der öffentlichen Verwaltung in gleichem Masse eingeführt werden. Allgemein kann gesagt werden, dass Formen des marktlichen Wettbewerbs in der Eingriffsverwaltung schwieriger anzuwenden sind als in der Leistungsverwaltung. Wichtig ist jedoch, nicht ganze Aufgabenbereiche von vornherein von Wettbewerbsüberlegungen auszuschliessen, sondern einzelne Schritte von Prozessketten (auch in der Eingriffsverwaltung) auf ihre Wettbewerbsfähigkeit zu testen.

Die dargestellten Formen der wettbewerbsorientierten Leistungserbringung repräsentieren zugleich verschiedene institutionelle Möglichkeiten der öffentlichen Leistungserbringung. Die Frage nach der institutionellen Form der Aufgabenerfüllung, d.h. durch Institutionen des öffentlichen Bereichs oder durch private Institutionen, Non-Profit-Organisationen oder auch Privatpersonen, stellt die Verwaltungen immer wieder vor die Entscheidung, welcher institutionelle Rahmen für welche Arten von öffentlichen Aufgaben in welchen Situationen am geeignetsten ist. Die Wahl des institutionellen Rahmens (sog. *institutional choice*) wird dabei durch die *institutionelle Kompetenz* der verschiedenen institutionellen Arrangements bestimmt. Jede institutionelle Organisationsform verfügt über bestimmte Eigenschaften, die für die Leistungserbringung einer bestimmten öffentlichen Aufgabe besser oder schlechter geeignet sind.

Für Aufgaben, die soziales Engagement benötigen, dürfte eine Non-Profit-Organisation besser geeignet sein als ein gewinnorientiertes Unternehmen. Je besser die institutionellen Kompetenzen mit den Anforderungen der Aufgabe im Einklang stehen, umso leichter fällt das Management des Kontrakts für die Verwaltung.

Es gilt diejenigen institutionellen Arrangements zu finden und anzuwenden, welche durch die institutionelle Kompetenz die Leistungserbringung am besten unterstützen. Die Unterschiede zwischen den Organisationsformen liegen dabei insbesondere in der unterschiedlichen *Zielsetzung* und der vorherrschenden *Aussensteuerung*. Auch die *Finanzierungsform* kann einen bedeutenden Einfluss auf die Wahl des institutionellen Arrangements ausüben (Reichard 1998, 131).

Die Bestimmung der institutionellen Form sagt noch nichts über die Intensität der Kooperation aus. So kann zur weiteren Differenzierung die zeitliche Reichweite mitberücksichtigt werden. Zwischen den beiden Eckpunkten „Einzelauftrag" und „materielle Privatisierung" kann man sich ein gedankliches Kontinuum vorstellen, auf dem Zwischenstufen wie z.B. der Abschluss eines Rahmenvertrags, die Konzessionierung und die funktionale Privatisierung liegen.

7.3.2 *Leistungstiefenanalyse*

Die wissenschaftliche Diskussion zur Leistungstiefenpolitik baut zum grossen Teil auf Befunden der Institutionenökonomie, d.h. dem Transaktionskostenansatz, der Agency-Theorie, der Theorie der Verfügungsrechte und der Vertragstheorie auf. Im deutschsprachigen Raum nimmt das von Naschold et al. (1996) entwickelte Konzept der Leistungstiefenpolitik eine dominierende Stellung bei der theoretischen Analyse der optimalen Leistungstiefe und Institutionenwahl ein.

In diesem Konzept wird die optimale Leistungstiefe einem dreistufigen Beurteilungsprozess unterzogen, wobei zunächst die *strategische Bedeutung* der Leistung für die Gewährleistungsverantwortung, dann die *Spezifität* der einzusetzenden Faktoren und schliesslich die *Effizienz* der Leistungserstellung in der Verwaltung untersucht wird. Aufgrund der Analyse werden Geschäftsfeldempfehlungen betreffend der geeignetsten Erstellungsform abgeleitet, wie in Abb. 7-3 dargestellt. Aufgaben von hoher strategischer Relevanz und hoher Spezifität (Feld A) sollten im Kernbereich staatlicher Aufgaben liegen und aus Transaktionskostengründen intern, d.h. durch die Verwaltung erstellt werden. Wenig spezifische und strategisch unbedeutsame Leistungen (Feld C) sollten eher fremdbezogen werden. Für die übrigen Leistungen (Felder B + D) bieten sich Zwischenformen an, wie der Wettbewerb zwischen öffentlichen und privaten Anbietern oder gesetzliche Normierung und Regulierung. Je effizienter die verwaltungsinterne Leistungserstellung im Vergleich zur verwaltungsexternen ist, desto eher kommt aufgrund von Transaktionskostenüberlegungen die Eigenerstellung in Betracht (Feld C′).

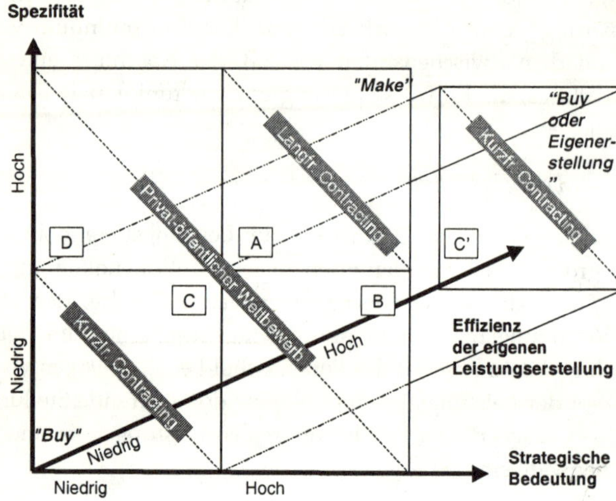

Abb. 7-3: 3-dimensionale Leistungstiefenanalyse (in Anlehnung an Reichard 1998, 151)

Die strategische Bedeutung einer öffentlichen Leistung bestimmt sich danach, ob die fragliche Leistung für die langfristige Gewährleistung eines *Politikprogrammes* relevant ist. Für die make-or-buy-Entscheidung ist die strategische Bedeutung dahingehend wichtig, dass das Politikprogramm bzw. die entsprechenden Leistungen *politisch steuerbar* bleiben. Für alle strategisch bedeutenden Aufgaben muss eine Leistungserbringung gewählt werden, die politisch steuerbar ist. Traditionell wird dabei ein gewisser „Hierarchie-Mythos" gepflegt, der davon ausgeht, dass hierarchische Steuerung im eigenen Haus zuverlässiger funktioniert als die Steuerung Dritter (Reichard 1998, 143). Phänomene wie das „Hierarchieversagen" deuten allerdings darauf hin, dass die Leistungsfähigkeit hierarchischer Strukturen oft überschätzt wird und Transaktionskosten von Markt- und Kooperationsbeziehungen demgegenüber zu hoch eingestuft werden. Neuere Trends in der Betriebswirtschaft gehen daher davon aus, dass durch ein ergebnisorientiertes Kontraktmanagement eine ebenso effektive Steuerung wie durch Hierarchie erreicht werden kann. In Abb. 7-3 ist diese Alternative zur Eigenstellung als Balken „langfristiges Contracting" eingezeichnet. Da Aufgaben und Prozesse in diesem Bereich in der Regel komplex und marktunüblich sind, wird man eine längerfristige Kontraktbeziehung eingehen müssen, um die Interessen beider Kontraktpartner zu wahren (vgl. auch unten).

Unter Spezifität versteht man die exklusive Ausrichtung und zur Verfügung Stellung von Ressourcen für eine bestimmte Leistung. Hohe Spezifität birgt ein grosses Risiko von *sunk costs*[2] und steigert daher das gegenseitige Bindungserfordernis bei Kooperationen (daher auch langfristige Kooperationsbeziehungen im Feld A). Hohe Spezifität führt meist zur Ausweitung der eigenen Kapazitäten und Strukturen. Im Rahmen der Leistungstiefenanalyse sollte man sich daher nicht damit begnügen, einen bestimmten Spezifitätsgrad festzustellen, sondern - wo immer sinnvoll und möglich - eine Entspezifizierung anstreben. Der vermehrte Einsatz von Informations- und Kommunikationstechnologie und die damit einhergehende Standardisierung können einen solchen Abbau von Spezifität bewirken. Wenig spezifische und strategisch unbedeutende Leistungen können relativ unproblematisch auf dem Markt bezogen werden, wie z.B. Gebäudereinigungsarbeiten. Das Kontraktverhältnis

---

[2] Als sunk costs (versunkene Kosten) werden Aufwendungen bzw. Investitionen für bestimmte Aufgaben bezeichnet, die durch Verzicht auf die Aufgabe „verloren" gehen.

wird als „kurzfristig" bezeichnet, da keine aufwendigen Vorbereitungs- und Auswahlarbeiten vorangehen müssen.

Im Rahmen der Effizienzanalyse geht es um Fragen der minimalen Gesamtkosten, die sich im wesentlichen aus Produktions- und Beschaffungs- sowie aus Transaktionskosten zusammensetzen.

7.3.3 *Aufgabenkritik*

In den letzten Jahrzehnten hat sich der staatliche Aufgabenbereich kontinuierlich ausgeweitet. Im Rahmen einer Leistungstiefenanalyse stellt sich daher auch die Frage, ob allen diesen Aufgaben nach wie vor eine so hohe Priorität zugemessen wird, dass sie zu den staatlichen Aufgaben gezählt werden müssen. Die damit verbundene Ausweitung des Staatsapparates, sowie die finanziellen und sonstigen Rahmenbedingungen, verlangen eine regelmässige *Überprüfung der im Aufgabenkatalog des Staates befindlichen Tätigkeiten*. Mit der Methode der *Aufgabenkritik* sollen Aufgaben des Staates identifiziert werden, für die keine Notwendigkeit einer staatlichen Wahrnehmung mehr besteht. Solche Aufgaben sollten mittels *Privatisierung* aus dem staatlichen Bereich herausgenommen werden. Welche Aufgabenbereiche hiervon betroffen sind, ist eine politische Entscheidung, die nicht alleine nach betriebswirtschaftlichen Kriterien zu treffen ist.

Die Methode wurde in den 70er Jahren entwickelt, um das stetige Anwachsen des Staates und seiner wahrgenommenen Aufgaben zu bremsen (vgl. KGSt 1989). Dabei wird grundsätzlich zwischen Zweckkritik (Überprüfung des Zwecks der Aufgabe) und Verfahrenskritik (Überprüfung des Prozesses, wie die Aufgabe erfüllt wird) unterschieden.

Um die Sozialstaatlichkeit zu erhalten, muss eine *qualitative Aufgabenkritik* vorgenommen werden. Deren Ziel ist nicht einfach die Reduktion des Staates auf den Kernbereich öffentlicher Aufgaben, wie z.B. Rechtsprechung und innere und äussere Sicherheit. Im Gegensatz zu einem quantitativen Ansatz sieht die qualitative Aufgabenkritik die Privatisierung nicht als Selbstzweck, sondern fordert diese nur, wenn sie unter Berücksichtigung der Bedürfnisse

 + HB 38, 42, 105

der Menschen im Sozialstaat möglich ist (Sachverständigenrat „Schlanker Staat“ 1997, 49).

Aufgabenkritik und NPM stehen in einem harmonischen Verhältnis zu einander:

- Die durch NPM geschaffene Transparenz von Leistungen und Wirkungen, aber auch bezüglich Effizienz und Effektivität der Verwaltung, ermöglicht eine fundierte Aufgabenkritik
- Das kritische Überprüfen der Notwendigkeit staatlicher Aktivitäten sollte grundsätzlich am Anfang jedes –Reformprozesses stehen.

7.4 Fragen zur Diskussion

- Das Konzept der *managed competition* wird von verschiedenen Seiten kritisch beurteilt. Welche Positionen könnten gegenüber dem Konzept aus Sicht der unterschiedlichen Disziplinen (Betriebswirtschaft, Rechtswissenschaft, Politikwissenschaft und Ökonomie) vorgebracht werden?

- Die Forderung nach marktlichem Wettbewerb im NPM trifft sich mit der internationalen Entwicklung (etwa im Zusammenhang mit den WTO-Bestimmungen), wonach öffentliche Aufträge immer mehr offen ausgeschrieben werden müssen. Gleichzeitig stellen wir fest, dass private Auftraggeber ihre Aufträge oft innerhalb einer vordefinierten Gruppe vergeben, also nicht im gleichen Ausmass ausschreiben. Dies wird seine Gründe haben. Wie beurteilen Sie die Forderung nach konsequenter Ausschreibung durch die öffentliche Hand? Was spricht für, was gegen die Auftragsvergabe innerhalb vorhandener Netzwerkstrukturen?

- Mit Marktmechanismen soll der frische Wind des Wettbewerbs durch die Amtsstuben wehen. Wie wird Ihres Erachtens das System Verwaltung auf diese „Störung" reagieren?

- Die Aufgabenkritik ist schon vor Jahren als Methode entwickelt, jedoch bislang nur in wenigen Fällen wirklich erfolgreich umgesetzt worden. Was spricht dafür, was dagegen, dass sie im Zusammenhang mit dem NPM besser eingesetzt werden kann?

8 NPM und Recht

Das NPM wäre keine grundsätzliche Reform, wenn es nicht in einem gewissen Spannungsfeld zum geltenden Recht stehen würde. Auf die Verschiedenartigkeit der Steuerungsmechanismen des NPM (Leistungsvereinbarung, Globalbudget, Marktmechanismen) im Vergleich zu den herkömmlichen Mechanismen wurde schon mehrfach hingewiesen. Im Unterschied zum privaten Sektor kann der Staat und die öffentliche Verwaltung diese Neuerungen aber nicht einfach im Rahmen umfassender Restrukturierungsprojekte einführen. Die Grundprinzipien der jetzigen staatlichen Organisation, wie sie in den Normen des öffentlichen Rechts festgelegt sind, stellen das Ergebnis einer jahrhundertelangen Entwicklung dar, deren Errungenschaften nicht leichtfertig übergangen werden dürfen. Eine zentrale Rolle im modernen Rechtsstaat kommt dabei der Bindung des Staates an Recht und Gesetz zu, die den Bürger bzw. die Bürgerin vor einer Willkürherrschaft von Verwaltung und PolitikerInnen schützt. Unkontrolliertes und nicht demokratisch legitimiertes Handeln des Staates wird damit ausgeschlossen. Wenn NPM die Autonomie der Verwaltung verändert, betrifft dies zwangsläufig auch diesen rechtlichen Schutz der BürgerInnen vor Willkür. Es gilt aufzuzeigen, in welchen Bereichen sich Spannungen zwischen den geltenden gesetzlichen Regelungen und den geforderten Neuerungen ergeben, und wie diese Spannungen abgebaut werden können, ohne dabei die Grundprinzipien des Rechtsstaats und der Demokratie aufzugeben.

Das NPM stellt nicht den Rechtsstaat zugunsten eines Leistungs- und Effizienzstaates in Frage, sondern sucht in den Bahnen des Rechtsstaats neue Wege für vermehrte Leistungs- und Wirkungsorientierung. Im folgenden werden kurz einige ausgewählte Diskussionsfelder dargestellt.

8.1 Inhalt und Form der Gesetze

Die Wirkungs- und Leistungsorientierung des NPM bedeutet für das Recht, dass Gesetze und andere Rechtsnormen vermehrt Zielvorgaben und Grundsatzregelungen enthalten sollen. Bestehende Rechtsnormen geben meist konkrete Verhaltenspflichten nach dem „Wenn-Dann"-Schema vor. In der Literatur wird diese Forderung allgemein als Übergang von der konditionalen (Wenn-Dann) zur finalen (zielbezogenen) Programmierung diskutiert (Luhmann 1993, 195ff.). Die konditionale Programmierung legt das „Wie" der Leistungserbringung fest und schränkt damit die Handlungsfreiheit der Verwaltung in der Wahl der Mittel stark ein. Sie erlaubt auf der anderen Seite der erlassenden Stelle die Handlungsweise (nicht aber die Wirkungen und Ergebnisse) der anwendenden Stellen zu steuern. Dies geschieht u.a. in folgenden Annahmen: 1) der Weg zum Ziel ist für die Politik relevant, da er selbst Gestaltung neuer Politik sein kann, und 2) durch Festlegen des Weges kann die Zielerreichung mit genügender Genauigkeit beeinflusst werden. NPM stellt vor allem die zweite Annahme in Frage.

Durch vermehrte finale Programmierung in der Gesetzgebung soll eine Orientierung des Gesetzesvollzugs an Zielen, Ergebnissen und Wirkungen erreicht werden. Einerseits wird der Verwaltung damit ein grösserer operativer Handlungsfreiraum zugestanden, andererseits nähme der Einfluss des Parlamentes (Rates) durch die Beschränkung der gesetzlichen Vorgaben auf Ziele und Rahmen ab. Um diesen Bestimmtheitsverlust der Gesetze auszugleichen, führt NPM eine nicht-gesetzliche Schiene der Wirkungssteuerung ein, die Parlament und Regierung zur Verfügung stehen sollen. Die Zielvorgaben müssen daher so genau umschrieben sein, dass eine nachträgliche Kontrolle der Verwaltung durch das Parlament möglich ist (Sutter-Somm 1998, 52).

Auch bei einer stärkeren Betonung von Wirkungen und Leistungen staatlichen Handelns wird die rechtsstaatliche und demokratische Bedeutung des Legalitätsprinzips im Grundsatz aufrecht erhalten (Maier 1999, 215). Durch Gesetze wird das Handeln der Verwaltung (indirekt) demokratisch legitimiert. Dem Parlament bleibt es auch unter NPM vorbehalten, im Einzelfall detaillierte und konditional programmierte Regeln zu erlassen, wenn dies politisch erwünscht oder auch als Sanktion gegenüber der Verwaltung nötig ist (Mastronardi 1998, 85). Das Parlament kann nicht gegen seinen

Willen auf den Erlass finaler Normen beschränkt werden, sondern lediglich zu einer *Selbstbeschränkung* aufgefordert werden.

In seiner rechtsstaatlichen Funktion sorgt das Legalitätsprinzip für die Rechtssicherheit, die Rechtsgleichheit und den Rechtsschutz bei der Rechtsanwendung. Das Handeln der Staatsorgane soll für die Bürgerin und den Bürger voraussehbar sein. Sie sollen aus den Rechtssätzen entnehmen können, unter welchen Bedingungen eine Rechtswirkung eintritt und welches seine Rechte und Pflichten sind (Rechtssicherheit). Dabei sollen dank der gleichen Verfahren keine sachlich unbegründeten Unterschiede vorliegen (Rechtsgleichheit). Die BürgerInnen sollen die Möglichkeit haben, den Entscheid einer Behörde in einem Rechtsmittelverfahren durch mindestens eine andere Behörde überprüfen zu lassen (Rechtsschutz).

Um diesen Anforderungen gerecht zu werden, sind Gesetze in generell-abstrakter und genügend bestimmter Form erlassen. Die Norm richtet sich an eine unbestimmte Zahl von Adressaten und Fällen und macht eine genügend konkrete Aussage über das Verhalten der Behörden. Wenn nun Rechtsnormen – insbesondere auch solche, die Rechte und Pflichten des Einzelnen festlegen - aufgrund der Forderungen des NPM offener formuliert werden und die rechtsanwendenden Behörden damit einen grösseren Spielraum bekommen, kann die Vorhersehbarkeit und die Gleichmässigkeit der Entscheidungen im Einzelfall darunter leiden. Auch für die Überprüfung durch rechtsprechende Organe ergeben sich neue Problemstellungen, wenn im Gesetz keine klaren Bestimmungen vorhanden sind (Müller 1995, 16). Bislang bleibt offen, inwiefern die Wirkungsvorgaben des NPM als Beurteilungskriterien für die Justiz an die Stelle normativer Regelungen treten können.

Wirkungsvorgaben sind statistischer Natur und daher grundsätzlich nicht geeignet, Ansprüche in Einzelfällen zu begründen. NPM und Legalitätsprinzip stossen somit auf zwei Ebenen aneinander:

- NPM betrachtet die kollektive Ebene der Durchschnittswirkung in seinen Leistungsvereinbarungen, das Legalitätsprinzip betrifft die individuelle Ebene des Rechtsanspruchs.

- NPM orientiert sich am Output und Outcome, die Legalität hingegen beschlägt das „Wie" des Handelns, den Input, der zur Leistung nötig ist.

Eine Abnahme der Regelungsdichte und vermehrte finale Programmierung sind je nach Gebiet unterschiedlich zu beurteilen. Nach der Judikatur des österreichischen Verfassungsgerichtshofs ist die finale Programmierung in der planenden, gestaltenden und leistenden Verwaltung schon heute mit den Anforderungen des Rechtsstaates vereinbar (Hartmann/Pesendorfer 1998, 342). Ebenso sind auch in Deutschland und der Schweiz in einigen Rechtsgebieten, wie z.B. im Bau-, Planungs- und Umweltrecht, auch heute schon finale Regelungen anzutreffen (Hill 1998a, 69). Überall dort hingegen, wo durch Rechtsnormen primär rechtsstaatliche Garantien des Einzelnen (wie Rechtssicherheit und Rechtsgleichheit) gewährleistet werden, ist eine detaillierte Regelung durch die Gesetzgebung erforderlich. Konditionalprogrammierung und detaillierte Gesetzgebung wird deshalb auch unter NPM in gewissen Massen weiter bestehen, wobei angestrebt wird, die Verwendung der finalen Programmierung auszuweiten.

8.2 Rollenzuweisung der Führungsgremien und Gewaltenteilung

Ein wesentliches Anliegen des NPM ist die veränderte Aufgaben- und Rollenzuteilung an Politik und Verwaltung. Grundsätzlich wird gefordert, dass das Parlament/der Rat die politische Richtung bestimmt, während die Regierung/Verwaltungsführung die dafür notwendigen Massnahmen trifft. Ziel dieser neuen Rollenzuweisung ist es, der Verwaltung mehr Freiraum bei der Erfüllung ihrer Aufgaben zukommen zu lassen. Die dahinterstehende Überlegung ist, dass die Exekutive oftmals die (betriebswirtschaftlich gesehen) kompetentere Stelle bei der Lösung operativer Fragen wie z.B. Organisationsproblemen ist.

Die Gewährung von operationeller Freiheit wirft das staatsrechtliche Problem der Gesetzesdelegation auf. Nach der traditionellen Auffassung des Gewaltenteilungsprinzips steht alleine den Legislativorganen die (rechtliche) Kompetenz zum Erlass von Gesetzen zu. Jede Übertragung dieser Kompetenz auf die Exekutive steht im Widerspruch zu diesem Prinzip und ist daher an strenge rechtliche Bedingungen geknüpft. Im Rahmen der von NPM vorgeschlagenen Rollenzuweisung wird die Exekutive befugt, organisationelle Fragen - und damit Organisationsrecht - selbständig zu regeln, wie dies bereits heute vielerorts üblich ist. Hinsichtlich der Durchführung öffentlicher Aufgaben kommt der Exekutive Rechtsetzungskompetenz zu (Sutter-Somm 1998, 59).

Das NPM führt damit zu einem veränderten Zusammenwirken der Gewalten. Während die Gewaltentrennung auf dem Prinzip strikter Kompetenzzuweisung beruht, wird im NPM vermehrt auf die Kooperation der beiden Behörden gesetzt (Mastronardi 1998, 81). Die Ausweitung der Kompetenzen der Exekutive soll dabei aber nicht auf Kosten des Parlaments gehen. Vielmehr ermöglicht die Fokussierung auf strategisch wesentliche Fragen und die Unterstützung der Steuerungsfunktionen durch Controlling-Instrumente dem Parlament, seine Aufgabe wirkungsvoller und bewusster wahrzunehmen als bisher. Die Frage, ob das Spannungsfeld zwischen Legalitätsprinzip, Gewaltenteilung und NPM aufgelöst werden kann, ist Gegenstand laufender Diskussionen. Voraussetzung hierfür ist allerdings die Bereitschaft, den Verlust an Steuerung über Gesetze und detaillierte Inputvorgaben durch Controllinginstrumente zu ersetzen. Ein solcher Übergang wird in Organisationsfragen und in der Leistungsverwaltung einfacher zu vollziehen sein als in der Eingriffsverwaltung.

8.2.1 *Dezentrale Führungsstrukturen vs. Organisationsrecht*

Das Organisationsrecht hat im Rahmen seiner rechtsstaatlichen und demokratischen Komponente insbesondere den Zweck, das Verhalten der Regierung und der Verwaltung zu regeln. Geht man davon aus, dass die Verwaltungsstrukturen oder die Zuweisung bestimmter Aufgaben an bestimmte Stellen einen Einfluss auf die Politik haben, so werden diese Fragen folgerichtig politisch geregelt. Die Verwaltung soll dann auch im internen Verhältnis keine Handlungen vornehmen können, die nicht durch das Parlament legitimiert sind. Die modernere Entwicklung geht – unabhängig von NPM, aber mit ihm im Einklang – in die Richtung vergrösserter Organisationsautonomie. Auch in der Schweiz wurde mittlerweile in fast allen Gemeinwesen die Organisationskompetenz der Regierung zugewiesen, so dass diese ihrer Funktion als Verwaltungsführungsorgan nachkommen kann.

Hierarchie spielt im traditionellen Verwaltungsaufbau eine herausragende Rolle, da sie die Wahrnehmung der demokratischen Verantwortlichkeit für das Verwaltungshandeln sicherstellt.

Werden nun im Rahmen des NPM dezentrale Verwaltungseinheiten geschaffen, denen eine grössere Autonomie zugestanden wird, steht dies in Widerspruch zu den eben beschriebenen Organisationsgrundsätzen. Dabei werden nicht nur die Kompetenzen der Regierung und Verwaltungsführung ausgeweitet, sondern insbesondere auch der Handlungsspielraum der einzelnen untergeordneten Verwaltungseinheiten.

Die Vergrösserung der Autonomie der Verwaltungseinheiten erschwert aus juristischer Sicht die Geltendmachung von Verantwortlichkeiten (Häfelin/Müller 1998, 263). Wenn sich die rechtlichen Vorgaben weitgehend auf Zielvereinbarungen (Kontrakte) beschränken, existieren weniger konkrete Beurteilungskriterien, an denen das Handeln der Verwaltung gemessen werden kann. Zum anderen wird befürchtet, durch Auflockerung der strengen Hierarchie werde die nachträgliche Zuordnung politischer und administrativer Fehlleistungen an Verantwortliche erschwert.

Als Ausgleich bietet das NPM Leistungsvereinbarungen, Kontrakte und das Controlling an. Da grundsätzlich durch organisatorische Regelungen nicht in die Rechte und Pflichten von Einzelnen eingegriffen wird, sollte eine derartige Umgestaltung der Verwaltungsorganisation möglich sein. In den Bereichen, in denen organisatorische Fragen von grosser politischer Bedeutung sind, wie z.B. im Verhältnis von Legislative und Exekutive, werden nach wie vor detaillierte Regelungen notwendig sein.

8.2.2 *Dezentrale Führungsstrukturen vs. Personal- und Dienstrecht*

Die dezentralen Verwaltungseinheiten sollen nach Möglichkeit vermehrte Kompetenzen für das eigene Personal erhalten. Diese Forderung ergibt sich als Konsequenz der Ergebnisverantwortung. Wenn die Verwaltungseinheiten für ihre Ergebnisse verantwortlich gemacht werden, muss ihnen die Chance zugestanden werden, diese Ergebnisse zu beeinflussen. Da das Personal in allen dienstleistungsorientierten Organisationen einen erheblichen Erfolgsfaktor darstellt (vgl. Kap. 10), ergeben sich zwangsläufig Spannungen zum aktuellen Personalwesen in der Verwaltung.

Die Schranken des Personalrechts sind in Deutschland und Österreich grösser als in der Schweiz. Für alle drei gilt jedoch die Besonderheit einer parlamentarischen Kompetenz zur Festlegung des Stellenplans. Eine effiziente und bedarfsgerechte Stellenbewirtschaftung liegt damit (noch) nicht in der Kompetenz der Verwaltungseinheiten. Des weiteren ist das traditionelle öffentliche Personalwesen durch eine starre Besoldungsordnung gekennzeichnet, die den Lohn nicht von der Leistung, sondern von Rang und Dienstalter abhängig macht. So legt z.B. in Deutschland ein Bundesgesetz bzw. Rechtsverordnungen im Detail die Besoldung jedes einzelnen Beamten und jeder einzelnen Beamtin bei Bund, Ländern und Gemeinden fest (Herbig 1997, 560). Möglichkeiten, besondere Leistungen oder grössere Verantwortung durch das Gehalt zu entschädigen, bieten sich kaum. In Deutschland und Österreich kommt zudem die lebenslängliche Bindung bzw. Unkündbarkeit der Beamtinnen und Beamten und die Spezifität der Ausbildung hinzu, durch welche die Mobilität des Personals enorm eingeschränkt ist (Herbig 1997, 560).

Eine Änderung im Personalrecht wird in Deutschland noch einige Zeit in Anspruch nehmen (Banner 1995, 57). In Österreich ist die Institution der Beamten durch die Verfassung geschützt (Hartmann/Pesendorfer 1998, 354). In der Schweiz sind die Bestrebungen auf diesem Gebiet dagegen weiter: Der Bund und viele Kantone sind gerade dabei den Beamtenstatus abzuschaffen und modernere Rechtsgrundlagen für das Personalwesen einzuführen.

Bei der Reformdiskussion darf nicht ausser Acht gelassen werden, dass der Staat als Arbeitgeber an die Verfassung gebunden ist und seine Personalpolitik daher anderen Massstäben genügen muss als in der privaten Wirtschaft (Rechtsgleichheit, Willkürverbot, Sozialverpflichtung). Der Eigennutz der Mitarbeiterinnen und Mitarbeiter darf keinesfalls Übergewicht über die öffentlichen Interessen erlangen (Mastronardi 1998, 76; Hartmann/Pesendorfer 1998, 354).

8.2.3 *Globalbudgetierung vs. Finanz- und Haushaltsrecht*

Die Globalbudgetierung verstösst gegen verschiedene Grundsätze des Haushaltsrechts (vgl. Kap. 6.3.1). Die ursprünglichen Steuerungsinstrumente und -mechanismen des Parlaments werden stark eingeschränkt. Im Gegenzug bietet das NPM dem Parlament aber neue Instrumente und Einflussmöglichkeiten, die eine wirkungsvollere und wirkungsorientierte Führung versprechen. Der Erfolg dieses Konzepts hängt entscheidend davon ab, dass ein unterstützendes Steuerungsinstrumentarium zur Verfügung gestellt wird (Bertelsmann-Stiftung/Saarländisches Ministerium des Inneren 1997, 25). Dies sind insbesondere Indikatoren, Standards und andere Kennzahlen durch die dem Parlament eine laufende Überwachung der Leistungsaufträge gestattet ist.

Da in Deutschland die Grundsätze des Haushaltswesens zentralistisch für alle Gemeinwesen in einem Bundesgesetz geregelt sind (Haushaltsgrundsätzegesetz HGrG), ist eine Umstellung oder Anpassung des Haushaltswesens hier relativ schwerfällig durchzusetzen. Kommunen, die NPM-Reformen umsetzen, führen aus diesem Grund zwei parallele Haushalte: einen nach bundesgesetzlichen Grundsätzen, einen anderen nach produktorientierter Globalbudgetierung. Der Aufwand hierfür ist nicht zu unterschätzen. In der Schweiz haben die Kantone mit ihren Gemeinden ihr eigenes Haushaltsrecht und eigene Finanzhoheit. Am häufigsten werden die neuen Steuerungsinstrumente hier im Rahmen von Experimentier- oder Ausnahmeklauseln erprobt. Nach Abschluss der Pilotphasen werden dann entsprechende Gesetzesänderungen vorgenommen werden. Das Finanzhaushaltsgesetz des Bundes (Art. 38a FHG) hat ferner bereits eine allgemein gehaltene Rechtsgrundlage für die Führung mit Globalbudgets geschaffen, welche für Verwaltungsbereiche, die nach Leistungsaufträgen geführt werden, eine besondere Regelung der Rechnungslegung zulassen. Abweichungen von den Grundsätzen der Rechnungsführung sind darin vorgesehen.

8.3 Rechtsnatur der Leistungsvereinbarungen

Die traditionellen, rechtlichen Steuerungs- und Führungsinstrumentarien von Politik und Verwaltung sind für eine NPM-Steuerung nicht geeignet. Die bedeutendste Rolle im neuen „Werkzeugkasten" kommt dabei (neben dem Globalbudget) der Leistungsvereinbarung zu, die auf allen Ebenen der Verwaltung - unterstützt durch ein ausgebautes Controlling - zum zentralen Steuerungsinstrument wird.

Die formellen Führungsinstrumente des traditionellen Verwaltungssystems sind im Staats- und Verwaltungsrecht kodifiziert. Dies entspricht dem Prinzip der Machtbändigung durch Gesetze (Riklin 1997, 3). Auch wenn im traditionellen System bereits informelle, nicht kodifizierte Führungsinstrumente neben den formellen bestehen, verlangt die zunehmende Bedeutung der Leistungsvereinbarungen, diese rechtlich zu qualifizieren.

Aus rechtlicher Sicht sind insbesondere zwei Grundtypen von Leistungsvereinbarungen zu unterscheiden: die Leistungsvereinbarung kann verwaltungsinterne Management-Vereinbarung sein, sie kann aber auch zur Festlegung öffentlicher Aufgaben mit rechtlich selbständigen (verwaltungsexternen) Dritten dienen. Obwohl das Instrument der Leistungsvereinbarung auch im verwaltungsinternen Gebrauch gedanklich an einen privatrechtlichen Vertrag angelehnt ist, erfasst die heutige Rechtsordnung die verwaltungsinternen Leistungsvereinbarungen nicht. Es steht folglich nicht fest, ob ihnen eine rein motivierende Bedeutung zukommt oder es sich - wie Mastronardi (1998, 110ff.) für die Schweiz argumentiert - um eine besondere Form der Verwaltungsverordnung handelt. Die Durchsetzung der Leistungsvereinbarung beruht nach wie vor auf Verwaltungshierarchie und den Amtspflichten der Beteiligten. Leistungsvereinbarungen, die mit rechtlich selbständigen Dritten abgeschlossen werden, sind hingegen verbindliche Verträge, die auf dem Rechtsweg durchgesetzt werden können (ausführlicher vgl. Hartmann/Pesendorfer 1998, 345).

Obwohl es sich nach Mastronardi (1998, 113) bei Leistungsvereinbarungen lediglich um unjuristische Bezeichnungen für einen kooperativen Führungsstil handelt und das Instrument auch heute schon rechtlich einzuordnen ist, wird eine gesetzliche Fixierung über kurz oder lang notwendig sein. Einerseits müssen das Verfahren, die Mitwirkungs- und Einflussmöglichkeiten der verschiedenen Organe und Stellen verbindlich geklärt werden, andererseits stellen sich besondere Fragen, wenn eine Verwaltungseinheit mit anderen verwaltungsexternen Stellen in Wettbewerb gesetzt wird. Neben der Globalbudgetierung sind so z.B. auf Bundesebene in der Schweiz ebenfalls die rechtlichen Grundlagen für Leistungsvereinbarungen geschaffen worden (Regierungs- und Verwaltungsorganisationsgesetz RVOG).

8.4 Kommerzielle Tätigkeiten der Verwaltung

Ein besonderes Problem stellt sich hinsichtlich der Beurteilung kommerzieller Tätigkeiten der Verwaltung, die in Konkurrenz zur Privatwirtschaft ausgeübt werden. Nach dem Legalitätsprinzip darf die Verwaltung nur diejenigen Aufgaben wahrnehmen, die ihr per Gesetz aufgetragen werden. Ordnungspolitisch ist es ausserdem grundsätzlich fragwürdig, wenn der Staat als Wettbewerbsteilnehmer in Märkte privaten Wirkens eindringt. Im Rahmen der erweiterten Handlungsautonomie und Ergebnisverantwortlichkeit der Verwaltungseinheiten stellt sich die Frage, inwieweit diese gewinnbringende Zusatztätigkeiten aufnehmen können, um z.B. Überkapazitäten mit derartigen Leistungen auszulasten oder auch um sich gelegentlich einem tatsächlichen Markttest zu stellen. Eine allgemein gültige Antwort auf diese Frage zu finden, ist schwierig.

Die kommerzielle Tätigkeit von Verwaltungseinheiten ist kein primäres und zwingendes Anliegen des NPM. Nach betriebswirtschaftlicher Logik darf allerdings davon ausgegangen werden, dass dadurch positive Anreize hinsichtlich Wettbewerbsfähigkeit und Ergebnisverantwortung geschaffen werden können. Hingegen stossen auch auf Seiten der Reformbefürworter die rechtlichen Einwände auf Verständnis. Neben dem Erfordernis der gesetzlichen Grundlage für ein staatliches Handeln sind dabei insbesondere *wirtschaftsverfassungsrechtliche Fragen* ausschlaggebend. Über die Handhabung der Wirtschaftsverfassung in der Praxis streiten sich die Lehrmeinungen, und die Gerichtspraxis in den einzelnen Staaten ist sehr unterschiedlich. Man wird daher abwarten müssen, inwieweit eine solche Tätigkeit zugelassen wird. Eine gesetzliche Ermächtigung wird aber in jedem Fall erforderlich sein.

An dieser Stelle wurden einzelne ausgewählte rechtliche Aspekte des NPM aufgezeigt. NPM als Konzept der Verwaltungsführung setzt einen etablierten und funktionsfähigen Rechtsstaat voraus (vgl. Kap. 2.3). Ziel des NPM ist damit nicht die Schwächung des Rechtsstaats und der Demokratie, sondern eine ausgewogenere Berücksichtigung rechtlicher und ökonomischer Erfordernisse.

8.5 Fragen zur Diskussion

- Es wurde die Aussage gemacht, dass NPM nur auf dem Fundament eines funktionierenden und demokratischen Rechtsstaates funktionieren kann. Welche Konsequenzen hätte dies für die Schwellenländer? Wie beurteilen Sie die Aussage generell?

- NPM bedingt die Änderung einiger gesetzlicher Bestimmungen. Ist dies nach Ihrer Meinung eher förderlich oder eher behindernd für die Einführung von NPM?

- Wie ist die NPM-typische Forderung nach vermehrter finaler Steuerung im öffentlichen Sektor zu beurteilen?

- NPM fordert stellenweise die Ablösung hierarchischer Strukturen durch flexiblere Organisationsformen („Zelte statt Paläste"). Wo sind die Grenzen solcher Veränderungen?

- Welche Auswirkungen hat das NPM auf die demokratischen Abläufe und die Machtverteilung, wenn die Instrumente der politischen Einflussnahme wie im NPM vorgesehen verändert werden?

- Warum sind statistische Vorgaben für die rechtliche Behandlung im Einzelfall nicht tauglich?

POTENTIALE – INSTRUMENTE UND RESSOURCEN DES NPM

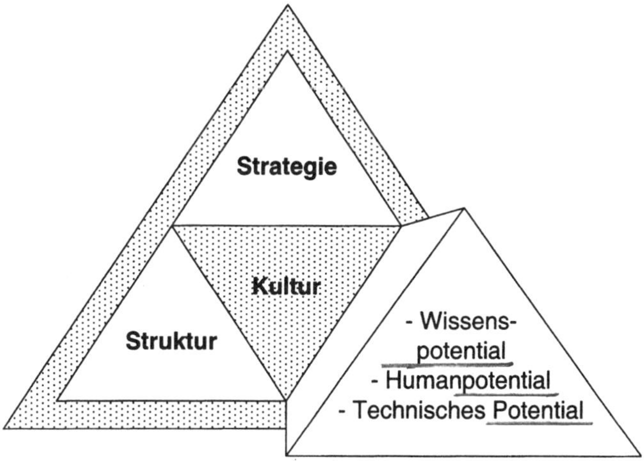

9 Wissenspotential: Informationswesen

Die Anforderungen an Inhalte, Form und Verfügbarkeit von Informationen in der wirkungsorientierten Verwaltung unterscheiden sich wesentlich von den traditionellen. Die Verwaltungen, aber auch die politischen Institutionen, werden daher aufgefordert, das in der Organisation vorhandene Wissen systematisch zu erheben, aufzubauen und besser zugänglich zu machen. Die Rechnungs- und Informationssysteme der Zukunft bauen unausweichlich auf einer modernen Informationstechnologie (vgl. Kap. 11) auf, die für die Verwaltung zu einer *conditio sine qua non* wird. In der Folge soll auf das notwendige Wissenspotential vertieft eingegangen werden.

9.1 Organisationswissen: Rechnungswesen und Controlling

Sobald ein Verwaltungsmanager nicht mehr alle Tätigkeiten, die in seiner Organisation ausgeführt werden, persönlich überwachen kann, benötigt er für die Führung Informationen. Als kreisförmigen Vorgang beschreibt Ulrich (1990, 15) die Führungsfunktionen Kontrollieren, Entscheiden und In Gang setzen bereits im St. Galler Management-Modell, und an diesen Grundfunktionen hat sich nichts geändert. Seit den 90er Jahren wird auch in der deutschsprachigen Verwaltung immer öfter der Begriff des Controlling verwendet, allerdings fälschlicherweise gern mit „Kontrolle" verwechselt.

Als Modell für die Strukturierung von Informationsinhalten wird oft das im englischsprachigen Raum in den 80er Jahren entwickelte 3-E-Modell (Economy, Efficiency, Effectiveness) verwendet. *Economy* steht demnach für wirtschaftliche Mittelbeschaffung, *Efficiency* für eine kostengünstige Erstellung bestimmter Leistungen und *Effectiveness* für die Erreichung bestimmter Wirkungen mit den Leistungen. Buschor (1993, 238) hat das Modell für den deutschsprachigen Raum weiterentwickelt und in vier Ebenen unterteilt: Ordnungsmässigkeits-, Wirtschaftlichkeits-, Resultat- und Zielebene (vgl. Abb. 3-4).

Controlling passiert, wenn Manager und Controller zusammenarbeiten. Controlling ist der gesamte Prozess der Zielfestlegung, der Planung und der Steuerung im finanz- und im leistungswirtschaftlichen Bereich. Controlling umfasst Tätigkeiten wie Entscheiden, Definieren, Festlegen, Steuern, Regeln. Demzufolge müssen Führungskräfte Controlling betreiben, da sie über die zu erreichenden Ziele sowie die Zielhöhe entscheiden und den Plan im Inhalt festlegen. Sie sind für das erreichte Resultat verantwortlich. (International Group of Controlling 1999, 34)

Definition 9-1: Controlling

Das 3-E-Modell leidet jedoch unter einigen gravierenden Defiziten:

- Es unterscheidet nicht zwischen geplanten (Soll) und tatsächlich erreichten (Ist) Werten
- Es unterscheidet nicht zwischen objektiv erreichten und subjektiv erlebten Wirkungen
- Es berücksichtigt zu wenig den Einfluss politischer oder führungsmässiger Entscheide, die hinter jeder Leistungserstellung liegen

Das Modell des Steuerungsprozesses, wie es von Mäder/Schedler (1994, 58ff.) auf der Grundlage der beiden Modelle entwickelt wurde, ist in der Lage, diesen Anforderungen gerecht zu werden (vgl. Kap. 6.1 und Abb. 6-2).

Der dargestellte Steuerungsprozess ist aus Gründen der Übersichtlichkeit stark vereinfacht (vgl. Kap. 6.1). Insbesondere ist die Darstellung hilfreich, die verschiedenen Ebenen in der „Kausalkette“ von Mittelverbrauch bis Einwirkung zu unterscheiden.

Der Steuerungsprozess wurde primär für den einzelnen Leistungsvorgang entwickelt. Demgegenüber zielen Modelle der Evaluation auf gesamtgesellschaftliche Zusammenhänge und gehen davon aus, dass Auswirkungen (outcomes) nur via Verhaltensänderungen der Individuen (impacts) erreicht werden können. Die Evaluation würde demnach die Reihenfolge anders darstellen.

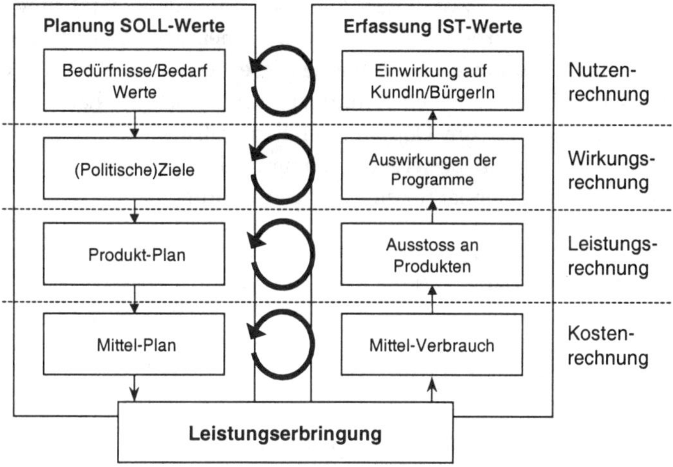

Abb. 9-1: Der WoV-Steuerungsprozess und die dazugehörenden Rechnungen (in Anlehnung an Mäder/Schedler 1994, 58)

9.1.1 *Ausgestaltung des Rechnungswesens*

Die Rechnungen der öffentlichen Hand sind heute weitgehend auf die Betrachtung der Finanzströme sowie auf die Vergangenheit ausgerichtet. Sie können dem *finanziellen Rechnungswesen* zugeordnet werden. Soll die Verwaltung wirkungsorientiert geführt werden, so ist eine Ergänzung dieser Sichtweise durch eine interne und management-orientierte Betrachtung vonnöten. Die in Deutschland vorherrschende Kameralistik und die schweizerische bzw. österreichische Finanzbuchhaltung werden mit einem kosten-leistungsorientierten Rechnungs- und Informationswesen gepaart, um die Informationsbasis für die Verwaltungsführung zu verbessern.

9.1.1.1 Doppik als Grundlage

Parallel zum NPM hält auch die in der Privatwirtschaft übliche Form eines kaufmännischen Rechnungswesens, die Doppik, Einzug in deutschen Verwaltungen (Doppik = doppelte Buchführung). In der Schweiz wurde für Kantone und Gemeinden bereits in den 70er Jahren ein doppisches Rechnungswesen entwickelt, das heute praktisch vollumfänglich eingeführt ist. Für Deutschland hat - nach jahrelanger Debatte um Doppik oder Kameralistik - Lüder (1996) ein auf der Doppik basierendes kommunales Rechnungsmodell entwickelt, das Potential für eine breite Einführung hat.

Die **Kameralistik** ist ein Rechnungskonzept, welches Finanzströme dann erfasst, wenn sie als tatsächliche (vereinzelt auch fiktive) Zahlungen auftreten. Sie wurde im Verlauf der Zeit bedürfnisgerecht weiterentwickelt zu einer Betriebskameralistik bzw. einer erweiterten Kameralistik.

Die **Doppik** (oder doppelte Buchführung) ist ein Rechnungskonzept, welches Finanzströme zum Zeitpunkt des Entstehens von Forderungen und Verpflichtungen erfasst, also z.T. bevor tatsächlich Geld fliesst. Dieses Rechnungskonzept wird heute in der Privatwirtschaft eingesetzt.

Def. 9-1: Doppik und Kameralistik

Damit soll nicht gesagt werden, dass Kosten-Leistungsrechnungen nicht auch auf der Grundlage kameralistischer Systeme geführt werden können (vgl. auch Eichhorn 1997, 152ff.). Die erweiterte Kameralistik zielt unter anderem auf diese Verknüpfung. Die Doppik birgt aber etliche Vorteile, so dass wir sie klar gegenüber der Kameralistik favorisieren, obwohl wir uns Schauer (1993, 165) anschliessen und eine Weiterführung der Diskussion über Doppik vs. Kameralistik für wenig fruchtbar erachten. Die Praxis wird hierbei ihren eigenen Weg gehen, weitgehend unbeeindruckt von den akademischen Meinungsverschiedenheiten.

Die Finanzbetrachtung alleine greift zu kurz, wenn mit NPM primär die Wirkungsorientierung gefördert werden soll. Deshalb wurden in Praxisprojekten in der Schweiz vier Ebenen eines management-orientierten Rechnungs- und Informationswesens entwikkelt, die sich im heuristischen Modell des Steuerungsprozesses im politisch-administrativen System lokalisieren lassen (vgl. Abb. 9-1). Diese Trennung lässt sich in der Praxis nicht problemlos bewerkstelligen; oft überschneiden sich die Ebenen, so dass Kosten-, Leistungs-, Wirkungs- und/oder Nutzenrechnung fliessend ineinander übergehen. Als vereinfachende Darstellung vermag das Konzept jedoch die wichtigsten Elemente des neuen Rechnungswesens aufzuzeigen. Jede Rechnung kann (und sollte) sowohl als Plan- wie auch als Ist-Rechnung ausgestaltet werden.

9.1.1.2 Kostenrechnung bzw. Kosten-Leistungsrechnung

Die Kostenrechnung ist auf der *Mittelebene* des Steuerungsprozesses angesiedelt. Sie gibt pro Kostenart und Kostenstelle an, welche Kosten der Mitteleinsatz verursacht und wie diese Kosten verteilt sind. Der eigentliche Nutzen der Kostenrechnung gegenüber den heutigen Rechnungssystemen wird allerdings erst dann ausgeschöpft, wenn der Mittelverbrauch einer erstellten Leistung (Kostenträger) zugeordnet wird. Dann wird sie zu einer *Kosten-Leistungsrechnung*.

Eine Standardisierung der Kosten-Leistungsrechnungen ist bis anhin nur partiell erfolgt. Insbesondere eine Harmonisierung der Kostenträger hätte den Vorteil, dass die Vergleichbarkeit zwischen den verschiedenen Gemeinwesen verbessert würde – wenn auch reine Kostenvergleiche allein nie eine eigene Aussage ergeben können.

Bisher wurden Kostenrechnungen in Bereichen eingesetzt, die zumindest eine weitgehende Verursacherfinanzierung, d.h. Kostendeckung, der Leistungen anstreben. Sie waren damit vor allem ein Instrument zur Legitimierung der Gebührenhöhe, also ein Hilfsmittel zur generellen Einnahmenbeschaffung (Budäus 1995, 29). Das Instrument der Kosten-Leistungsrechnung kann und soll jedoch flächendeckend über die ganze Verwaltung eingesetzt werden; nicht die Einnahmenlegitimation, sondern die Optimierung der effizienten und effektiven Leistungserstellung ist dann ihr Hauptzweck. Die Kosten-Leistungsrechnung wird damit zu einem wichtigen Element des Führungsinstrumentariums in der Verwaltung.

Eine entscheidungsorientierte Kosten-Leistungsrechnung sollte in der Lage sein, Kenntnisse über fixe, sprungfixe und proportionale, direkte und indirekte sowie beeinflussbare und nicht beeinflussbare Kosten (vgl. Güntert 1988, 143) zu vermitteln. Dies ist insbesondere für die politische Steuerung von Bedeutung: Nimmt ein politisches Gremium Ausgabenkürzungen aufgrund von Durchschnittskosten-Berechnungen vor, so kann die Verwaltung unter Umständen die geforderten Leistungen nicht mehr erbringen, da sich die Fixkosten nicht proportional zur Leistung kürzen lassen.

Ausserdem ist die Ist-Kostenrechnung durch eine Plankostenrechnung zu ergänzen, so dass sowohl Kostenabweichungen (Sollkosten), als auch Mengenabweichungen (Standardkosten) erfasst und analysiert werden können. Dies setzt jedoch voraus, dass eine Leistungsrechnung geführt wird.

Ein weiterer Schritt könnte zudem die Einführung einer Prozesskostenrechnung sein, die neue Wege in der Definition von Verteilschlüsseln für Gemeinkosten geht. Sie ermittelt die Kosten eines Produkts nicht mehr über traditionelle Verteilschlüssel, sondern über die Zuteilung von Aktivitätskosten, die als Kostentreiber definiert werden. Die Zuordnung nicht direkt zuteilbarer Aktivitäten erfolgt ebenfalls über eine Schlüsselung (Zimmermann 1993, 177ff.). Kosten-Leistungsrechnungen sollten primär als Führungsinstrument für die Politik konzipiert werden. Im Zentrum stehen *politisch relevante Kennzahlen* aus der Kosten-Leistungsrechnung, die in die politische Diskussion eingebracht werden.

Um zu führungsrelevanten Finanzdaten für die einzelnen Verwaltungsbereiche zu kommen, muss im Rahmen der Kosten-Leistungsrechnung geklärt werden, welche internen Verrechnungen den Leistungen belastet werden sollen. Es ist ausser Frage, dass die Kosten der Verwaltungseinheit selbst auf die Produkte umgelegt werden - was aber geschieht mit Leistungen, die das Ministerium für die Verwaltungseinheit erbringt? Was mit den Aufwendungen der politischen Gremien Regierung und Parlament? Die Antworten auf diese Fragen lassen sich aus dem Zweck der Kosten-Leistungsrechnung ableiten, der im Rahmen des NPM verfolgt wird:

a) Schaffen von Transparenz

b) Fördern des Kostenbewusstseins

c) Bereitstellen von Daten für den make-or-buy-Entscheid

Wird die Variante (c) priorisiert, müssten für diesen Entscheid sämtliche Kosten auf das Produkt überwälzt werden, die bei einer Drittbeschaffung wegfallen. Dies sind die klassischen proportionalen Kosten der Produktion, allerdings recht weit gefasst. Nicht in die Betrachtung fallen hingegen Kosten, die unabhängig von dieser Wahl ohnehin entstehen, z.B. in den Ministerien und politischen Gremien.

Die Forderung nach Transparenz (a) bedingt, dass der Rechnungsausweis sowohl Auskunft über die selbst verursachten Kosten wie auch über fremdbezogene Leistungen gibt. Damit müsste eine Unterteilung von eigenen und intern verrechneten Kosten erfolgen. Zusätzlich besteht wohl auch ein Bedarf an umfassender Kostenbetrachtung, d.h. inklusive die Leistungen der Ministerien.

Das Kostenbewusstsein (b) hingegen kann nur dann gefördert werden, wenn die Verwaltungseinheit für die steuerbaren Kosten zur Rechenschaft gezogen wird. Aufwendungen des Ministeriums, die ohne Einfluss der Verwaltungseinheit entstehen, sind deshalb getrennt auszuweisen.

Diese verschiedenen Forderungen münden in ein System eines mehrstufigen Abschlusses der Rechnung (vgl. Abb. 9-2).

Stufe I:	Kosten und Erlöse, die in der eigenen Verwaltungseinheit entstehen
Stufe II:	zuzüglich Kosten und Erlöse, die von anderen Verwaltungseinheiten (z.B. Querschnittsämter) bezogen bzw. an sie geliefert werden und die durch den Leistungsbezüger beeinflussbar sind
Stufe III:	zuzüglich Kosten und Erlöse, die zwar nicht von der Verwaltungseinheit beeinflussbar sind, die aber durch sie verursacht werden
Stufe IV:	zuzüglich Kosten, die weder beeinflussbar noch verursacht sind. Beispiel: Kosten des politischen Systems. Diese haben jedoch lediglich statistischen Aussagewert.

Abb. 9-2: Mehrstufiger Rechnungsabschluss einer Verwaltungseinheit

Die Kosten-Leistungsrechnung allein vermag keine wesentlichen Führungsinformationen zu liefern, wenn sie nicht dazu benützt wird, historische, horizontale und vertikale Vergleiche anzustellen. Als Referenzobjekte sind allerdings Kostenarten und Kostenstellen ungeeignet, weil damit kaum Gleiches mit Gleichem in Zusammenhang gebracht wird. Ein gültiger Vergleich ergibt sich erst durch die einheitliche Definition von Kostenträgern. Daher ist es notwendig, über die reine Mittelbetrachtung hinaus eine weitere Ebene zu erfassen: die *Leistungsebene*.

9.1.1.3 Leistungsrechnung

Auf der zweiten Ebene des Steuerungsprozesses werden die Leistungen der Verwaltung in Produkten vereinbart und deren Produktion erfasst. Das Instrument dazu bildet die Leistungsrechnung. Dem Aufbau einer Leistungsrechnung geht die *Definition von Produkten* voraus. Sie wird sowohl für die Gestaltung der Kontrakte als auch für die Überwachung ihrer Einhaltung benötigt. Produktbezogene Informationen verbessern die Transparenz für die Politikerinnen und Politiker erheblich.

Die Leistungsrechnung erfasst den unmittelbaren Ausstoss der Verwaltung, meist in rein quantitativen Grössen. Oft werden schon heute Leistungen erfasst, die in Produkte im Sinne der wirkungsorientierten Verwaltungsführung zusammengefasst werden können. Viele Daten, die den Geschäftskontrollen entnommen werden, sind dazu allerdings nicht in der Lage. Die Leistungsrechnung schliesst diese Lücke und versucht, flächendeckend über die gesamte Verwaltung die Produkte zumindest quantitativ zu erfassen und diese Daten systematisch auszuwerten.

Dank der Verknüpfung von Kosten- und Leistungsrechnung kann beispielsweise errechnet werden, welche Kosten ein Produkt im Vergleich zu anderen verursacht - eine Information, die der Politik bislang fehlte. Zu Recht wird deshalb die Auffassung vertreten, die *wirkungsorientierte* Steuerung sei wirkungsvoller und durchgreifender als die *inputorientierte*.

9.1.1.4 Wirkungsrechnung

Die Wirkungsrechnung erfasst die Auswirkungen der Verwaltungstätigkeit, d.h. der Programme, und setzt sie in Beziehung zu den politischen Zielen, die damit verfolgt wurden. Sie gibt Auskunft darüber, welche Auswirkungen insgesamt durch die Programme ausgelöst wurden (inkl. nicht beabsichtigte Nebeneffekte).

Voraussetzung für aussagekräftige Informationen im Rahmen der Wirkungsrechnung ist die *Existenz klarer und messbarer Ziele*. An methodisch ungenügenden Zieldefinitionen scheitert die Ermittlung der Effektivität auf der Wirkungsebene. Aus diesem Grund beginnt der Aufbau einer Wirkungsrechnung nicht selten mit der Überprüfung der Ziele und - in vielen Fällen - der Verbesserung mangelhafter Zieldefinitionen. Dieser Prozess hat eine nicht zu unterschätzende politische und verwaltungskulturelle Dimension und ist daher mit einigem Zeitaufwand verbunden.

Methoden der Wirkungsrechnung sind, wo die Auswirkungen nicht über Indikatoren gemessen werden können, oft verwandt mit Evaluationen. Diese wiederum stellen hohe Anforderungen an das fachliche Wissen der Evaluatoren und verursachen einen erheblichen finanziellen Aufwand. Die Verwaltung wird sich daher in aller Regel auf ein System von Indikatoren abstützen, die Hinweise auf Veränderungen oder Zustände zu geben in der Lage sind.

9.1.1.5 Nutzenrechnung

Die Nutzenrechnung[1] ist zwar die interessanteste, zugleich aber die komplexeste Rechnung im vorgestellten System. Sie gibt die Wirkung des Verwaltungshandelns so wieder, wie sie durch die Adressatinnen und Adressaten subjektiv empfunden wird (daher *Ein*wirkung). Als Referenzgrösse stehen die Bedürfnisse der Kundinnen und Kunden zur Verfügung, die oft ebenso unscharf zu messen sind wie die Einwirkung. Als Behelf dienen daher *Einwohner- und Kundenbefragungen,* die - über die Zufriedenheit - Aussagen über die Relation zwischen den beiden unscharfen Grössen generieren, die ihrerseits zu recht zuverlässigen Ergebnissen zusammengetragen werden können.

Die Nutzenrechnung ist die aufwendigste der vier Rechnungen. Sie gibt gleichzeitig ein nur beschränkt objektives Bild über die tatsächlichen Verhältnisse wieder. Trotzdem nimmt sie in der wirkungsorientierten Verwaltungsführung eine wichtige Stellung ein, da sie den Kunden bzw. die Kundin direkt zu erfassen versucht.

Je näher ein Gemeinwesen am Kunden operiert, umso einfacher gestaltet sich die subjektive Nutzenerhebung.

---

[1] Der Begriff „Nutzenrechnung" unterscheidet sich vom in der Evaluation verwendeten Terminus, z.B. im Zusammenhang mit umfassend gestalteten Kosten-Nutzen-Rechnungen.

9.1.2 *Kennzahlen für die Verwaltungsführung*

Eine vermehrt wirkungsorientierte Betrachtung der öffentlichen Verwaltung führt zu neuen Anforderungen bezüglich der Informationen, die durch eine Finanzbuchhaltung nur zum Teil erfüllt werden. Betriebswirtschaftliche *Kennzahlen der Finanzlage* richten den Fokus auf

- die vollständige Erfassung sämtlicher Aufwendungen, seien dies eigene, seien dies Aufwendungen von anderen Verwaltungseinheiten;
- die Erfassung der Einnahmen in der Verwaltungseinheit und deren Zuordnung zu den Produkten;
- die Berechnung der tatsächlichen Kosten der Produkte.

Darüber hinaus muss ein Kennzahlensystem in der Lage sein, Informationen aus der Leistungs-, Wirkungs- und Nutzenebene aktuell aufzubereiten und in verdichteter Form zu präsentieren. Für den Aufbau einer entsprechenden Kennzahlen- oder Indikatorenrechnung leistet der Steuerungsprozess wiederum gute Dienste.

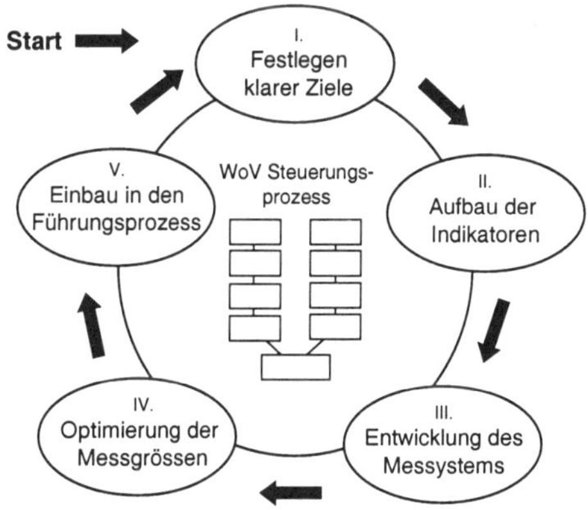

Abb. 9-3: Aufbau eines Indikatoren-Systems für die Verwaltungsführung (Schedler/Weibler 1996, 16)

Der erste Schritt im Aufbau eines Indikatoren- oder Kennzahlensystems für die Führung besteht in der Festlegung klarer Ziele. Resultat dieser Zielkonkretisierung ist ein Zielkatalog mit operationalisierten, d.h. messbaren Zielen der Verwaltung. Als nächster Schritt werden Indikatoren festgelegt, die die Zielerreichung wiedergeben können. Sodann wird die Messung dieser Indikatoren organisiert, und die erhobenen Daten werden – analog zum finanziellen Rechnungswesen – in das System eingebucht. Aufgrund der Erfahrung mit den Indikatoren werden die Messgrössen optimiert, so dass sie als letzte und wichtigste Massnahme in den Führungsprozess eingebaut werden können. Dieser ganze Vorgang wird regelmässig wiederholt, wobei die Initialisierung viel Zeit in Anspruch nimmt, die Anpassung jedoch schneller möglich ist.

Aus der Betriebswirtschaftslehre sind verschiedene Modelle bekannt, die für den Aufbau von Kennzahlensystemen eine gute Hilfestellung bieten. Dabei gilt es jedoch, sich stets die Frage zu stellen, zu welchem Zweck diese Modelle entwickelt wurden. Business Excellence-Modelle wie etwa jenes der European Foundation for Quality Management (EFQM) sind für Management-Kennzahlen nur bedingt geeignet, da sie für einen anderen Zweck geschaffen wurden. Auf der Suche nach konzentrierter, für das strategische Management relevanter Information wurde von Kaplan und Norton (1997) die *Balanced Scorecard* entwickelt. Mit diesem Instrument werden in Strategie-Sitzungen der obersten Verwaltungsführung (d.h. mit der Exekutive) zu vier Bereichen je die relevanten Zielsetzungen festgelegt. Um deren Erreichung zu messen, werden für jedes Ziel Indikatoren definiert. Die wichtigste Aufgabe ist dabei, eine bestimmte Anzahl von Indikatoren nicht zu überschreiten, um eine Überflutung mit Information zu verhindern, ähnlich wie dies in modernen Cockpits von Flugzeugen geschieht.

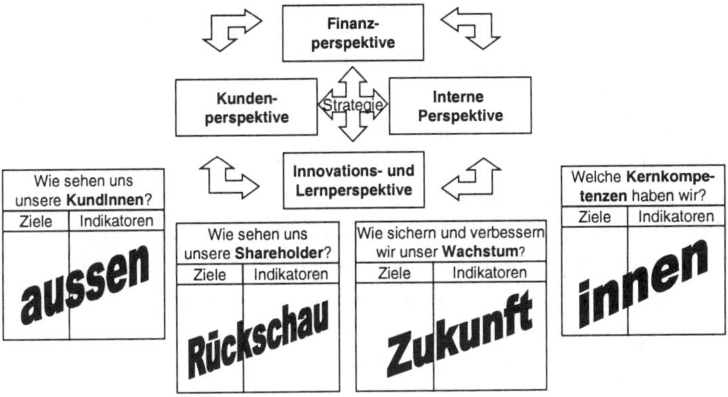

Abb. 9-4: Die Balanced Scorecard für privatwirtschaftliche Unternehmen (nach Kaplan/Norton 1997)

Die Balanced Scorecard ist so neu nicht. Sie besticht jedoch durch einige Grundsätze, die konsequent umgesetzt sind, und die natürlich auf jedes andere Indikatoren-Modell übernommen werden können:

- Konzentration auf die für die Adressaten wirklich wesentliche Information und aktiver Einbezug der Adressaten in die inhaltliche Gestaltung der Balanced Scorecard
- Einbezug von Informationen zur Vergangenheit und zur zukünftigen Entwicklung
- Einbezug von Informationen über die Organisation selbst und über die relevante Umwelt
- Einbezug von Finanz-, Leistungs- und Wirkungsinformationen

Es zeigt sich immer deutlicher, dass solche Führungsinformationen zum wichtigsten Potential für das NPM gehören. Wo es nicht gelingt, aussagekräftige Wirkungs- und Leistungsinformation zu liefern, wird sich die Politik nicht überzeugen lassen, von der Input-Steuerung abzurücken.

9.1.3 *Gestaltung eines umfassenden Controlling*

Diese sehr weit gehenden und gleichzeitig unterschiedlichen Informationen gilt es, für die Praxis adressatengerecht aufzubereiten. Erst wenn sie in den Führungsprozess eingebaut und für Führungsentscheide wirklich genutzt werden, erhalten sie einen Sinn. Ihre Beschaffung, Auswertung, Pflege und Ablage ist ein aufwendiges Unterfangen: nicht nur recht viel Geld, sondern etliche Arbeitsstunden sind notwendig, um solche Informationssysteme aktuell zu halten und zu pflegen. In der Verwaltung, die sich durch besonders informationsintensive Produkte auszeichnet, wird es zukünftig eine Daueraufgabe eines Jeden sein, Information korrekt in die vorgesehenen Gefässe einzugeben, damit sie später durch andere (vielleicht völlig vom eigenen Arbeitsplatz losgelöste) Verwaltungsstellen abgerufen werden kann. Die Aktenmässigkeit der traditionellen Bürokratie dürfte damit als Grundprinzip abgelöst werden von der umfassenden Informationsverantwortlichkeit der Mitarbeitenden.

Solche Systeme werden von Spezialisten entwickelt, eingeführt und gepflegt, die jedoch nicht primär die Technik, sondern die Führung vor Augen haben. Controllerdienste übernehmen diese Aufgaben in der modernen Verwaltung. Sie sind die internen betriebswirtschaftlichen Berater der Verwaltungsführung.

Je stärker eine Verwaltung dezentralisiert wird, umso wichtiger wird der Aufbau eines wirkungsvollen Controlling. Zu Recht beklagt Budäus (1995) eine fehlende Integration jener Bereiche, die schon ohne NPM faktisch dezentralisiert wurden. Hier muss das Controlling eine Koordination der Führungsaufgaben auf den unterschiedlichen Steuerungsebenen sicherstellen.

9.1.4 *Berichte und Cockpit-Systeme*

Je mehr Informationen zur Verfügung stehen, umso schwieriger wird die Selektion der relevanten Daten für die Führung. Das Internet verdeutlicht, dass wir zwar technisch in der Lage sind, auf eine unüberschaubare Menge von Daten online zuzugreifen, als Menschen mit begrenztem Aufnahmevermögen und begrenzter

Zeit jedoch überfordert sind, wenn wir uns nicht selbst bestimmte Selektionsmechanismen aufbauen.

Dasselbe geschieht mit der Verwaltungsführung und mit der Politik, wenn sämtliche verfügbar gemachten Informationen auf sie niederprasseln: Aus der Informationsüberflutung resultiert nicht selten eine Ablehnung alles Neuen oder aber ein unadäquates Ausfiltern an sich wichtiger Informationen. Der Controller, der für den Aufbau des Berichtswesens zuständig ist, muss sich daher die Frage stellen, welches für die konkrete Führungsebene relevante Informationen sind, die er liefern muss.

Für die Gestaltung eines Berichtswesens ist es wichtig, einige Unterscheidungen vorzunehmen:

- Wird Information als Datensammlung in *Rohform* bereitgestellt oder wird sie *aufbereitet?* Wenn Aufbereitung, ist dies eine grafische Auswertung oder ist es eine zusätzliche Interpretation mit Kommentar?
- Werden Informationen einem Benutzer quasi auf den Tisch gelegt (*push-Information*), oder liegen sie aufbereitet zum Abruf in einer Datenbank (*pull-Information*)?
- Welche Information wird *routinemässig* erhoben und verarbeitet, und welche bezieht sich auf *Projekte*, die irgendwann abgeschlossen sind?
- Wie kann sichergestellt werden, dass nicht mehr benötigte Information nicht mehr geliefert wird?

Sog. Informations-Warenhäuser (*data warehouses*) bieten aufbereitete Führungsinformation an, die durch die Benutzer nach Bedarf abgerufen werden können. Unsere Erfahrungen, gerade mit politischen Gremien, zeigen, dass hier zwar viel Potential liegt, jedoch auch viel Zurückhaltung geübt wird. Ausserdem gilt: Management-relevante Information kann, muss aber nicht auch für die Politik von Bedeutung sein. Ein Controlling-Bericht voller betrieblicher Kennzahlen ist für viele Politikerinnen und Politiker *sinn*-los, und er wird es auch immer bleiben. Aus diesem Grund postuliert etwa Mastronardi (1998, 105) zu Recht die Schaffung politischer Indikatoren, d.h. die Möglichkeit für die Politik, von der Verwaltung Information zu verlangen, die aus Sicht der Verwaltung vielleicht nicht interessant sein mag.

In der Praxis bewähren sich sog. Cockpit-Systeme, die aus einem Bildschirm eine Art Armaturen-Brett eines Autos oder eben ein Cockpit eines Piloten machen. Ohne Zahlen, visualisiert und reduziert auf die sechs bis sieben wichtigsten Kennzahlen pro Bereich bieten solche Cockpits eine wertvolle Hilfe für die Verwaltungsführung. Technisch kann die Möglichkeit geschaffen werden, durch Doppelklick auf eine bestimmte grafische Darstellung auf die konkreten Zahlen oder einen Kommentar, vielleicht auch auf weitere, detailliertere Darstellungen zuzugreifen.

Wie ein Autofahrer nicht nur aufgrund der Instrumente fährt, sondern seine Richtung über ein davon unabhängiges System bestimmt, so wird auch dem Politiker bzw. der Politikerin nicht die Information aus dem Cockpit allein genügen, um die politischen Entscheide zu treffen. Sie sind damit notwendig, aber nicht hinreichend für eine gute Führung. Das Cockpit liefert jedoch die wichtige Information, ob das „Gefährt Verwaltung" auf Kurs ist oder ob Korrekturmassnahmen notwendig sind.

Hoch (1995) betont, der Erfolgsfaktor Nummer Eins für den Betrieb eines Informationssystems sei die personifizierte Verantwortung. Dabei ist jedoch nicht nur die Verantwortung für das Informationswesen gemeint, sondern die Aussage ist breiter zu fassen, als sie – zumindest im expliziten Zusammenhang – ursprünglich gemeint war: Wenn nicht klar ist, wer für welche Vorgänge in der Verwaltung generell verantwortlich ist, so ist auch unklar, wer welche Führungsinformationen braucht.

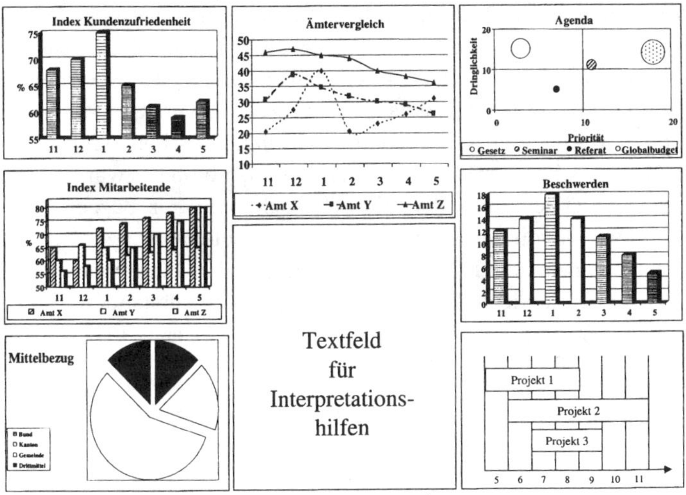

Abb. 9-5: Beispiel eines Cockpits für die Verwaltungsführung

9.2 Umweltwissen

Um dem Anspruch der Bürger- und Kundenorientierung gerecht zu werden, darf sich das Informationswesen des NPM nicht nur auf in der Verwaltung verfügbare Daten beschränken. Durch die Verwaltungsmodernisierung soll eine vermehrte Rückkoppelung und Einbeziehung der Umwelt, insbesondere der Bürgerinnen und Bürger, stattfinden.

9.2.1 Bürgerwissen

Nicht selten stellt man sich die Frage, welche Rolle die Öffentlichkeit in der öffentlichen Verwaltung spielt. Die staatsrechtlich vorgesehenen Mitwirkungsmöglichkeiten legen ein bestimmtes Mindestmass an Öffentlichkeitsbeteiligung bei der öffentlichen Entscheidungsfindung fest. Sie reichen aber in den letzten Jahren anscheinend bei weitem nicht aus, um eine Identifikation des Bürgers bzw. der Bürgerin mit dem Gemeinwesen zu erreichen. Vielmehr wird „von denen bei der Stadt" gesprochen und ein allgemeiner

Vertrauensverlust in die öffentliche Leistungserbringung ist festzustellen (King et al. 1998, 321; Hill 1998b, 3; vgl. Kap. 1.3.1.1.3). Nicht selten wird diese Distanz durch den Eindruck vergrössert, dass Politik und Verwaltung eine gewisse Definitionsmacht oder sogar eine Art Alleinvertretungsanspruch geltend machen (Hill 1997a, 112). Auf Seiten der staatlichen Institutionen besteht zwar vielfach das Bewusstsein und der Wunsch nach grösserer Bürgerbeteiligung, wobei von dieser kein Beitrag zur Problemlösung komplexer mehrdimensionaler Fragestellung erwartet wird. Bürgerbeteiligung wird als zusätzliche Komplexitätskomponente verstanden, die zu weiteren Verzögerungen und Kosten führt (King et al. 1998, 321).

Betrachtet man die traditionellen Beteiligungsmöglichkeiten im deutschsprachigen Raum, sind die Positionen auf beiden Seiten verständlich. Eine moderne Verwaltung sollte sich bemühen, die BürgerInnen konstruktiv und sinnvoll an der öffentlichen Leistungserstellung zu beteiligen, um wertvollen Input für die Verwaltung zu nutzen und dem Bedürfnis der BürgerInnen nach wirksamer Mitwirkung zu entsprechen. Hierfür muss eine Verwaltungsreform neue Formen der Bürgerbeteiligung entwickeln. Das Konzept des „aktivierenden Staates" in Deutschland zielt denn auch in diese Richtung: Die Bürgerinnen und Bürger sollen in ihrer Rolle als Löser der eigenen Probleme gestärkt und hierfür in die Pflicht genommen werden.

Eine Schlüsselstellung kommt dem Instrument der *Befragung* zu. Durch Bürger- und Kundenbefragungen kann das Wissen der Bürgerinnen und Bürger auf unterschiedlichen Ebenen in den Entscheidungs- und Steuerungsprozess der Verwaltung einfliessen. Durch die Erfassung von Präferenzen und Rückmeldungen der BürgerInnen wird diesen das Bewusstsein vermittelt, dass ihre Meinung von Bedeutung ist und die Verwaltung interessiert. Ausserdem wird die Verwaltung für die Anliegen der Bürgerinnen und Bürger sensibilisiert. Befragungen sind vor allem in folgenden Bereichen von Nutzen:

- Kundenzufriedenheit: Im Dienstleistungsbereich stellt die Interaktion mit dem Kunden bzw. der Kundin einen wesentlichen Bestandteil der gesamten Leistung dar. Um die individuelle Legitimation der Verwaltung, d.h. die Zufriedenheit mit der Verwaltung bei der Leistungsabgabe, zu steigern, ist die Information über die von den Kundinnen und Kunden wahrgenommenen Stärken und Schwächen der Leistung essentiell.

- Prioritäten: Nicht alle öffentlichen Leistungen oder Vorhaben werden von den Bürgerinnen und Bürgern als gleich wichtig eingestuft. Transparenz über die Bürgerpräferenzen kann in die politische Prioritätenliste und Mittelverwendung der Verwaltung einfliessen. In der Stadt Passau z.B. wurde aufgrund der Ergebnisse einer umfassenden Bürgerberfragung das neue Leitbild der Stadt verfasst.

- Gestaltungsalternativen: Mit einem „bürgerlichen Vorschlagswesen" werden die BürgerInnen oder KundInnen aufgefordert, konkrete Verbesserungsvorschläge einzubringen.

Befragungen werden, wie oben (vgl. Kap. 9.1.1.5) angesprochen, oft als Ersatz für schwierig durchführbare Nutzenrechnungen herangezogen. Der Zweck der Bürger- und Kundenbefragungen ist in erster Linie ein Soll-Ist-Vergleich hinsichtlich der subjektiven Wahrnehmung der öffentlichen Leistungen. Zudem können durch Methodenmischung in Befragungen Hinweise auf eine Überprüfung und *Anpassung des Produkt- und Qualitätsangebots* gefunden werden.

Das Bürgerwissen sollte über Befragungen hinaus auch in anderen Formen für die Entwicklung des Kommunalwesens genutzt werden. Hill (1997a, 115f.) schlägt hierfür beispielsweise die Bildung sog. *P-Gruppen* vor. In diesen nach Produktgruppen organisierten Kunden-Panels sollen BürgerInnen oder KundInnen zusammen mit der Verwaltung über Qualitätsverbesserungen der Verwaltungsprodukte diskutieren, und auf diese Weise ihre Erfahrung und Wissen als Bürgerin und Bürger einbringen.

9.2.2 Anderes Umweltwissen

Der Verwaltung steht ferner ein fast unübersehbares Reservoir an Informationsquellen zur Verfügung, aus denen sie brauchbare Informationen für die Gestaltung und Steuerung ihres Leistungserstellungsprozesses ableiten kann. Verwaltung und Politik können aus in- und ausländischen Erfahrungen anderer Gemeinwesen lernen und ihre eigene Position im Vergleich zu diesen bestimmen. Die meisten innovativen Gemeinden haben ihre Reformbemühungen und -ergebnisse heute gut dokumentiert und erlauben damit anderen, aus ihren Erfahrungen zu lernen (vgl. dazu die diversen Publikationen von Hill/Klages im Raabe-Verlag).

Da NPM auch für die Wissenschaft immer mehr zu einem interessanten Forschungsgebiet avanciert, finden sich heute zahlreiche VerwaltungswissenschaftlerInnen, PolitologInnen, WirtschaftswissenschaftlerInnen und JuristInnen, die in diesem Bereich forschen. Zahlreiche Gemeinwesen ziehen wissenschaftliche Institute zu ihren Projekten bei bzw. lassen die Projektergebnisse wissenschaftlich aufbereiten.

Nicht zuletzt ist in vielen Bereichen auch Know-How aus dem privatwirtschaftlichen Bereich, Statistiken und Literatur für die Verwaltung hilfreich.

9.3 Partnerwissen

Nach dem Modell des Gewährleistungsstaates soll der Staat zur öffentlichen Leistungserbringung verwaltungsexterne Partner beiziehen und sich damit auf seine Gewährleistungsverantwortung beschränken. Als Partner, die den Vollzug der öffentlichen Aufgabe übernehmen oder daran beteiligt werden, kommen Unternehmen, Non-Profit-Organisationen sowie die Bürgerinnen und Bürger in Betracht. Neben einer *Auslagerung* durch Contracting Out und Outsourcing liegt dabei insbesondere im *Empowerment* der Bürgerinnen und Bürger und in *Public Private Partnerships* ein grosses Potential für die Verwaltung.

9.3.1 Public Private Partnership

Kooperationsmodelle zwischen staatlichen und privaten Trägern, die als *Public Private Partnership* (PPP) bezeichnet werden, finden sich in den unterschiedlichsten Aufgabenfeldern wie z.B. im Bereich der Stadtentwicklung, der Ver- und Entsorgung, Kultur usw. PPP verbinden öffentliche und private Verantwortung. Es handelt sich dabei um institutionalisierte Formen der Zusammenarbeit zwischen öffentlichen oder halböffentlichen Institutionen und den unterschiedlichsten privaten Akteuren. Der Fokus ist dabei auf das Erreichen *konvergierender Ziele* gerichtet. Bei der Zielerreichung können *Synergie-Effekte* nutzbar gemacht werden. Die *Identität der Partner* und ihre Verantwortung bleibt dabei bestehen (Budäus/Grüning 1996, 281).

Oftmals werden heute jegliche Arten von Zusammenarbeit zwischen staatlichen und privaten Akteuren als PPP bezeichnet. Dies hat nicht zuletzt politische Gründe, um den stark ideologisch geprägten Privatisierungsbegriff zu umgehen. Um Begriffsverwirrungen zu vermeiden, weisen wir darauf hin, dass der eigentliche Begriff der PPP enger gefasst ist. Nur ausgewogene Partnerschaften zwischen öffentlichen und privaten Anbietern fallen darunter, nicht hingegen Privatisierungen, Contracting Out oder Outsourcing.

PPP erlauben der Verwaltung, sich in den Bereichen, in denen eine Übertragung von öffentlichen Aufgaben auf Private zur selbständigen Erledigung nicht in Betracht kommt, die Erfahrung und das Know-How des privaten Sektors direkt für die öffentliche Sache zu Nutzen zu machen. Im PPP werden die Stärken der privaten Institutionen mit jenen der öffentlichen kombiniert. Die öffentlichen und privaten Akteure können durch eine Partnerschaft wesentliche Synergieeffekte realisieren. Diese werden insbesondere dadurch freigesetzt, dass die spezifischen Ziele der Partnerschaft nicht in gleichem Masse ohne den anderen erreicht werden könnten. In Frage kommt zum Beispiel, dass der öffentliche Partner seine Planungs- und Regulierungshoheit einbringt, und der private Partner Managementaufgaben und die Finanzierung übernimmt. Die Möglichkeiten der gegenseitigen Rechte und Pflichten sind äussert vielfältig und hängen von der individuellen Verhandlung ab (Budäus/Grüning 1997, 55f.).

PPP bergen enorme Chancen für die finanzielle Entlastung des Staates. Die finanzielle Beteiligung Privater trägt dazu bei, dass der Staat einen Teil der notwendigen Investitionen auf Private abwälzen kann und damit den Haushalt nicht weiter belastet. Zudem erlaubt eine gemischtwirtschaftliche Beteiligungsstruktur die Reduktion von Finanzierungs- und Entwicklungsrisiken für den Staat. Entsprechend der allgemein geforderten Verschlankung des Staates werden die Beteiligungen und der Besitz des Staates nur im Rahmen des Notwendigen erhöht (Stainback 1999, 1).

In der deutschsprachigen Verwaltung liegt in PPPs ein noch weitgehend ungenutztes Potential für eine moderne und effiziente Verwaltungsführung. Dennoch dürfen die Risiken nicht vergessen werden, die sich aus derartigen Partnerschaften für die öffentliche Hand ergeben können. Opportunistisches Verhalten, verbunden mit einer asymmetrischen Informationsverteilung zugunsten des privaten Akteurs, kann den öffentlichen Partner als benachteiligten Akteur aus solchen Partnerschaften hervorgehen lassen. Diese Risiken sind aus der Public Choice Theorie und der Vertragstheorie hinreichend bekannt (moral hazard, hold up, hidden characteristics usw.; Williamson 1985, 44ff.). Für den öffentlichen Bereich besteht das besondere Risiko darin, dass erst geringe Erfahrungen und Kenntnisse über die Verhandlungen und Ausgestaltungen derartiger Partnerschaften vorhanden sind (Budäus/Grüning 1997, 58ff.).

In der öffentlichen Verwaltung und der Politik muss das Bewusstsein für die Leistungswahrnehmung durch PPP geschärft werden. Wenn PPP als ernst zu nehmende Alternative der öffentlichen Leistungserstellung betrachtet werden, kann notwendiges Know-How aufgebaut werden und enorme Vorteile für die Verwaltung realisiert werden.

9.3.2 *Empowerment der Bürgerinnen und Bürger*

Der Grundgedanke des Empowerment ist, die Bürgerinnen und Bürger zur *Eigenerstellung* öffentlicher Güter anzuregen. Die Gründe und Vorteile einer „Auslagerung an die BürgerInnen" sind vielfältig. Zunächst stellt das Empowerment einen weiteren Schritt zur

Realisierung des Gewährleistungsstaates dar. Des weiteren kann durch die Beteiligung eine gesteigerte Identifikation des Bürgers und der Bürgerin mit dem Gemeinwesen erreicht werden, wenn diese sich um ihre Angelegenheit selbst kümmern. Die Bürgerinnen und Bürger werden hier nicht nur als Kundinnen und Kunden im Rahmen von Befragungen und Bürgerforen zu Informationszwecken eingebunden (vgl. Kap. 9.2.1), sondern sie werden zum Partner und „Pro-sumer" (producer und consumer zugleich) bei der öffentlichen Leistungserstellung. Beispiele für eine derartige Zusammenarbeit sind die Bepflanzung von Grünflächen durch die Anwohnerinnen und Anwohner. Allgemein ausgedrückt wäre vorstellbar, Zielvereinbarungen über solche Bürgerprojekte festzulegen und gegebenenfalls ein Globalbudget zur Verfügung zu stellen. Im weiteren Sinne fällt jede Prozessverlagerung von der Verwaltung auf die Bürgerinnen und Bürger unter den Begriff Empowerment. Hierfür kann beispielhaft die elektronische Abwicklung von Verwaltungsgeschäften genannt werden, wodurch Internet nutzende Bürgerinnen und Bürger befähigt werden, ihr Anliegen selbst zu erledigen (vgl. Kap. 11.3).

Die Bürgerinnen und Bürger müssen in ihrer Umgebung abgeholt und zur Beteiligung aufgefordert werden. Hierfür ist ein qualifiziertes Informationsangebot notwendig, durch das die Belange des Gemeinwesens den BürgerInnen vertraut werden. Gemäss Hill (1997a, 113) geht es dabei um eine Art Stadtbildung, in der Wissen um und von der Stadt vermittelt wird, das den Umgang mit der Stadt erleichtert. Neben Lageberichten - ähnlich den Geschäftsberichten der Unternehmen - ist insbesondere über aktuelle kommunale Anliegen und Handlungsfelder zu informieren. Es soll erreicht werden, dass die Bürgerinnen und Bürger breiter über die Problemstellungen des Gemeinwesens unterrichtet werden und eventuell die Notwendigkeit und die Möglichkeit für einen eigenen Beitrag erkennen.

Ferner kann eine umfassendere Information über Prozesse, Handlungsweisen und rechtliche Rahmenbedingungen der Verwaltungseinheiten dazu beitragen, der Bürgerin und dem Bürger die

„Black-Box" Verwaltung vertrauter zu machen und Verständnis für ihr Handeln aufzubringen.

Die Befähigung der Bürgerinnen und Bürger zur Unterstützung des Verwaltungshandelns verlangt, Wissen von der Verwaltung an die Bürgerinnen und Bürger weiterzugeben. Diese Forderung stösst vereinzelt auf Widerstand in der bürokratischen Organisation, deren Ziel und Zweck es ja gerade war, Spezialistenwissen innerhalb der Organisation aufzubauen und zu nutzen. Am Expertenstatus der Verwaltung ändert sich aber auch in Zukunft grundsätzlich nichts. Lediglich Prozesse und Informationen, die kein Spezialistenwissen verlangen, können effizient auf die Bürgerinnen und Bürger ausgelagert werden. In komplizierteren Fällen wird das notwendige Know-How nach wie vor in der Verwaltung und bei Spezialisten vorhanden bleiben. Um dieser Entwicklung zu folgen, muss das Bewusstsein geschärft werden, dass die Verwaltung im Gegensatz zu privaten Dienstleistungsunternehmen ihre Leistungen eben nicht durch einen Wissensvorsprung rechtfertigt. Die Verwaltung sammelt Wissen *zugunsten* der BürgerInnen und ihre Leistungen rechtfertigen sich aufgrund eines demokratischen Auftrages.

9.4 Fragen zur Diskussion

- Die Kosten-Leistungsrechnung (KLR) wird oft als unverzichtbare Grundlage des NPM bezeichnet. Wieviel NPM kann auch ohne KLR eingeführt werden? Welchen Nutzen hat eine KLR in traditionellen, bürokratischen Strukturen?

- Wie würden Sie ein Cockpit für die politische Führung einer Stadt mit 100'000 Einwohnerinnen und Einwohnern zusammenstellen?

- Viele Verwaltungen suchen ihr Heil in Kunden- und Bürgerbefragungen, wenn es um die Messung von Einwirkungen geht. Welche Möglichkeiten bieten solche Befragungen, wo sind jedoch ihre Grenzen?

- Welche Einsatzmöglichkeiten sehen Sie für *Public Private Partnerships* in Ihrem konkreten Umfeld?

- Das Programm des „aktivierenden Staates“ in Deutschland strebt ein Empowerment der Bürgerinnen und Bürger an. Welche legitimen Interessen verfolgt der Staat mit der Aktivierung seiner Bürgerinnen und Bürger? Wo sehen Sie die Grenzen eines solchen Programms?

10 Humanpotential: Personalmanagement

Das Personalwesen gehört wohl zu den am meisten kritisierten, aber auch am heftigsten umkämpften Bereichen des Verwaltungsmanagements. Hier zeigen sich kulturelle Differenzen zwischen den verschiedenen deutschsprachigen Ländern: Während in Deutschland und Österreich (noch) ein Beamtentum vorherrscht, das nach traditionellen Kriterien funktioniert, ist die Schweiz diesbezüglich offener: alle Beamten wurden hier schon immer auf Zeit gewählt (i.d.R. 4 Jahre); in den neunziger Jahre setzte ausserdem ein Trend ein, das Beamtentum vollständig abzuschaffen und nur noch öffentlich-rechtliche Anstellungsverhältnisse zu begründen, die sich von den privatrechtlichen nur in wenigen Elementen unterscheiden (Richli 1996, 118 ff.). Die – allerdings kurze – praktische Erfahrung zeigt jedoch, dass diese Abschaffung eher formelle als faktische Auswirkungen zeigt, da die Differenz zwischen BeamtInnen und Angestellten in vielen Kantonen kaum mehr vorhanden war. Insofern hat die Abschaffung des Beamtenstatus in der Schweiz primär symbolischen, aber als solchen einen grossen Wert.

Anders ist die Situation für Deutschland und Österreich zu beurteilen. Hier geniessen sowohl Beamte als auch Angestellte Privilegien, die ihre Anstellungsverhältnisse deutlich von privatwirtschaftlichen abweichen lassen. Wenn auch an dieser Stelle nicht die Meinung vertreten werden soll, dass eine Veränderung dieser Situation allein grosse Auswirkungen hätte, so wären damit doch wichtige Rahmenbedingungen geschaffen, um das NPM auch im Personalbereich konsequent umzusetzen.

Die Forderung nach einem modernen Personalmanagement ist nicht erst seit NPM aktuell. Es wäre daher falsch, wenn alle Fortschritte im Personalwesen dem NPM gutgeschrieben würden. Unsere Erfahrungen in der Praxis zeigen klar, dass die Modernisierung des Personalwesens auch unabhängig von NPM möglich und notwendig ist. Vielmehr ist sie Teil eines umfassend verstandenen NPM, und das NPM bietet einen konzeptionellen Rahmen, in den ein modernes Personalmanagement eingegossen werden kann.

10.1 Neues Führungsverhalten

Die Bürokratie ist ein gutmütiges System. Sie korrigiert menschliches Verhalten durch einen systemimmanenten Ausgleich; denn sie wurde konzipiert, um die Verwaltung und ihre Entscheide zu versachlichen und menschlichen Einflüssen zu entziehen. Gute Vorgesetzte entfalten genauso wenig positive Wirkung wie schlechte Vorgesetzte negative. Verfahren sind vorgegeben und werden kontrolliert. Recht erhält, wer die Vorschriften einhält. Überleben kann, wer Misserfolge vermeidet, denn diese können den politischen Vorgesetzen zur Last gelegt werden, was wiederum zurückschlägt. Mitarbeiterinnen und Mitarbeiter werden über Weisungen geführt, und Informationen finden sich bestenfalls an einem Anschlagbrett. Mit Lob wird gespart, Kritik - vor allem von unten nach oben – ist eher ungewohnt.

Dieses Bild der Bürokratie ist sicher überzeichnet, doch es zeigt, dass das bürokratische System solches mehr oder weniger sanktionslos zulässt. In einer Untersuchung, die Klages (1989) mit einem Forscherteam zum Thema „Führung und Arbeitsmotivation in Kommunalverwaltungen" durchführte, kam heraus, dass ein Viertel der Befragten ihre Vorgesetzten als Autokraten erleben, die sich weder um die Aufgabenerledigung noch um die persönlichen Belange der Mitarbeiterinnen und Mitarbeiter kümmern, und weitere 11 % bescheinigen ihren Vorgesetzten zwar ausgezeichnete Fachkenntnisse, beklagen jedoch ein mangelndes Interesse an ihren Bedürfnissen.

Das NPM bringt zwar keine automatische Heilung solcher Missstände, doch es sanktioniert schlechte Führung stärker und belohnt gute. Der Grund liegt in der grösseren Handlungsfreiheit und Selbstverantwortung der Führungskräfte. Wer etwas aus diesen neu geschaffenen Möglichkeiten macht, der hat grösseren Erfolg als in der traditionellen Bürokratie. Wer nichts daraus macht, fällt ab.

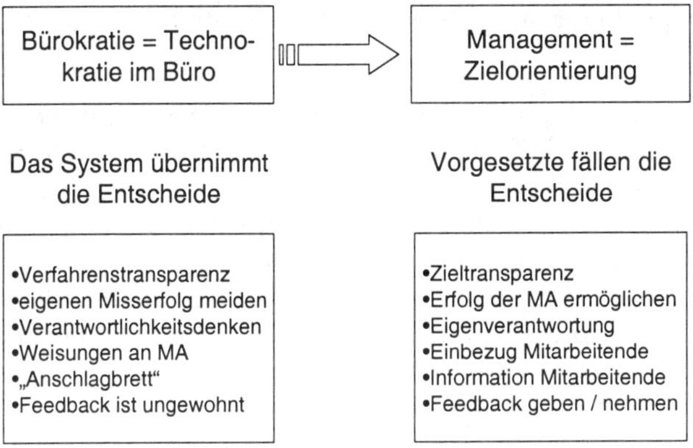

Abb. 10-1: Neue Anforderungen an die Führung unter NPM

Im Idealfall wird das Umfeld der Führung dank NPM stark verändert, indem nicht mehr die Verfahren vorgegeben und kontrolliert werden, sondern die Ziele der Verwaltung. Erfolgreich sind dann nicht die einzelkämpferischen Sachbearbeiterinnen und Sachbearbeiter, sondern die Führungskräfte, die sich als Coach verstehen und mit ihrem Einsatz Erfolge ihrer Mitarbeiterinnen und Mitarbeiter ermöglichen. Im NPM ist als Führungskraft nur erfolgreich, wer sich über die Erfolge seiner Mitarbeiterinnen und Mitarbeiter freut. Die Mitarbeitenden müssen daher in Entscheide miteinbezogen werden, da ihnen sonst die Grundlagen für einen selbständigen Erfolg fehlen. Eine der wichtigsten Funktionen der Vorgesetzten ist der ständige kritisch-unterstützende Feedback. Nur wer weiss, wo er steht, kann sich verbessern.

Trotz allem gilt es jedoch zu beachten, dass auch *Public Manager*, also Führungskräfte im System des NPM, in ein politisches Umfeld eingebunden sind, das seine berechtigten Forderungen an die Verwaltung stellt. Röber (1996, 188) schreibt dazu: „Was wir brauchen, ist ein neuer Typus des Manager-Beamten, der den Vorrang der gewählten Politiker respektiert und gleichzeitig eine respektierte Rolle als politischer Beamter einnimmt." (Übers. K.S.)

10.2 Führung durch Zielvereinbarung als kulturelles Phänomen

Wer europäische Verwaltungen miteinander vergleicht, stellt fest, dass das tägliche Zusammenwirken innerhalb der Verwaltung der einzelnen Länder, also die Verwaltungskultur, grosse Unterschiede aufweist. Diese manifestieren sich in der Art, wie das politisch-administrative System intern funktioniert, d.h. wie die einzelnen Mitglieder des Systems miteinander kommunizieren, aber auch wie es auf Störungen von aussen reagiert. In einer vergleichenden Studie hat Jann (1983, 519ff.) festgestellt, dass drei verschiedene Grundtypen der Kultur unterschieden werden können:

- *Regelungskultur*: Steuerung erfolgt primär über Regeln und Normen. Das Zusammenwirken der verschiedenen Instanzen, aber auch der im System tätigen Menschen, ist durch diese Regulierung bestimmt. Beispiel für diese Form der Steuerung ist ein ausführliches Organisationsreglement für die Verwaltung.
- *Kontaktkultur*: Steuerung erfolgt primär über Absprachen und Aushandeln, d.h. über einen direkten Kontakt zwischen den Betroffenen. Beispiele für diese Form der Steuerung sind Bürgerforen, in denen etwa die Anwohnerinnen und Anwohner eines Parks direkt über dessen Gestaltung durch die Stadt mitbestimmen.
- *Verhandlungskultur*: Steuerung erfolgt primär über Vereinbarungen aller Art, d.h. Verträge, Zielvorgaben, persönliche Vereinbarungen. Beispiele für diese Form der Steuerung sind Leistungsvereinbarungen, wie sie im NPM eingesetzt werden.

Obwohl sich solche Reinformen in der Praxis nicht finden lassen, gibt es doch typische Schwergewichtsbildungen. Jann bezeichnet die Kontaktkultur als typisch für Schweden, die Verhandlungskultur für Grossbritannien und die Regelungskultur für Deutschland. Dies stimmt mit der grossen Bedeutung eines spezialisierten öffentlichen Rechts im deutschsprachigen Raum überein, die so ausgeprägt in kaum einem anderen geografischen Raum vorzufinden ist.

Da die Grundphilosophie und viele Instrumente des NPM aus dem anglo-amerikanischen Raum stammen, enthält es folgerichtig Elemente, die nicht der Regelungs-, sondern der Verhandlungskultur (Kontraktkultur) entstammen: die ganze Steuerung über Leistungsvereinbarungen (Kontrakte) ist ein markantes Beispiel dafür. Dieselbe Kultur ist jedoch auch auf individueller Ebene zu erkennen – und hat sich bereits in den 70er Jahren verbreitet. Das auch heute noch aktuelle Führungsmodell des „Management by Objectives" (MbO) stammt aus dieser Zeit und wird in einer autoritären (Führung durch Zielvorgabe) und einer kooperativen Variante (Führung durch Zielvereinbarung) in der Praxis eingesetzt (Wunderer/Grunwald 1980, 305ff.). Der Schweizerische Bundesrat (1974, 38) hat zu dieser Zeit die „Führung durch Zielsetzung" als eine wirksame Methode kooperativer Führung in die Richtlinien für die Verwaltungsführung im Bunde aufgenommen.

Eine kooperative Form des MbO enthält beide kulturellen Elemente, die neben der Regulierung stehen: Im Vereinbarungsprozess sowie im Verlauf der mitschreitenden Zwischenbesprechungen steht das Kontaktelement im Vordergrund, während die Festlegung und Konkretisierung von Zielen, insbesondere die Überwachung derer Erreichung ein Kontraktelement ist. Es findet also schon seit den 70er Jahren eine gewisse Verlagerung des Schwerpunktes von der Regulierung hin zu Kontakt- und Verhandlungssteuerung statt (vgl. Abb. 10-2).

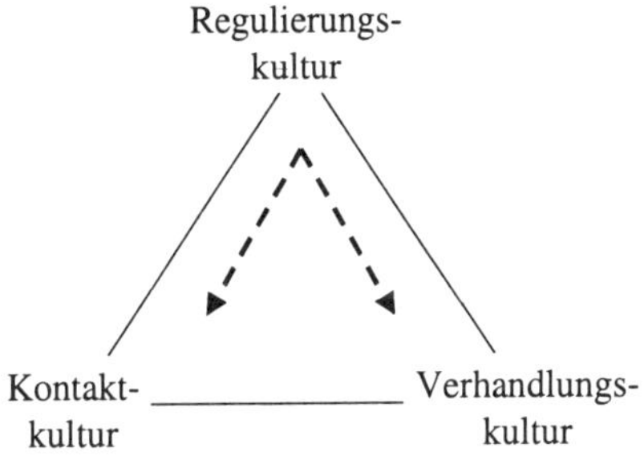

Abb. 10-2: Verschiebung des Schwerpunkts der Steuerung in den drei Kulturtypen nach Jann

Aus Sicht der Motivation der Mitarbeitenden zeigt sich deutlich, dass die Loslösung von einer „Führung durch Vorschriften und Einzelanweisung" zu einer grösseren Selbständigkeit der Einzelnen führt. Dies hat in aller Regel eine bessere Motivation zur Folge, was sich wiederum positiv auf das Arbeitsklima auswirkt. Dem steht allerdings ein erweitertes Anforderungsprofil für die Mitarbeiterinnen und Mitarbeiter entgegen, von denen erwartet wird, dass sie Eigenverantwortung übernehmen. Letztlich kann damit der Leistungsdruck auf dem Einzelnen zunehmen, was zum Teil durchaus erwünscht ist.

10.3 Leistungsanreize

NPM fordert eine verstärkte Leistungs- und Wirkungsorientierung der Steuerung im politisch-administrativen System. Es ist daher nur folgerichtig, dass sich dieselbe Grundhaltung auch auf die Gestaltung der Anreizstrukturen in öffentlichen Institutionen durchschlagen muss.

> **Anreize** sind monetäre und nichtmonetäre „Zahlungen" bzw. Versprechungen, mit denen das erwartete Verhalten der Adressaten nicht erzwungen, sondern z.B. durch Zuschüsse (positive A., incentives) attraktiver oder durch Abgaben (negative A., disincentives) unattraktiver gemacht wird. Die Entscheidungsfreiheit der Adressaten bleibt formell gewährleistet, sie können frei entscheiden, ob sie in Reaktion auf die gebotenen Anreize ihr Verhalten ändern wollen. (Verwaltungslexikon 1991, 32)

Def. 10-1: Anreize

Anreizsysteme zielen darauf, die Diskrepanz zwischen Zielen der Verwaltung und individuellen Bedürfnissen abzubauen. Im Idealfall sollte es gelingen, persönliche Bedürfnisbefriedigung in der Erreichung der Verwaltungsziele zu finden. Zu Recht warnt Sprenger (1992) allerdings davor, Anreize zu instrumentalisieren, um gegen die legitimen Bedürfnisse der Mitarbeitenden im manipulativen Sinne bestimmtes Verhalten zu bewirken. Vielmehr wird im NPM versucht, bestehende Anreizstrukturen zu erkennen und zu analysieren, die positiven zu verstärken und die negativen zu eliminieren.

Jedes System trägt in sich Anreize, die ein bestimmtes Verhalten belohnen und ein anderes bestrafen. Das fehlende Bewusstsein für diese Zusammenhänge hat im Bürokratiemodell dazu geführt, dass es Anreize generiert, die zu ineffizientem, nicht leistungsorientiertem Handeln verleiten. Honoriert wird, wer keine Probleme verursacht. Keine Probleme verursacht, wer nicht auffällt und sich stets an die Regeln hält. Die „Maschine Verwaltung" funktioniert in der Bürokratie dank, nicht trotz der unscheinbaren Rädchen im System.

NPM anerkennt die wichtige Rolle, die Anreize für das effiziente und effektive Funktionieren der Verwaltung spielen, und setzt sie für die Erreichung seiner Ziele ein. In diesem Sinne ist eine leistungsorientierte Entlöhnung ein systemkonformes Element, das mit dem NPM eingeführt werden kann. Es ist jedoch nicht zwingend: NPM kann auch ohne Leistungslohn-Elemente funktionieren, sofern andere Anreize dieselbe oder gar eine bessere Wirkung versprechen. Somit wird klar: Die konkrete Ausgestaltung von Anreizsystemen in öffentlichen Institutionen kann nicht zentral einheitlich vorgegeben, sondern sie muss zwingend an die jeweiligen Verhältnisse angepasst werden.

10.4 Personal- und Organisationsentwicklung

Die geschilderten Anforderungen, die an das Personal und die Führungskräfte im öffentlichen Sektor gestellt werden, können nicht mit den Fähigkeiten und dem Wissen erfüllt werden, die für die Arbeit in bürokratischen Verwaltungen notwendig sind. Neue Aufgaben bedingen neue Fertigkeiten (Potential) und neue Strukturen. Für die Umsetzung des NPM ist es daher unabdingbar, dass sowohl das Personal wie auch die Organisation befähigt werden, mit dem neuen Modell umzugehen. Erfolgreiche Projekte legen grosses Gewicht auf die Personalentwicklung, wie etwa das Beispiel der Landeshauptstadt Saarbrücken zeigt. Die Inhalte der Aus-

und Fortbildung wurden dort wie folgt festgelegt (Hoffmann et al. 1996, 56ff.):

- Führungsfortbildung (z.B. Verbesserung von Führungsverhalten, Wissen und Fertigkeiten; Einsatz von Führungsmitteln)
- Nachwuchsförderung
- „Bürger als Kunde“ (z.B. Sachbearbeitung im Dialog mit der Bürgerin und dem Bürger, Behördenbrief, richtig telefonieren, Beschwerdemanagement)
- Aufbau von Schlüsselqualifikationen (z.B. kommunikative, methodische, technische und innovative Kompetenz)
- Förderung spezieller Anliegen (z.B. Gleichstellungsanliegen)
- Methoden und Richtlinien im Personalbereich (z.B. Potentialbeurteilung, Bedarfserhebung, Fortbildungsplanung etc.)

Personalentwicklung ernst nehmen heisst, eine Umorientierung vorzunehmen: Personal wird nicht mehr als reiner Kostenfaktor betrachtet, sondern es wird zum „strategischen Erfolgspotential“ für die Verwaltung. Die Entwicklungsbereitschaft des Einzelnen wird im Personalmanagement berücksichtigt; nicht jeder Mitarbeiter oder jede Mitarbeiterin ist im gleichen Ausmass an einem beruflichen Aufstieg interessiert. Personalentwicklung ist jedoch nicht nur Karriereplanung und –förderung, sondern es ist auch bewusste Pflege der Menschen, die (auch ohne Karriere) in der Verwaltung einen guten Job machen wollen.

In einer stärker mitarbeiterorientierten Verwaltung heisst Personalentwicklung auch Schaffung individualisierter Entwicklungspfade, um den Mitarbeiterinnen und Mitarbeitern die Möglichkeiten für eine selbstbestimmte Laufbahn zu eröffnen. Zentral dabei ist eine Berücksichtigung individuenspezifischer Orientierungsmuster: Kreativität, fachliche Kompetenz, soziale Kompetenz usw. führen zu völlig unterschiedlichen Profilen idealer Mensch-Arbeit-Beziehungen, die nur über eine beständige Auseinandersetzung mit den Mitarbeitenden (z.B. im Rahmen von Mitarbeitergesprächen) herausgefiltert werden können.

10.5 Personalpolitik

Die Personalpolitik ist von NPM direkt betroffen. Vergrösserung des Managementspielraums bedeutet unter anderem, dass die wichtigsten Personalmanagement-Funktionen an die Ämter delegiert werden. Dies führt unter anderem zu einer Abschaffung zentral vorgegebener Stellenpläne, die im traditionellen System eine relativ wichtige Funktion bei Sparmassnahmen einnehmen. Es ist demnach absehbar, dass sich die Politik schwer tut, auf dieses Instrument zu verzichten.

Personalpolitische Weichenstellungen werden im Moment in der Schweiz vorgenommen, indem in vielen Kantonen, aber auch in der Bundesverwaltung, der Beamtenstatus abgeschafft wurde. Dies steht zwar nicht direkt im Zusammenhang mit NPM, entspricht aber durchaus dessen Grundhaltung, vermehrte Flexibilität im Personalbereich einzuführen.

Die Öffnung des gesamten Systems, die mit NPM angestrebt wird, bringt eine Veränderung der „typischen" Laufbahnen von Beamten mit sich. Sie schlägt sich zwingend auch in der Ausbildung zum Public Manager nieder, die in Deutschland, Österreich und der Schweiz sehr unterschiedlich erfolgt. Während in der Schweiz keine spezialisierte Verwaltungs-Ausbildung für eine Laufbahn vorgesehen ist und die Verwaltung damit automatisch sog. Quereinsteiger engagiert, erscheint das deutsche System spezialisierter Ausbildungswege rigid und geschlossen (vgl. die diversen Beiträge in Schedler/Reichard 1998). Eine Öffnung der Personalpolitik ist eine direkte Folge der Einführung von NPM. Verschiedene internationale Beispiele zeigen jedoch, dass dies nicht zwingend mit einer Verschlechterung der Arbeitsbedingungen für die Beamtinnen und Beamten einhergehen muss: In Neuseeland wurde beispielsweise ein ethischer Standard für den Staat als Arbeitgeber erst im Zusammenhang mit den NPM-Reformen formuliert.

Ändert sich für das Personal nichts, so erreichen NPM-Reformen ein wichtiges Ziel nicht. Die grössere Autonomie und Verantwortung muss für die Mitarbeitenden erlebbar werden. Neuere Mitarbeiterbefragungen haben gezeigt, dass viele Veränderungen den Weg an die Basis noch nicht genügend gefunden haben. Hier werden zukünftige Anstrengungen vermehrt ansetzen müssen.

10.6 Fragen zur Diskussion

- NPM zielt auf ein neues Führungsverhalten der Vorgesetzten in der öffentlichen Verwaltung. Wie kann neues Führungsverhalten gefördert werden?

- Oft wird mit NPM die leistungsabhängige Honorierung in Verbindung gebracht. Hier wird die Ansicht vertreten, dass sie keine Grundbedingung des NPM darstellt. Welches sind die Chancen und Risiken einer leistungsabhängigen Honorierung?

- Die Gewerkschaften stellen sich im internationalen Vergleich recht unterschiedlich zum NPM. Versetzen Sie sich in die Rolle einer Gewerkschafterin oder eines Gewerkschafters: welche Position würden Sie gegenüber dem NPM einnehmen?

- Mit welchen Mitteln versucht NPM, das Personal als wichtigste Grundlage einer guten Qualität der Verwaltungsleistung auf seine Aufgabe vorzubereiten? Kennen Sie Beispiele aus der Praxis, die dies unterstreichen oder widerlegen?

11 Technisches Potential: Informationstechnologie

Der Einsatz von Informationstechnologie (IT) in der öffentlichen Verwaltung ist heute in den deutschsprachigen Staaten Europas selbstverständlich. Insbesondere in grossen Bereichen der vollziehenden Verwaltung wie z.B. der Steuerverwaltung, der Sozialverwaltung, Bestandesverwaltungen und im öffentlichen Finanzwesen ist die Anwendung weit verbreitet und hat über die letzten Jahrzehnte erhebliche Verbesserungen erreichen können. Die Einsatzbereiche und Nutzungsmöglichkeiten der IT variieren jedoch sehr stark und insbesondere das Potential der *modernen* IT wird in der Verwaltung erst teilweise genutzt.

Das IT-Potential hat in den letzten Jahrzehnten erheblich Einfluss auf die Strategie von Organisationen geübt. So setzt auch das NPM einen bestimmten IT-Standard voraus. Ob die Modernisierungsimpulse eher von der Technik als von einer Reformbewegung wie NPM ausgingen, ist schwierig einzuschätzen. Im allgemeinen kann man wohl sagen, dass es sich oft um bekannte Anliegen handelte, deren Umsetzung erst durch die IT ermöglicht wurde. NPM wäre ohne das Potential der modernen IT nicht möglich, wobei sich konkrete Gestaltungsalternativen meist erst in der Praxis entwickeln (Grimmer 1995, 169). Die Vorteile und Chancen einer konsequenten IT-Nutzung entsprechen sehr stark den vom NPM geforderten Veränderungen. Neben Prozessoptimierungen lässt sich durch die Unterstützung von Prozessen bei den Bürgerinnen und Bürgern eine moderne Form des *Empowerment der Bürgerinnen und Bürger* (Heeks 1999, 17) erreichen, was der Vorstellung des Gewährleistungsstaates entspricht und zu einer „Bürokratieüberwälzung" von Staat auf den Bürger bzw. die Bürgerin und die Wirtschaft führt (Reinermann 1995a, 392).

11.1 Anwendungsstufen der Informationstechnologie

Die rasante Entwicklung der IT in den letzten Jahrzehnten hat die Anwendungsmöglichkeiten und –formen in Unternehmen wie auch in der öffentlichen Verwaltung stark verändert. Um die verschiedenen Stufen zu systematisieren, welche bei der IT-Anwendung und damit einhergehenden Organisationstransformation durchlaufen werden können, soll folgende Unterscheidung helfen (Scott Morton 1991 zit. aus Ballamy/Taylor 1998, 38ff.):

- Automation
  In dieser Stufe des IT-Einsatzes werden Computer eher als Produktions- denn als Informationstechnologie gesehen. Im Zentrum steht die Kostenreduktion bestehender Abläufe durch Automation und nicht die Informationsgewinnung. Es werden *bestehende* Prozesse effizienter gemacht, ohne sie mit anderen Prozessen zu verknüpfen oder kritisch zu hinterfragen. Diese Form der IT Anwendung ist in der öffentlichen Verwaltung verbreitet, schöpft jedoch das Potential der modernen IT, das zur Amortisation notwendig ist, bei weitem nicht aus.

- Informatisierung
  Die IT wird in dieser Stufe dazu verwendet Informationen zu verarbeiten und damit *neue Informationen* verfügbar zu machen. Beispiele hierfür reichen beispielsweise von der Auswertung von Profilen der Leistungsempfänger bis zum Verwaltungsbeamten in einem One-Stop-Shop, dem Zugang zu Datenbanken verschiedener Verwaltungseinheiten offensteht. Das NPM setzt in weiten Bereichen eine Informatisierung der Verwaltung voraus bzw. ruft diese hervor. Durch die Wirkungs- bzw. Leistungsorientierung, das Kontraktmanagement und die Verantwortungsdelegation benötigen alle Parteien Informationen bzgl. der benötigten Leistungen, der Kontrakterfüllung, Wirkungs- und Leistungszusammenhängen usw. Diese können nur durch Informatisierung in einem vernünftigen zeitlichen und finanziellen Rahmen bereitgestellt werden.

- Transformation
  Diese Stufe der IT-Anwendung unterscheidet sich fundamental von den beiden anderen. Während die Automation und Informatisierung auf den bestehenden Organisationsformen aufbauen, wird in der Transformationsstufe ein *totaler Umbau der bisherigen Strukturen und Abläufe* nach den Möglichkeiten der IT vorgenommen. Ausgerichtet wird die Umstrukturierung an den Leistungen an den Kunden bzw. die Kundin. Die hinter dieser radikalen Forderung stehende Logik argumentiert, dass Hierarchie und Arbeitsteilung, wie sie in bürokratischen Organisationen anzutreffen sind, eine angemessene Organisationsform komplexer und grosser Aktivitäten im Industriezeitalter waren. Die moderne IT hingegen ermöglicht Infomationsverfügbarkeit auf allen Ebenen. Damit ermöglicht sie den Abbau vertikaler Hierarchien zugunsten einer Verbindung und Integration von Aktivitäten innerhalb und über die Organisation hinaus. Ferner ermöglicht die IT eine bessere und ortsunabhängige Auslastung von Spezialistenwissen, was wiederum die Festlegung der kritischen Organisations- und Einzugsgrösse beeinflusst.
  Die technikgetriebene Transformation gleicht in erstaunlicher Weise den Reformanliegen des NPM. Ein derartiges Reengineering sieht sich in der öffentlichen Verwaltung verschiedenen Hindernissen ausgesetzt. Zum einen bestehen gewisse rechtliche Schranken hinsichtlich Organisation und Prozessen, zum anderen stellt sich, wie im privaten Bereich auch, das Problem hinsichtlich der Eignung verschiedener Aktivitäten für ein Reengineering. So ist wohl im allgemeinen eine Umstrukturierung im Bereich der Politikvorbereitung weniger erfolgversprechend als im Bereich der konkreten Leistungsabgabe. Durch Reengineering-Projekte konnten in verschiedenen Bereichen der öffentlichen Verwaltung erstaunliche Ergebnisse hinsichtlich Effizienzgewinnen und Kundenorientierung erreicht werden. Die Stadt Kerpen konnte beispielsweise durch eine Umstrukturierung die Durchlaufzeiten von Bauanträgen von 111 Tagen auf 10 Tage reduzieren (Hill 1997b, 59).

11.2 Zielgruppen und Schnittstellen

In Veröffentlichungen zur Bedeutung der IT im öffentlichen wie auch im privaten Sektor wird vor allem deren Fähigkeit zur Förderung der Kundenorientierung herausgestellt. Der Kunde bzw. die Kundin ist in diesem Zusammenhang prozessorientiert zu verstehen und verkörpert je nach betrachteter Aufgabe Bürger oder Bürgerinnen, Ratsmitglieder, Unternehmen oder auch andere Verwaltungseinheiten. Betrachtet man das Gesellschaftssystem als Ganzes, so präsentieren sich die zusammengefassten Einsatzbereiche an den Schnittstellen wie stark vereinfacht in Abb. 11-1 dargestellt.

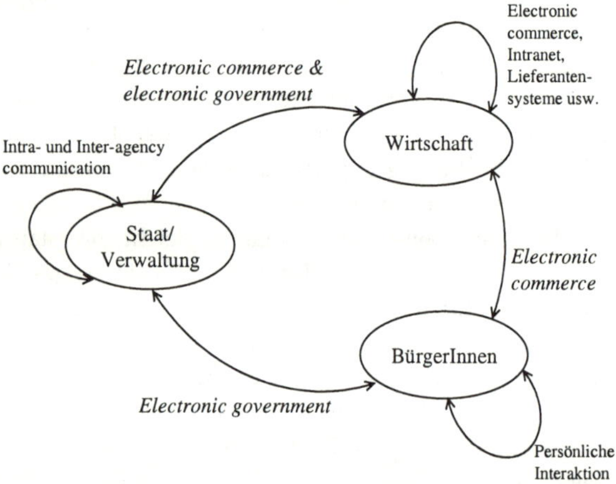

Abb. 11-1: IT-Einsatzbereiche in der Gesellschaft (NSW Government 1997, 8)

Im staatsinternen Bereich kann IT zur Unterstützung der Prozesse zwischen Verwaltungseinheiten des gleichen Gemeinwesens, unterschiedlicher Gemeinwesen und zwischen Politik und Verwaltung eingesetzt werden. Im Bangemann-Report wird sogar auf EU-Ebene diskutiert, welche Implikationen IT im europäischen Umfeld haben wird (Bangemann 1995). Im verwaltungsinternen Einsatz werden in nächster Zukunft insbesondere die Vernetzung von Datenbeständen und Informatisierung Effizienzsteigerungen zulassen. An der Schnittstelle zur Politik und zur Verwaltungsführung kann die Entscheidungsqualität durch aussagekräftige Aufbereitung führungsrelevanter Informationen erreicht werden.

Mit dem Begriff Electronic Government werden IT-basierte Neuerungen im Bereich der öffentlichen Leistungserbringung und der demokratischen Prozesse (Mitwirkungs- und Ausübungsrechte) bezeichnet. Obwohl viele Autoren auch den verwaltungsinternen Einsatz von IT als electronic government bezeichnen, möchten wir diesen Begriff auf den IT Einsatz an der Schnittstelle zwischen Staat einerseits sowie BürgerInnen, Wirtschaft und dritten staatlichen und halbstaatlichen Organisationen andererseits beschränken.

11.3 Electronic Government

Electronic Government ist eine Staats- und Verwaltungsorganisation, die in mannigfaltiger Weise mit ihrer Umwelt durch moderne Kommunikationsmedien – insbesondere das Internet – vernetzt ist, und die eine IT-gestützte Leistungserbringung und –abgabe über die Grenzen der staatlichen Organisation zulässt.

Def. 11-1: Electronic Government

Electronic government kann in den verschiedenen staatlichen Tätigkeitsfeldern in unterschiedlichen Anwendungsformen zum Ausdruck kommen. Die im folgenden vorgenommene Kategorisierung stellt keine abschliessende und allgemeingültige Unterteilung dar, sondern soll vielmehr als gedankliche Strukturierungshilfe dienen (Bertot 1998-99, 28; Bertelsmann Stiftung 1998, 17f.):

- „Schaufenster":
  Das Internet wird als Publikationsplattform genutzt, mit Hilfe dessen Informationen verbreitet werden können. Anstelle oder parallel zur Publikation in amtlichen Blättern kann z.B. die

Veröffentlichung von Gesetzgebung, öffentlichen bzw. amtlichen Bekanntmachungen, Berichten usw. per Internet erfolgen. Ebenfalls unter diese Kategorie fallen online verfügbare Informationen von einzelnen Behörden, z.B. bezüglich mitzubringender Unterlagen, zu durchlaufender Amtswege, Öffnungszeiten, Informationsblätter usw.

- Virtuelle Verwaltung:
  Mit dieser Leistungsgruppe ermöglicht die Verwaltung ihren Kundinnen und Kunden einen 24 Stunden, 7-Tage die Woche Service. Die Kundinnen und Kunden haben rund um die Uhr und in der Regel orts-, zeit- und personenunabhängig Zugang zu den *Serviceleistungen* der Verwaltung. Beispiele sind das elektronische Beantragen von Pässen und Lizenzen jeder Art.

- Interaktive Dienstleistungen:
  Bei dieser Kategorie werden komplette Verwaltungsakte elektronisch abgewickelt. So ist beispielsweise in Arizona die Erneuerung des Führerscheins online möglich. Im Unterschied zur Leistungsgruppe der „virtuellen Verwaltung" wird der gesamte Prozess elektronisch abgewickelt und es ist keine persönliche Interaktion zwischen Kunde bzw. Kundin und Verwaltung zur Beendigung des Prozesses, wie z.B. das Abholen des Führerscheins am Schalters, notwendig. Die Verwaltung selbst nutzt die Möglichkeiten des electronic commerce und verrechnet z.B. ihre Gebührenforderung via elektronischen Zahlungsverkehr.

- Förderung demokratischer Prozesse:
  Demokratische Prozesse können durch elektronische Foren, Diskussionsgruppen, Befragungen und Abstimmungen gestärkt werden. Direkter E-Mail Kontakt mit der Verwaltungsführung oder PolitikerInnen wird hier ebenfalls oft als Instrument angeführt. Zu beachten ist dabei allerdings, dass die Technik alleine keine Reform auslöst, sondern die Aufgeschlossenheit der Bürgerinnen und Bürger conditio sine qua non ist. So scheiterte z.B. das Public Exchange Network, eine öffentliches elektronisches Konferenz- und Postsystem der

Stadt Santa Monica im wesentlichen daran, dass sich hauptsächlich nur organisierte Interessengruppen der direkten Kommunikationskanäle bedient haben und die Stadtvertreter von verschiedenen Gruppen regelrecht belästigt wurden. Die Post wurde deshalb vorsortiert und der Dialog abgebrochen (Kraemer 1995, 187). In dieselbe Kategorie gehört auch die Meinungsbildung zwischen dem Staatswesen, beispielsweise im Föderalismus die Vernehmlassung des Bundes bei Kantonen/Ländern.

Die unterschiedlichen Ausprägungen des electronic government kommen dabei in den verschiedenen Tätigkeitsbereichen des Staates zur Anwendung. Dabei dürfen die Tätigkeiten nicht auf die reine Leistungsproduktion der Verwaltung beschränkt werden. Die möglichen Einsatzbereiche des Electronic Government in den unterschiedlichen Aufgabenbereichen der Verwaltung können untenstehender Abb. 11-2 entnommen werden.

	Gewährleistung demokratischer Rechte	Dienstleistungsherstellung	Wirtschaftsförderung	Auskünfte, Information der Öffentlichkeit	...
Schaufenster	X	X	X	X	
Virtuelle Verwaltung		X		X	
Interaktive Verwaltung		X			
Elektronische Demokratie	X			X	

Abb. 11-2: Mögliche Anwendungsbereiche des Electronic Government in den verschiedenen Tätigkeitsbereichen des Staates

11.4 Informationelle Garantien

Unabhängig von den immer fortschreitenden technischen Möglichkeiten bestehen einige grundsätzliche Rahmenbedingungen, die mit der integrativen Natur der modernen IT von wachsender

Bedeutung sind. Aus derartigen Rahmenbedingungen ergeben sich in der Praxis Schranken gegenüber den technisch denkbaren Anwendungsmöglichkeiten.

11.4.1 *Datenschutz*

Anliegen des Datenschutzes ist es, den Einzelnen vor Verletzungen seiner Persönlichkeitsrechte oder anderer Interessen im Umgang mit personenbezogenen Informationen zu schützen. Anliegen des Datenschutzes werden insbesondere dann aktuell, wenn die Verwaltung Leistungen über die Grenzen einzelner Verwaltungseinheiten hinweg anbietet. Für ein derartiges Leistungsangebot würden die Datenbestände der verschiedenen Verwaltungseinheiten vernetzt und untereinander zugänglich gemacht. Denkbar ist ebenfalls, dass bei One-Stop-Varianten alle zentral abgegebenen Angaben des Leistungsabnehmers bzw. -empfängers in sämtlichen betroffenen Verwaltungseinheiten erfasst bzw. verfügbar sind. Ohne auf die genaue nationale Datenschutzgesetzgebung einzugehen, kann man allgemein sagen, dass der Staat die Verpflichtung hat, dafür zu sorgen, dass Verwaltungseinheiten nur zu den Daten Zugang haben, welche sie für ihre Leistungserbringung benötigen. Eine unbeabsichtigte Verbreitung persönlicher Daten ist zu vermeiden. Der Datenschutz verlangt daher in vielen Fällen der Prozessoptimierung über einzelne Verwaltungseinheiten hinaus ein kompliziertes System von Zugriffsberechtigungen. Falls verwaltungsexterne Partner an der Leistungserbringung beteiligt sind, verschärfen sich die Anforderungen zusätzlich.

11.4.2 *Datensicherheit*

Bei der Datensicherheit stehen die Daten und Systeme im Zentrum der Schutzüberlegungen. Es geht prinzipiell um die Vermeidung unerlaubten Zugriffs und Missbrauchs von Daten. Im öffentlichen Bereich müssen wegen der besonderen Sensibilität der vorhandenen Daten sehr hohe Sicherheitsstandards verlangt werden.

Neben dem unerlaubten Zugriff z.B. durch Hacker, fallen in diesen Bereich auch – insbesondere rechtliche – Anforderungen an die Benutzeridentifikation und die Authentizität. Die Bedeutung einer zuverlässigen Benutzeridentifikation soll an dieser Stelle nicht weiter erläutert werden. Hingegen stellt sich im öffentlichen Bereich zum einen das Problem, dass hinsichtlich der Form behördlicher Entscheide, z.B. Verfügungen, klare Rechtsvorschriften bestehen, die meist durch eine elektronische Lösung nicht erfüllt werden. Zum anderen stellt sich, wie auch im privaten Bereich, das Problem der Rechtsgültigkeit und –verbindlichkeit der digitalen Unterschrift. Deutschland hat als eines der ersten Länder bereits rechtliche Regelungen hinsichtlich der Anforderungen an digitale Unterschriften (Gesetz zur digitalen Signatur SigG), wobei noch keine Regelungen zur rechtlichen Akzeptanz der digitalen Signatur im Rechtsverkehr bestehen. In der Schweiz wird im Zusammenhang mit der Einführung der elektronischen Steuererklärung auf kantonaler Ebene geprüft, ob und wer derartige Regelungen erlassen kann.

11.5 Fragen zur Diskussion

- Wie unterscheidet sich das *Electronic Government* von der normalen Informatisierung der Verwaltungsorganisation?
- Verschiedene Autoren vertreten die Auffassung, dass der Finanzdruck zwar erklärt, warum sich die Verwaltung bewegt, nicht jedoch, warum sie sich genau in diese Richtung (NPM) bewegt. Dies sei vielmehr eine Folge des technischen Fortschritts im Informationsbereich. Wie beurteilen Sie diese Aussage?
- Worin unterscheidet sich das Electronic Banking vom Electronic Government?

KULTURELLE ASPEKTE IM KONZEPT DES NPM

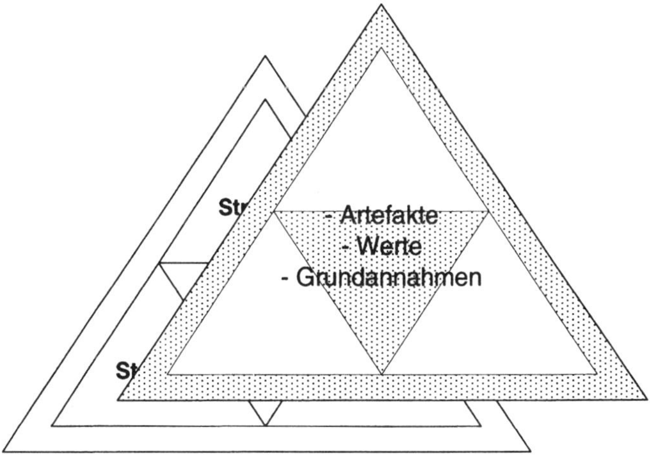

12 Kultur

Verwaltungsreform ist im deutschsprachigen Raum nie nur eine Reform der Strukturen, eine Formulierung neuer Strategien oder die Heranbildung eines neuen Potentials. Wenn auch diese drei Elemente notwendig sind, so sind sie doch nicht hinreichend für eine echte Veränderung der Verwaltung. NPM ist zu einem wesentlichen Teil darauf ausgerichtet, eine neue Kultur in öffentlichen Institutionen zu etablieren. Die Kultur der Verwaltung ist damit das vierte zu behandelnde Element im heuristischen Organisationsmodell, das wir unserer Publikation zugrunde legen.

Dass die Verwaltung eine ihr eigene Kultur pflegt, die sich von jener eines marktwirtschaftlich orientierten, mittelgrossen Unternehmens unterscheidet, ist auf Anhieb ersichtlich. Die Frage stellt sich jedoch, inwiefern diese Kultur durch das typische Verwaltungsin- und -umfeld geprägt ist. Insbesondere interessiert uns an dieser Stelle, ob es eine typische NPM-Kultur gibt, und welche Ausprägungen eine solche hat.

12.1 Was ist Verwaltungskultur?

Verwaltungskultur kann vereinfachend als die Gesamtheit des Gelebten in der Verwaltung bezeichnet werden. Sie ist geprägt durch Informelles, Tatsächliches und Erlebtes im Umgang der Mitarbeitenden miteinander und mit ihren Ansprechpartnern ausserhalb der Verwaltung. Kultur wird damit sowohl innerhalb wie auch von ausserhalb der Verwaltung wahrgenommen und immer subjektiv interpretiert. Sie ist per Definition nicht schriftlich oder anderweitig formell festgehalten, sondern sie bildet sich aus dem Umgang der Menschen miteinander.

Jede Organisation *hat* ihre eigene Kultur, in der Regel ausserdem eine ganze Menge von Sub-Kulturen. Je differenzierter eine Organisation und/oder Aufgabenstruktur ist, umso grösser ist die Wahrscheinlichkeit, dass eine grosse Verschiedenartigkeit vorzufinden ist. Dies ist in einem staatlichen Gebilde mit seinem breiten

Spektrum an Aufgaben von vornherein zu erwarten. Gleichzeitig *ist* jede Organisation auch eine Kultur, indem sie erst durch gemeinsame Werte und Grundannahmen geformt wird.

Unterschiedliche Kulturen lassen sich feststellen, wenn etwa dieselbe Norm (z.B. ein Gesetz) völlig anders interpretiert und gelebt wird. Wird etwa ein Baugesuch in einer obrigkeitlichen Kultur eher passiv und unpersönlich-defensiv behandelt, so würde im gleichen Rechtskorsett dasselbe Gesuch in einer dienstleistungsorientierten Kultur aktiv aufgenommen und in direkten Gesprächen offensiv nach machbaren Lösungen gesucht. In einem Schweizer Kanton wurden die Mitarbeitenden in der Baubehörde sogar aufgefordert, pro-aktiv mit potentiellen Bauwilligen in Kontakt zu treten, um deren Gesuche rechtzeitig anforderungsgerecht zu gestalten. Dieses Beispiel zeigt, dass der Verwaltung – entgegen vielen Argumenten – ein breiter Spielraum offen steht, sich schon heute kundenorientiert zu verhalten.

Viele Autoren (neustens z.B. van Wart 1998), die sich heute über Organisationskultur äussern, beziehen sich auf Edgar Schein (1985), der ein 3-Ebenen-Modell für die kulturellen Elemente einer Organisation entwickelt hat, das sowohl die expliziten wie auch die impliziten kulturellen Elemente einer Organisation umfasst:

- Grundannahmen über die Art, wie die Welt funktioniert, prägen das Selbstverständnis einer Organisation: Menschenbilder, das Naturverständnis, die gute politische Organisation usw.
- Ausgesprochene Werte der Mitarbeitenden bestimmen die Handlungsorientierung der Organisation: wie die Welt, eine Organisation, die Politik funktioniert bzw. funktionieren sollte.
- Artefakte und Symbole sind die sichtbaren Teile der Organisationskultur. Sie sind Ausdruck der impliziten Ebenen.

Die wichtigste Aussage dieses Modells bezieht sich u.E. auf die Beobachtbarkeit kultureller Dimensionen. Während die Artefakte und Symbole für Aussenstehende als kulturelle Elemente festzustellen sind, die eine Organisation *hat*, bilden sie gleichsam nur die Spitze des Eisbergs. Die treibenden Faktoren für die Verwaltungskultur liegen in den Grundannahmen und Werten, die *Teil* der Organisation *sind*. Sie können jedoch kaum „messbar" gemacht werden. Grundannahmen sind implizite Vorstellungen, wie eine Organisation als System aufgebaut sein soll (Beispiel: Verwaltungsmitarbeiterinnen und -mitarbeiter ordnen sich den Vorgaben der Politikerinnen und Politiker unter; Primat der Politik). Wie dies konkret zu erfolgen hat, ist Teil des Wertesystems in der Organisation: Soll Verwaltung sämtliche Entscheide der Politik überantworten, oder soll die Politik nur die „strategischen Weichenstellungen" vornehmen?

Sieht man Scheins Modell im Rahmen unseres heuristischen Organisationsmodells, so lässt sich eine weitere Ebene einfügen. Eine im Jahr 1998 an der Universität St. Gallen durchgeführte Studie hat gezeigt, dass die Artefakte sich in formelle und informelle, beobachtbare Elemente der Verwaltung unterteilen lassen, wobei die drei Bereiche Strategie, Struktur und Potential als formelle Interventionsfelder ein Pendant im Informellen, tatsächlich Gelebten finden. Die formelle Vorgabe eines bestimmten Ablaufs der Kommunikation (z.B. Dienstwegprinzip) als Strukturelement der Organisation hat eine informelle Wirklichkeit, die beispielsweise durch direkte Kommunikation im Rahmen von Informations-Seilschaften gekennzeichnet ist.

<table>
<tr><td rowspan="2">Artefakte</td><td>formelle</td><td>Struktur</td><td>Potential</td><td>Strategie</td></tr>
<tr><td>informelle</td><td></td><td></td><td></td></tr>
<tr><td colspan="2">Werte</td><td colspan="3"></td></tr>
<tr><td colspan="2">Grundprämissen</td><td colspan="3"></td></tr>
</table>

Abb. 12-1: Adaptiertes Kulturmodell nach Schein

12.2 Bedeutung der Verwaltungskultur

Viele Verwaltungsleistungen sind persönliche Dienstleistungen. Das heisst, der Leistungserstellungsprozess findet auf einer individuellen Ebene statt, die durch direkte Interaktion zwischen Leistungserbringer und Leistungsempfänger charakterisiert ist. Der bzw. die einzelne Angestellte (BeamtIn) ist auf sich allein gestellt, die Interaktion mit dem Kunden bzw. der Kundin kann nicht durch eine zentrale Stelle beeinflusst oder kontrolliert werden (vgl. Bieger 1998, 207). Sie unterscheidet sich damit von einem Produktionsbetrieb, dessen Produkte unabhängig von der Person des Leistungserbringers konsumierbar sind.

Wo eine hierarchische oder physische Kontrolle der Produkte bzw. der Produktion nicht greifen kann, ist eine Organisation auf das Wohlverhalten ihrer Mitglieder angewiesen. Die informelle, kulturelle Komponente erhält somit eine besonders wichtige Bedeutung für die Qualität des Gesamtsystems. Für weite Teile der öffentlichen Verwaltung trifft dies in hohem Masse zu. Nicht ohne Grund betonen daher viele Autoren, dass eine Veränderung der Verwaltungskultur zu den Hauptzielen der Verwaltungsreform gehört.

Nach der Wiedervereinigung Deutschlands wurde auch die Verwaltung vereinigt. Mitarbeiterinnen und Mitarbeiter aus den alten Bundesländern und solche aus den Neuen Bundesländern sollten plötzlich zusammenarbeiten. Reichard und Schröter (1993) haben die Rollenverständnisse und Arbeitsstile, sowie die beruflichen und allgemein-politischen Werthaltungen von Verwaltungsmitarbeiterinnen und -mitarbeitern mit Führungsfunktion in Berlin untersucht. Überdies gingen sie der Frage nach, welche Bedeutung die Unterschiede für den Prozess der Integration der beiden Personalkörper und damit für die Effizienz und Effektivität der gesamten Verwaltungsarbeit haben. Reichard und Schröter sehen für die Akkulturation keine grösseren Probleme vorher, sind aber der Meinung, dass der Integrationsprozess, bis die neuen Werthaltungen und Einstellungen durch die Mitarbeiterinnen und Mitarbeiter verinnerlicht sind, einen langen Zeitraum beanspruchen wird.

Der Drogenmissbrauch führte in den 80er Jahren zu verschiedenen Massnahmen in allen Ländern. Jann (1983) versuchte aufgrund dieser staatlichen Programme Rückschlüsse auf Unterschiede in der Verwaltungskultur zu ziehen. Eine wichtige Erkenntnis dabei war, dass grosse Unterschiede der untersuchten Länder festzustellen sind, diese aber nicht nur vom Problembereich abhängig sind (vgl. Kap 10.2).

12.3 Relevante Dimensionen der Verwaltungskultur im Reform-Umfeld

Die Verwaltung als Dienstleistungsorganisation führt zu einer vielschichtigen Veränderung der Verwaltungskultur. Das dabei oft gebrauchte Schlagwort der „Kundenorientierung" führt wohl zu den grössten Missverständnissen, die im Zusammenhang mit dem NPM zu verzeichnen sind. Zum einen werden vor dem Hintergrund unterschiedlicher Ausgangslagen in den verschiedenen „NPM-Nationen" sehr unterschiedliche Konzepte mit dem Begriff verknüpft, zum anderen konnten wir feststellen, dass sogar innerhalb derselben Verwaltung die unterschiedlichsten Vorstellungen über die Kundenorientierung bestehen. Während die einen (z.B. im Sozial- und Bildungsbereich) den Begriff des Kunden bzw. der Kundin rundweg ablehnen und lieber von Klientinnen und Klienten sprechen, ist bei anderen zwar die Kundenorientierung omnipräsentes Wort, jedoch ohne eine klar kommunizierte Konsequenz für die eigene Organisation.

Im Rahmen der St. Galler Studie zeigte es sich, dass zwischen zwei Elementen der Kundenorientierung zu unterscheiden ist:

- *Kundeneinbezug*: Inwiefern beeinflusst der Kunde und die Kundin die Entscheidung der Verwaltung?
- *Ermessensauslegung*: Wenn die Verwaltung selbständig entscheiden kann, und wenn ihr ein massgeblicher Ermessensspielraum gewährt ist, inwiefern berücksichtigt sie dabei die Interessen der Kundinnen und Kunden gegenüber jenen einer bürokratisch-verfahrensorientierten Gleichbehandlung?

12.3.1 *Kundeneinbezug*

Das Selbstverständnis der Verwaltung zeigt sich nicht zuletzt im Ausmass, in dem die Emanzipation der Kundinnen und Kunden zugelassen oder vollzogen wird. In der Frage des Kundeneinbezugs lassen sich denn auch unterschiedliche Intensitätsstufen erkennen. Dabei bestehen starke Parallelen zwischen der Führungsstil-Forschung von Wunderer (1997) und den Ergebnissen, die Shand und Arnberg (1996) im Rahmen einer OECD-Studie zu Responsive Government herausgefunden haben. Demnach können folgende Ausprägungen des Kundeneinbezugs unterschieden werden:

- **Obrigkeitlich:** Die Verwaltung entscheidet ohne Einbezug des Kunden bzw. der Kundin. Ein Entscheid wird nur dann verständlich erklärt, wenn seitens des Kunden bzw. der Kundin eine Anfrage erfolgt. Die Begründung erfolgt auf eine Weise, die für den Laien oft nicht verständlich ist. Beispiel: Autofahrer erhält die Mitteilung, dass er aufgrund der gesetzlichen Bestimmung in Artikel x zu einer Busse von y verurteilt wird.

- **Informierend**: Die Verwaltung entscheidet selbständig, informiert die Betroffenen jedoch umfassend und pro-aktiv. Die Begründung erfolgt auf eine Weise, die für den Laien in einer verständlichen Sprache gehalten wird. Beispiel: Potentielle Bauherren können sich anhand einer Dokumentation darüber informieren, welche Schritte zu unternehmen sind, um erfolgreich eine Baubewilligung zu erhalten.

- **Konsultierend**: Bevor sie entscheiden, ziehen die VerwaltungsmitarbeiterInnen ihre Kundinnen und Kunden zu Rate. Diese haben die Möglichkeit, während des Entscheidungsprozesses Stellung zu nehmen. Typische Formen der Konsultation sind Einwohner- und Kundenbefragungen oder andere Feedback-Formen. Der Kunde bzw. die Kundin wird zum Indikator für die Verwaltung. Beispiel: Die Einwohnerinnen und Einwohner vieler Städte im deutschsprachigen Raum werden heute regelmässig befragt, wie sie die Leistungen der Verwaltung beurteilen. Die Ergebnisse werden als Entscheidungsgrundlage für die Gestaltung der Verwaltungsleistungen verwendet.

- **Miteinbeziehend**: Die Mitarbeitenden der Verwaltung nehmen gleichberechtigt mit ihren Kundinnen und Kunden am Entscheidungsprozess teil. Gemeinsam werden Lösungen erarbeitet und umgesetzt. Beispiel: Die Mütter in einem Quartier werden im Rahmen eines Mittagstischs in der Kinderbetreuung der Stadt einbezogen.

- **Delegativ-befähigend**: Die Mitarbeiterinnen und Mitarbeiter der Verwaltung überlassen gewisse Entscheide einem Kunden bzw. einer Kundin oder einer bestimmten Kundengruppe und zeigen die Handlungsmöglichkeiten auf. Die Problemlösung wird im Anschluss selbständig vom Kunden und von der Kundin wahrgenommen. Beispiel: In der finnischen Kleinstadt Hämeenlinna wurden Kinder aufgefordert, sich ihren eigenen Spielplatz zu gestalten und den Weg dahin selbst auszuschildern. Die Verwaltung nahm die Vorschläge auf und setzte sie ohne Veränderung um. Damit wurde berücksichtigt, dass Kinder ihre Umwelt anders wahrnehmen als Erwachsene.

- **Autonom selbststeuernd**: Es findet kein direkter persönlicher Kontakt zwischen Verwaltung und KundInnen statt. Die Kundinnen und Kunden haben das Wissen und die Fähigkeit, eventuell sogar die vom Staat delegierten Budgets, die Probleme selbst zu erkennen und zu lösen. Beispiel: In den Niederlanden wird ein neues Konzept diskutiert, den Quartieren ein Globalbudget für die Gestaltung zur Verfügung zu stellen, ohne dass die Stadt sich in die Entscheidungen oder die Umsetzung einschaltet.

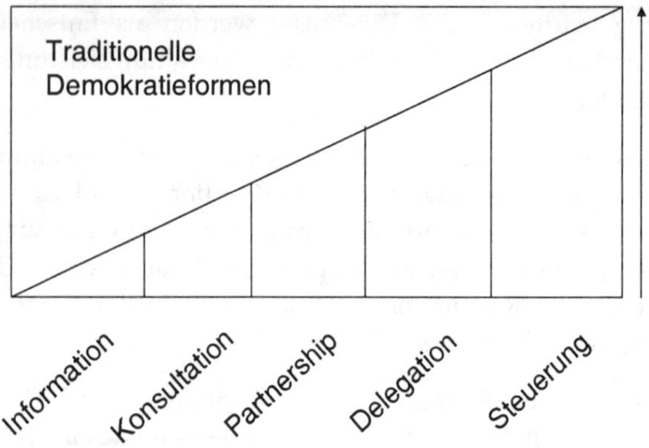

Abb. 12-2: Kontinuum des Kundeneinbezugs

Die einzelnen Ausprägungen dieser Kulturdimension zeugen von der jeweiligen Grundhaltung der Verwaltungsmitarbeiterinnen und -mitarbeiter gegenüber ihren Kundinnen und Kunden. Sie haben in der Umsetzung natürlich Konsequenzen in den formellen Bereichen.

Die Intensität des Kundeneinbezugs wirkt sich auf die Bedeutung der traditionellen Demokratieformen aus: je weniger die Kundinnen und Kunden in Entscheidungen einbezogen werden, umso stärker kann und muss der Einfluss der Bürgerinnen und Bürger sein. Sobald für gewisse Entscheide auf die Meinung der Kundinnen und Kunden abgestellt wird, oder wenn diese gar gewisse Entscheide selbständig fällen können, gewinnen sie „auf Kosten" der demokratisch gewählten Entscheidungsgremien an Einfluss. Dies kann aber durchaus gewollt sein, und bisweilen wird in diesem Zusammenhang von einer neuen Form, von *partizipativer Demokratie* gesprochen. Auch in dieser Frage stellen wir erhebliche kulturelle Unterschiede zwischen Deutschland, Österreich und der Schweiz fest.

12.3.2 *Ermessensauslegung*

In einer Befragung von über 400 Unternehmern in der Region St. Gallen (Schweiz) haben Schedler und Felix (1998) nachgewiesen, dass die Verwaltung das ihr zustehende Ermessen in Einzelentscheiden unterschiedlich anwenden kann. Sie kann ihre Entscheide unabhängig von den Bedürfnissen des Kunden und der Kundin im konkreten Einzelfall treffen, sie kann aber auch die spezifische Situation des Kunden bzw. der Kundin aufnehmen und versuchen, ihr Ermessen in seinem Sinn auszuschöpfen. Aus Sicht der Unternehmer handelt die Verwaltung natürlich dann kundenorientiert, wenn sie das letztere tut.

In den Interviews wurde deutlich, dass diese kundenfreundliche Ermessensauslegung in der Realität ein zunehmendes Gewicht erhalten hat. Gerade die Einflüsse des NPM schaffen eine neue Legitimation für die Verwaltung, sich in diesem Sinne kundenorientiert zu verhalten. Dabei ist dieses Verhalten jedoch nicht neu; vielmehr rückt es aus einem inoffiziellen in einen offiziellen Status, womit es überhaupt fassbar wird.

Auf dem Kontinuum der Ermessensausübung finden sich zwei Extrempositionen:

- Strikte Regelorientierung: Die Mitarbeiterinnen und Mitarbeiter orientieren sich strikte an Verwaltungsvorschriften. Im Bedarfsfall ziehen sie es vor, ihren eigenen Handlungsspielraum durch Schaffung neuer Regelungen einzuschränken. Entscheide, die nicht aufgrund vorhandener Grundlagen gefällt sind, werden nicht honoriert.

- Abwägend: Die Mitarbeiterinnen und Mitarbeiter orientieren sich an den Bedürfnissen ihrer Kundinnen und Kunden, um zu einem vorgegebenen Ergebnis zu gelangen. Im Bedarfsfall ziehen sie es vor, durch bewusstes Nicht-Regeln einen eigenen Handlungsspielraum offen zu lassen. Entscheide, die der Erreichung eines Ziels dienen, werden auch ohne normative Grundlage honoriert und gestützt.

- Strikte Kundenorientierung: Die Mitarbeiterinnen und Mitarbeiter verhalten sich strikt kundenorientiert und versuchen, jeglichem Konflikt mit Kundinnen und Kunden auszuweichen. Als implizite Regel gilt, dass der Kunde bzw. die Kundin immer Recht hat. Entscheide, die zum Wohle der Kundinnen und Kunden gefällt sind, werden honoriert.

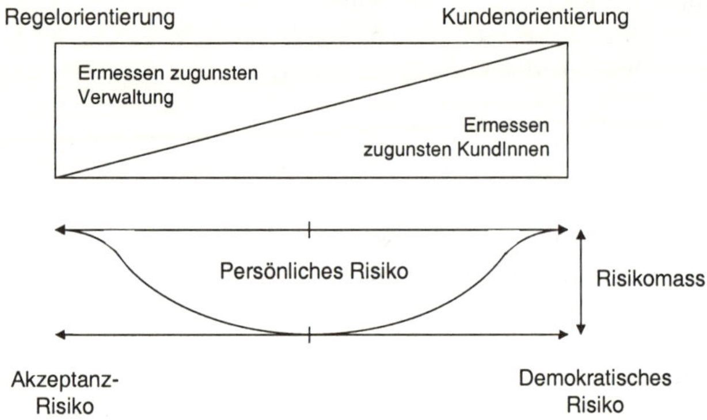

Abb. 12-3: Kontinuum der Ermessensausübung und damit verbundene Risiken

Alle drei Positionen sind innerhalb desselben Rechtskorsetts möglich, wie die Praxis immer wieder zeigt. Die Anwendung des Ermessens hat unter anderem mit der persönlichen Risikobereitschaft der Mitarbeitenden und ihrer Vorgesetzten zu tun: Je mehr zwischen den beiden Extremwerten der Binnenorientierung und der Aussenorientierung abgewogen wird, d.h. je eher der „sichere Hafen" einer vermeintlich klaren Verhaltensweise verlassen wird, umso grösser ist der persönliche Rechtfertigungsdruck, der auf dem Mitarbeiter bzw. der Mitarbeiterin lastet. Anderseits lauern zwei andere Risiken an den jeweiligen Extrema: bei reiner Regelorientierung steigt das Risiko, dass die Verwaltung die Akzeptanz der Bevölkerung verliert. Bei reiner Kundenorientierung besteht ein demokratisches Risiko, indem die für eine demokratische und rechtsstaatliche Verwaltung notwendige Rechtsgleichheit vernachlässigt wird. Je autonomer der Mitarbeitende in seinem Entscheid ist, umso stärker gleichen sich diese Risiken aus. Kann er jedoch beispielsweise das Akzeptanzrisiko vollumfänglich an die Institution überwälzen, so wird er sein persönliches Risiko minimieren und regelgestützt entscheiden.

12.3.3 Lernmuster

Nagel und Müller (1999) nehmen die Frage auf, auf welche Weise eine kulturbewusste Gestaltung von Wandel in der Verwaltung erfolgen kann. Als eine wichtige Dimension wird dabei das Lernen bezeichnet. Die Lernmuster der Verwaltung geben die Art und das Ausmass der Reflexion in der Organisation wieder. Die verschiedenen Formen des Lernens lassen sich wie folgt strukturieren:

- Die einfachste, zugleich aber die am wenigsten effektive Form des Lernens ist die unreflektierte **Übernahme von Traditionen**. In Interviews mit Verwaltungsmitarbeiterinnen und -mitarbeitern zeugten Aussagen wie „das war halt schon immer so" von solcher Grundhaltung. In dieser Ausprägung lernt zwar der Einzelne, sich in der Organisation zurechtzufinden, die Organisation selbst lernt jedoch nicht, d.h. sie entwickelt sich nicht weiter. Viele klassische Bürokratien befinden sich noch immer in diesem Stadium, von dem das NPM wegkommen möchte.

- **regelgestütztes Lernen**: Veränderung findet aufgrund klarer formaler (und damit der bürokratischen Kultur bekannter) Anweisungen von externer oder autorisierter Seite statt: Ein neues Managementmodell wird im Detail instrumentalisiert und quasi-bürokratisch eingeführt. Dies heisst gleichzeitig, die Ent-Bürokratisierung soll auf bürokratischem Weg erfolgen. In vielen NPM-Projekten der Schweiz wird beispielweise beklagt, sie führten zu einem „Papierkrieg" – Zeichen dafür, dass NPM verbürokratisiert wurde.

- **gesichertes Lernen**: Um ein Lernen in ungeregelten Bahnen, trotzdem aber mit kalkuliertem Risiko, zu ermöglichen, werden Innovationsbereiche ausgegliedert, innerhalb derer sich die Verwaltung mehr oder weniger frei entwickeln kann. Ein Interviewter bemerkte beispielsweise: „Der Einstieg ins WoV war ein Startschuss für uns, wodurch wir viel ändern konnten. Da sagte man plötzlich, doch, doch, das ist ein guter Moment, um aus dem Schema auszubrechen."

- **offenes Lernen**: Das offene Lernen ist dadurch charakterisiert, dass es keine Beschränkungen im Ausmass und in der Art des Lernens gibt. Die Verwaltung kann sich frei in die Richtung bewegen, die sie für richtig erachtet. Diese Ausprägung ist die extremste und wurde in kaum einem unserer Interviews von den Interviewten beschrieben.

Das regelgestützte Lernen beruht stark auf einer Fremdreflexion, indem von aussen (Experten, Spezialisten in Stabsstellen der Verwaltung) vorgegebene Anweisungen möglichst genau befolgt werden im Vertrauen darauf, dass sie richtig sind. Der Vorteil besteht darin, dass die Verwaltung als Organisation „kulturkonform" und damit recht einfach verändert werden kann, nachteilig wirkt sich jedoch aus, dass eben dieses konforme Vorgehen die Kulturveränderung nicht fördert. Das offene Lernen hingegen basiert auf einer Selbstreflexion, d.h. auf Abstand zu sich selbst. Nagel und Müller (1999) betonen, dass die Reflexion kulturell einen hohen Stellenwert geniesst und im Rahmen der kulturellen Veränderung erhebliches Potential aufweist. Ihre Studie zeigt jedoch auch, dass der schockartige Übergang zu einem offenen Lernen die Verwaltung nachhaltig verunsichert und zu Widerständen führt.

12.3.4 Kooperationsmuster

Die Kooperationsmuster bezeichnen die Art und Weise, wie innerhalb einer mehr oder weniger gleichgestellten Gruppe, d.h. in der horizontalen Zusammenarbeit, miteinander umgegangen wird. Hier unterscheiden wir folgende Ausprägungen:

- **formal-hierarchisch**: In Konfliktsituationen entscheiden nicht formell oder informell vereinbarte Spielregeln, sondern jene Partei gewinnt, die mit der grösseren Unterstützung auffahren

kann. Typisches Merkmal dieser Ausprägung ist die Inanspruchnahme *formaler Macht*. Ein Mitarbeiter einer internen Dienstleistungsstelle sagte beispielsweise: „Wenn sie [die anderen Stellen in der Verwaltung] auffahren mit der Rückendeckung der obersten Vorgesetzten, müssen wir halt nachgeben."
Kommt es zu einem Konflikt zwischen Dienststellen, die in unterschiedlichen Ministerien angesiedelt sind, so landet die Entscheidung oft an der obersten Stelle: „Dann hat es wieder angefangen. Da war es die Regierung/Verwaltungsspitze, die entscheiden musste."

- **regelgesteuert-bürokratisch**: Die Zusammenarbeit zwischen Gleichgestellten ist geprägt durch formelle oder informelle Spielregeln, an die man sich in jedem Fall hält. Konfliktsituationen werden mit Hinweis auf die *Regeln* gelöst. Beispielhaft wurde gesagt: „Eigentlich stehen wir immer noch am gleichen Ort. Es muss alles durch alle Mühlen hindurch, bis eine Aufgabe erledigt werden kann."

- **zuständigkeitsbezogen abgrenzend**: Massgebendes Kriterium dieser Ausprägung ist die inhaltliche Zuständigkeit, wobei eine Einmischung in den Zuständigkeitsbereich eines andern nicht als negativ empfunden wird. Gleichzeitig dient die Zuständigkeit auch als Abgrenzungsargument im Falle von Konflikten. „Das sollen die anderen machen, das ist ihre Aufgabe."

- **informell-kollegial**: Der informelle, fachliche Austausch von Wissen und die gegenseitige Unterstützung dominiert in dieser Ausprägung. Ansätze einer kulturellen Veränderung sind zum Teil bereits auszumachen, indem man sich dem formalistischen System verweigert und in Eigeninitiative eine bilaterale Lösung sucht: „Schliesslich haben wir uns geeinigt, dass etwas getan werden müsse. Wir haben die Sache zuerst einmal ruhen lassen und gesagt, jetzt laden wir sie doch einfach ein und reden mit ihnen direkt."

12.3.5 *Soziale Muster*

Auch die sozialen Muster beziehen sich auf die Kontakte zwischen den Mitarbeiterinnen und Mitarbeitern. Allerdings sind es nicht die fachlichen Belange, die im Vordergrund stehen, sondern die Art und Stärke des sozialen Netzwerks, das in einer Verwaltungseinheit aufgebaut ist. Die beschriebenen sozialen Muster können durch moderne Netzwerktechnik erhoben und grafisch dargestellt werden. In verschiedenen Projekten konnten wir so aufzeigen, ob in einem Amt oder in einzelnen Gruppen innerhalb eines Amtes Isolation, Interessiertheit oder Engagement den sozialen Umgang bestimmt.

- **isoliert**: Besteht kaum eine persönliche Beziehung zwischen den Mitarbeitenden, so ist die Mehrheit in dieser Arbeitsumgebung sozial isoliert. „Früher haben wir ab und zu mal gemeinsam Sport gemacht, heute arbeitet jeder still vor sich hin und geht abends nach Hause." Typische Artefakte dieser Situation sind Einzelbüros mit geschlossenen Türen sowie fehlender Kontakt, beispielsweise bei gemeinsamen Kaffeepausen.

- **interessiert**: Die Mitarbeiterinnen und Mitarbeiter zeigen ein Interesse an den persönlichen Angelegenheiten der anderen, sprechen auch miteinander darüber, engagieren sich aber nicht persönlich.

- **engagiert**: Die Mitarbeiterinnen und Mitarbeiter setzen sich für die anderen ein, wenn ein Bedarf besteht. Probleme werden gemeinsam, auch ausserhalb der Vorgaben, angegangen. „Man kann sich herausnehmen, mal nicht zu arbeiten, sondern für den Kollegen da zu sein und sich für ihn Zeit zu nehmen."

NPM will die Isoliertheit vieler bürokratischer Kulturen durch eine interessierte oder gar engagierte Kultur ablösen, was ihm auch zu gelingen scheint. In einer deutschen Vorzeige-Stadt wurde uns beispielsweise gesagt: „Wir grüssen uns jetzt wieder, wenn wir uns im Haus begegnen."

12.3.6 *Führungsmuster*

Die Führungsmuster geben wieder, wie die Führung ihre eigene Rolle versteht und wie die Mitarbeiterinnen und Mitarbeiter die Rolle der Führung erleben. Aus der Führungsstil-Forschung sind sehr viele unterschiedliche Konzepte bekannt. Unsere Aufteilung lehnt sich an die Grundstile der Führung nach Tannenbaum und Schmidt (1958) an, die von Wunderer (1997) weiterentwickelt wurden und mit einer prosozialen Dimension und einer Machtdimension der Führung arbeiten. Er legt sechs verschiedene Ausprägungen in das daraus entstehende zweidimensionale Diagramm:

- **Autoritär**: Die Führung spielt ihre Macht aus und lässt die Mitarbeiterinnen und Mitarbeiter nicht an Entscheiden teilnehmen.

- **Patriarchalisch**: Die Führung berücksichtigt die Anliegen der Mitarbeiterinnen und Mitarbeiter implizit und informiert sie über ihre Entscheide. Ein direkter Einfluss auf den Entscheidungsprozess durch die Mitarbeitenden findet jedoch nicht statt.

- **Konsultativ**: Die Mitarbeiterinnen und Mitarbeiter werden explizit nach ihrer Meinung zu bestimmten Themen befragt, so dass der Entscheidungsprozess direkt von den Mitarbeiterinnen und Mitarbeitern beeinflusst werden kann. Obwohl der Entscheid letztlich bei der Führung gefällt wird, ist der Prozess nicht isoliert.

- **Kooperativ**: Es findet ein gegenseitiger Austausch statt, und Entscheide werden gemeinsam gefällt. Ein Abteilungsleiter: „Strategische Änderungen werden vom Team besprochen. Dann fasst einer den Auftrag, trägt eine Lösung vor und wir sagen miteinander ja oder nein, und so fällen wir zum Schluss den Entscheid."

- **Delegativ**: Die Führung überträgt gewisse Entscheide bewusst untergeordneten Hierarchiestufen (bzw. den MitarbeiterInnen). Sie nimmt sich damit aus klar definierten Bereichen heraus, die wechselseitige Kooperation ist weniger intensiv als bei der kooperativen Ausprägung. Zitat: „ich versuche, dass ich die Verantwortung, die man mir überträgt, wahrnehme."

- **Autonom**: Die Mitarbeiterinnen und Mitarbeiter sind völlig frei in der Entscheidung zu gewissen Aufgabenbereichen. Die Führung gibt nur noch den Rahmen vor, hält sich jedoch ansonsten aus der Entscheidungsfindung heraus.

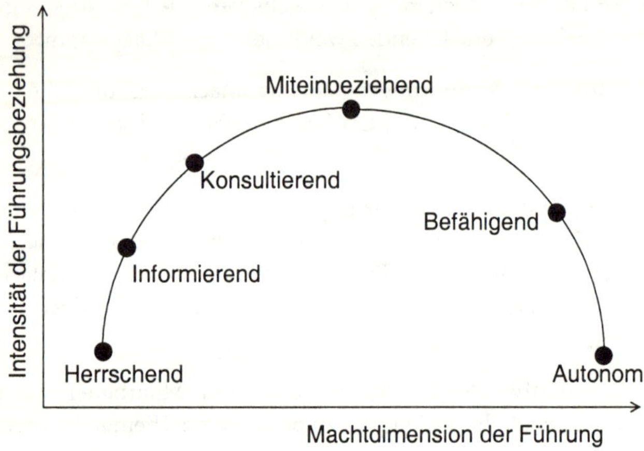

Abb. 12-4: Führungsmuster nach Wunderer (1997)

Obwohl NPM keine Führungsmuster explizit propagiert, kann davon ausgegangen werden, dass die Ergebnisse der modernen Führungsforschung, wie sie etwa Klages und Hippler (1991) oder Wunderer (1997) publiziert haben, auch in das NPM einfliessen.

12.3.7 Zusammenfassung: Ein morphologischer Kasten

Die Zusammenfassung der bisherigen Überlegungen ergibt einen morphologischen Kasten, der alle für die Change-Situation relevanten Dimensionen der Verwaltungskultur und ihre Ausprägungen enthält. Mit Hilfe dieses morphologischen Kastens kann in der Praxis versucht werden, für jede Verwaltungseinheit ein Kultur-

Profil zu erstellen. Der Vergleich der verschiedenen Profile mit dem Verlauf des Veränderungsprozesses ermöglicht, typische Zusammenhänge zu erkennen und aufzuzeigen

<table>
<tr><th>Dimensionen</th><th colspan="12">Ausprägungen</th></tr>
<tr><td>Kundeneinbezug</td><td colspan="2">obrigkeitlich</td><td colspan="2">informierend</td><td colspan="2">konsultierend</td><td colspan="2">miteinbeziehend</td><td colspan="2">delegativ-befähigend</td><td colspan="2">autonom selbststeuernd</td></tr>
<tr><td>Ermessensauslegung</td><td colspan="4">regelorientiert</td><td colspan="4">abwägend</td><td colspan="4">kundenorientiert</td></tr>
<tr><td>Lernmuster</td><td colspan="3">Übernahme von Traditionen</td><td colspan="3">regelgestütztes Lernen</td><td colspan="3">gesichertes Lernen</td><td colspan="3">offenes Lernen</td></tr>
<tr><td>Kooperationsmuster</td><td colspan="3">formal-hierarchisch</td><td colspan="3">regelgesteuert-bürokratisch</td><td colspan="3">zuständigkeitsbezogen abgrenzend</td><td colspan="3">informell-kollegial</td></tr>
<tr><td>Soziale Muster</td><td colspan="4">isoliert</td><td colspan="4">interessiert</td><td colspan="4">engagiert</td></tr>
<tr><td>Führungsmuster</td><td colspan="2">autoritär</td><td colspan="2">patriarchalisch</td><td colspan="2">konsultativ</td><td colspan="2">kooperativ</td><td colspan="2">delegativ</td><td colspan="2">autonom</td></tr>
</table>

Abb. 12-5: NPM-relevante Dimensionen und Ausprägungen der Verwaltungskultur

12.4 Wie verändert NPM die Verwaltungskultur?

Der Test für die kulturelle Wirksamkeit der Reformen nach dem NPM-Modell besteht unter anderem in der Untersuchung von Veränderungen, die durch die Einführung von NPM tatsächlich stattfinden. Hierzu gibt es noch relativ wenig gesichertes Material, zumindest im deutschsprachigen Raum. Die hier dargestellten Erkenntnisse stammen aus explorativen Interviews mit Betroffenen aller Hierarchiestufen in Schweizer Ämtern, die NPM-Reformen unterzogen wurden. Sie sollen Hinweise darauf liefern, wie selbst im Verlauf weniger Jahre (1995 – 1999) effektive Veränderungen stattfinden.

12.4.1 *Bewusstsein für Verwaltungskultur fehlt*

Das wichtigste Ergebnis, das losgelöst von den beschriebenen Kriterien zum Vorschein tritt, ist ein Mangel an Beachtung der weichen Faktoren im Wandel: Es gibt nur ein schwaches Bewusstsein für die Bedeutung kultureller Dissonanzen in einem Reformprojekt. Eigene Massnahmen, die den Reformprozess in diesem Bereich unterstützen, fehlen in vielen Projekten. In den meisten Projekten wird zwar mehr oder weniger oft von Verwaltungskultur gesprochen, eine klare Vorstellung darüber, was Verwaltungskultur ist und welche Bedeutung sie im Wandel hat, fehlt jedoch weitgehend. Selbst die professionelleren Stellen innerhalb der Verwaltung, wie etwa ein Personal- oder ein Organisationsamt, scheinen zu diesem Thema noch wenig sensibilisiert und ausgebildet zu sein, oder aber sie können sich zu wenig Beachtung verschaffen. Vielfach werden unter dem Thema Verwaltungskultur reine Mitarbeiter-Zufriedenheits-Umfragen durchgeführt, ohne eine weitere Spezifizierung vorzunehmen.

Dieser Mangel an Bewusstsein für Verwaltungskultur hat in der Praxis zur Folge, dass Dissonanzen zwischen formalen Eingriffen und kulturellen Gegebenheiten nicht erkannt werden und zu Fallstricken für die Wandelprozesse werden. Nagel und Müller (1999) beschreiben ein Veränderungsprojekt, in dem den Verwaltungsmanagern praktisch übergangslos volle Handlungs- und Entwicklungsfreiheiten gegeben wurden, mit denen sie jedoch nichts anzufangen wussten. Die bürokratische, regelgesteuerte Verwaltungskultur war auf diese offene Veränderungssituation nicht vorbereitet; erst durch die Einführung klarer Veränderungs- und Lernregeln konnten Fortschritte im Change Prozess erzielt werden.

Daraus ergibt sich die paradoxe Situation, dass die Ent-Bürokratisierung der Bürokratie nur über bürokratische Ansätze erfolgreich zu sein scheint. In der Schweiz mussten die stimmberechtigten Männer über die Einführung des Frauenstimmrechtes entscheiden, d.h. das neue System musste mit den Mitteln des alten eingeführt werden. Dasselbe gilt offensichtlich auch für die Veränderung der Bürokratie. Die ersten Veränderungsschritte benötigen eine bürokratische Grundlage, die jedoch sukzessive abgebaut werden muss. Formale Veränderung ist damit immer einzubetten in eine Kultursensibilität, die die wohl härtesten Faktoren der Veränderung berücksichtigt: die kulturellen Mechanismen, die kulturfremde Implantate abstossen.

12.4.2 *Kundenorientierung konnte gesteigert werden*

In einem für die Verwaltung sehr neuen Bereich, der Kundenorientierung, ist eine deutliche Veränderung in der Verwaltungskultur spürbar. Fast alle Interviewpartner hatten die neue NPM-Terminologie übernommen und sprachen von KundInnen, Produkten und Kundenbedürfnissen. Parallel zu unserer Untersuchung laufende Kundenbefragungen haben ausserdem ergeben, dass auch von Seiten der Kundinnen und Kunden eine deutliche Veränderung erlebt wird. Daraus ist zu schliessen, dass die Kundenorientierung durch NPM gesteigert werden konnte.

In den vertiefenden Workshops wurde zudem deutlich, dass die Motivation hinter der nach aussen ähnlich erlebbaren Kundenorientierung sehr unterschiedlich sein kann. Während bei den einen eine echte Dienstleistungs-Mentalität zu kundenorientiertem Handeln führt, geben andere den Kundenwünschen relativ rasch nach, weil dies offenbar der einfachste Weg ist. Ein Gesprächspartner meinte beispielsweise: "Wenn der Kunde dann reklamiert und ich daraufhin alles korrigieren muss, dann habe ich nur noch mehr Arbeit."

Aufgrund der Interviews kann zudem davon ausgegangen werden, dass das NPM nicht die eigentliche Ursache der Kundenorientierung ist, sondern dass es nur den idealen Rahmen schafft, eine längst gewünschte Verhaltensänderung zu legitimieren. Wenn dem so ist, so ist zu erwarten, dass die bürokratische Sozialisierung neueintretender, unverbrauchter Mitarbeiterinnen und Mitarbeiter in einem NPM-Regime weniger drastisch erfolgt und damit das Humanpotential, insbesondere jedoch die damit verbundenen Selektionsmechanismen, an Bedeutung zunehmen werden.

12.4.3 *Kundenorientierung vs. Legalität*

Die Kundenorientierung wird in der Literatur zum Teil heftig kritisiert, weil sie der höherwertigen Rechtsgleichheit widerspreche. Aus diesem Grund ist es besonders interessant, die Sicht der Praxis zu untersuchen, die mit diesem scheinbaren Widerspruch in der täglichen Arbeit umgehen muss. Alle Hinweise, die wir aus Interviews und Workshops gewinnen konnten, sprechen dafür, dass die Praxis diese Fragestellung als akademisch-theoretisch erlebt, nicht jedoch als für sie relevant. Der vermutete Widerspruch zwischen einer legalistischen und einer kundenorientierten Sicht wird nicht als Hindernis für eine praktische Umsetzung von NPM erlebt, sondern als eine Erweiterung des Konzepts.

12.4.4 *Bürokraten erleben sich selbst nicht als bürokratisch*

In vielen Aussagen der Interviewpartner wurde darauf hingewiesen, dass es in der Verwaltung allgemein eine Mehrheit an Einheiten gebe, die sehr bürokratisch arbeiten. Die verwaltungsinternen Beziehungen sind demnach häufig bürokratisch gestaltet. Die Interviewten erleben sich selbst jedoch nur sehr selten als bürokratisch. Die Verwaltung schafft sich selbst also ein internes bürokratisches Image, von dem sich die Beamten abgrenzen, indem sie sich mit der eigenen Verwaltungseinheit identifizieren und sich selbst nicht als bürokratisch ansehen.

12.4.5 *Das mittlere Management wird nicht wahrgenommen*

In der Vertieftung in der Dimension Führungsmuster wurde sowohl aus den Einzelinterviews wie auch in den anschliessenden Workshops deutlich, dass nicht nur die Ausprägung, sondern auch die Stärke der Führung eine kulturelle Bedeutung hat. Die Frage stellt sich also, als wie präsent die Führung in der Verwaltung wahrgenommen wird. Gleichzeitig ist es interessant zu wissen, welche Führungsebene mit welcher Stärke wahrgenommen wird;

angesprochen ist damit der Zentralisierungsgrad innerhalb des Amtes.

Die Ergebnisse hierzu sind recht überraschend. In allen untersuchten Ämtern wurde deutlich, dass eine zentralistische Führungskultur dominant ist. Mit anderen Worten erleben die Mitarbeiterinnen und Mitarbeiter ihre direkten Vorgesetzten als eher wenig präsent in der Führung, während der Leiter bzw. die Leiterin der Verwaltungseinheit (Amt) eine prägende Rolle einnimmt. Wurde „der Chef" erwähnt, so war damit praktisch immer der Amtsleiter bzw. die Amtsleiterin gemeint, in einigen Fällen der politische Vorgesetzte (Minister), jedoch nie die Gruppen- oder AbteilungsleiterInnen.

Die Tatsache lässt sich so interpretieren, dass auf der mittleren Managementebene im Amt heute primär die besten Sachbearbeiter sitzen und weniger die Manager einer Gruppe oder einer Abteilung. Es ist daher anzunehmen, dass auf dieser Ebene entsprechend wenig Führungsaufgaben wirklich wahrgenommen werden. Zu prüfen wäre die Selbsteinschätzung der Personen im mittleren Management: verstehen sie sich primär als Führer oder als Sachbearbeiter? Für das NPM hat diese Frage erhebliche Bedeutung, denn das Schlagwort „let the managers manage" umzusetzen bedeutet, dass man auf Manager aufbauen können muss. Aufgrund der vorliegenden Ergebnisse muss befürchtet werden, dass das für NPM notwendige Management-Potential in den Ämtern nicht vorhanden ist – für den Change Prozess in der Praxis bedeutet dies wiederum, dass gerade mit dem mittleren Management in den Ämtern eine besondere Anstrengung unternommen werden muss, wenn das NPM erfolgreich eingeführt werden soll.

12.5 Politische Kultur

In einem demokratischen System kann und darf Verwaltung nicht isoliert von der Politik stattfinden. Dies hat zur Konsequenz, dass eine Veränderung der Verwaltungskultur nicht ohne Berücksichtigung der politischen Kultur erfolgen kann.

Die Thematik der politischen Kultur ist Gegenstand breiter Publikationen, allerdings kaum je im Zusammenhang mit NPM. Berg-Schlosser und Schissler (1987) bezeichnen die Verknüpfung „zweier so unterschiedlich besetzter Begriffe wie ‚Politik' und ‚Kultur' zu einem politikwissenschaftlichen Terminus [als] nicht unproblematisch." Im NPM-Kontext wird denn die politische Kultur mehr aus der Sicht betriebswirtschaftlicher, organisationspsychologischer Ansätze betrachtet. Ausserdem wird das Konzept „politische Kultur" im vorliegenden Zusammenhang primär als deskriptives Modell verstanden, das ein verändertes Verhalten der Politikerinnen und Politker beschreiben soll.

Eine „NPM-konforme" politische Kultur, dies konnte im Verlaufe dieser Publikation immer wieder aufgezeigt werden, zeichnet sich durch folgende Punkte aus:

- Zusammenwirken der politischen Institutionen (Parlament – Regierung – Ministerien) auf der Grundlage von Leistungs- und Wirkungsvereinbarung, statt über Regulierung.
- Beachtung der BürgerInnen / KundenInnen als eine im Leistungsprozess relevante Grösse, damit gleichzeitig Öffnung gegenüber Einflüssen aus „nicht-politischen" Umsystemen.
- Freiwillige Zurückhaltung der Politik in operativen Dingen, die durch die Verwaltung selbständig erledigt werden können.
- Systematische, damit regelmässige Beschäftigung der Politik mit richtungsweisenden Entscheiden und Einführung einer Art politischen „Controlling-Verständnisses".

Dies ist natürlich nur ein enger Ausschnitt aus der gesamten Breite politischer Kultur, die auch den Umgang zwischen Interessenverbänden, Parteien, anderen Gemeinwesen und Staatsebenen umfasst. Er soll für die vorliegende Fragestellung (NPM und politische Kultur) jedoch genügen und in relativ schlanker Form – der noch wenig vorhandenen Forschung entsprechend – mehr als Hinweis denn als Erkenntnis stehen bleiben.

Thalmann (1999), ehemaliger Stadtpräsident (Oberbürgermeister) der Reformstadt Uster in der Schweiz, empfiehlt Stadträten, sich an sieben goldene Regeln zu halten, die die politische Kultur im NPM prägen:

1. In offenem Dialog stehen
2. Sich persönlich engagieren
3. Teilhaben lassen
4. Ideen verfolgen
5. Misserfolge als Chance betrachten
6. Umsichtig zusammen arbeiten
7. Strategisch denken.

Er selbst scheint in seinem Reformprojekt damit Erfolg gehabt zu haben.

12.6 Fragen zur Diskussion

- Das hier vertretene Modell geht recht instrumentell an das Thema der Verwaltungskultur heran: über die drei Interventionsbereiche soll auch die Kultur mit verändert werden. Wie beurteilen Sie diesen Ansatz?

- Viele Autoren vertreten die Auffassung, dass NPM primär eine kulturelle Veränderung bedingt. Lässt sich die Verwaltungskultur verändern, ohne auch die Politik mit einzubeziehen? Wie würden Sie dabei konkret vorgehen?

- Welche Probleme sehen Sie in der Tatsache, dass das mittlere Management in der Verwaltung kaum wahrgenommen wird? Wie würden Sie dem entgegenwirken?

- Bürokraten erleben sich selbst nicht als bürokratisch. Wie erklären Sie diesen Umstand vor dem Hintergrund Ihrer eigenen Erfahrungen?

- Das Thema Politische Kultur wird oft nur als „Un-Kultur" wahrgenommen. Wie ist dieser Umstand zu erklären? Welchen Beitrag leistet NPM zur Behebung dieser Wahrnehmung?

NPM INTERNATIONAL

13 Internationale Entwicklungen

Die vorliegende Publikation wurde speziell für den deutschsprachigen Raum geschrieben. Aus diesem Grund haben wir darauf verzichtet, ausführlichen Bezug auf die anderen Länder und deren NPM-Reformen zu nehmen. Dabei ist jedoch zu betonen, dass gerade die Entwicklung im deutschsprachigen Raum stark vom Ausland und seinen Erfahrungen beeinflusst wird.

Bei der Lektüre zu ausländischen Reformen gilt es, ein gesundes Misstrauen aufrechtzuerhalten. Wenn etwa in der US-amerikanischen Literatur „best practice" zur Verwaltungsreform zitiert wird, die sich für unsere Sprachregion geradezu revolutionär anhört, so muss vor einer Verallgemeinerung gewarnt werden. Oft klafft eine ernst zu nehmende Lücke zwischen der Erfolgsrhetorik der verantwortlichen Reformer und den tatsächlich beobachtbaren Veränderungen in den Organisationen. Ausserdem fällt auf, dass oft die gleichen Beispiele wiederholt werden, während die grosse Mehrheit der Städte in einem Land mit sehr ähnlichen Problemen kämpfen wie unsere eigenen. Nur wenige Reformprojekte sind zudem bis dato durch externe, unabhängige Stellen evaluiert, so dass die Reformgemeinde auf die – subjektiv geprägten – Einzelfallbeschreibungen angewiesen bleibt. Eine internationale Studie, die Reformen auf nationaler Ebene untersuchte (vgl. Naschold et al. 1999), verdeutlicht diese Schwäche – vielleicht mit Ausnahme der skandinavischen Länder, wo Evaluationen eine längere Tradition haben.

Auch die frühen Publikationen der OECD (PUMA-Gruppe) sind durch nationale Selbstdarstellung geprägt. Erst in jüngerer Zeit ist man hier dazu übergegangen, eigene Studien bzw. solche unabhängiger WissenschafterInnen als Grundlage für die Publikationen zu verwenden.

Trotz all dem lohnt sich der Blick über den Tellerrand für den deutschen Sprachraum vor allem, um gute Ideen in das eigene Umfeld zu transferieren – aber auch, um falsche Über- oder Unterschätzung der eigenen Möglichkeiten zu vermeiden.

13.1 Hauptmerkmale und „typische" regionale Eigenheiten

Im folgenden sollen kurz die wichtigsten internationalen Beispiele skizziert werden, die Einfluss auf die deutschsprachige Reformentwicklung genommen haben. Dabei werden nicht alle Aspekte der nationalen Reformmassnahmen aufgeführt, sondern lediglich die aus unserer Sicht wichtigsten Erfahrungen des jeweiligen Landes, die für unseren Sprachraum nutzbar gemacht werden können.

13.1.1 Grossbritannien

Die Reformmassnahmen Grossbritanniens waren zu Beginn sehr stark ideologisch geprägt. Unter der starken Führung von Premierministerin Thatcher wurde die Überzeugung, dass die Einführung von Marktprozessen in die staatliche Leistungserbringung zu mehr Effizienz und Effektivität führt, in konkrete politische Programme und Gesetze gekleidet. In der Umsetzung erreichte man eine deutliche Reduktion der Staatsaufgaben, die Privatisierung öffentlicher Unternehmen und den Fremdbezug staatlicher Leistungen durch Private. Durch die *Next Steps Initiative,* wurde der Ausbau des Agency-Konzepts auf der Ebene des Zentralstaats weiter vorangetrieben. Die *Local Government Acts* der Jahre 1980, 1988 und 1992 führten das obligatorische Ausschreibungsverfahren (*Compulsory Competitive Tendering CCT*) für öffentliche Leistungen auf kommunaler Ebene ein. Das CCT Verfahren ist heute nicht mehr in Kraft (vgl. Kap. 7.2.3.1).

Die Verwaltungslandschaft in Grossbritannien kennzeichnet sich heute durch ein weit verbreitetes und ausgeklügeltes System des Kontraktmanagements. Während mit dem CCT insbesondere der Markttest und die Wettbewerbsfähigkeit der Verwaltungen erreicht werden sollte, wird nun unter der Labour-Regierung das *best value*-Verfahren getestet. Neben Effizienz- und Effektivitätszielen sollen damit insbesondere Qualitätsziele verfolgt werden. Die entscheidende Veränderung dieses Verfahrens, das sich im Moment in verschiedenen Kommunen in der Pilotphase befindet, ist der Wegfall der Ausschreibungs*pflicht*.

Obwohl die Art und Weise der Durchführung der Reformen unter der Tory-Regierung als wenig vorbildlich gilt (Reichard 1993, 11), haben insbesondere die Kommunen (aus ihrer Not heraus) sehr innovative Lösungen auf die veränderten Anforderungen entwickelt. In die deutschsprachige Reformdiskussion ist dabei insbesondere das Modell der *Gewährleistungsverwaltung* eingegangen. Die schärfere Ausgabenkontrolle der Kommunen durch die Zentralregierung machte eine ausgeprägtere strategische Führung und ein Herausarbeiten von Prioritäten notwendig. Aufgrund dieser äusseren Umstände entwickelte sich ein neues Grundverständnis der Verwaltung, das der *Enabling Authority*.

13.1.2 Niederlande

Die Fallstudie der KGSt (1992) über die niederländische Stadt Tilburg lenkte in Deutschland die Aufmerksamkeit auf die neuen Methoden der Verwaltungsführung. Die Verwaltungsstruktur in den Niederlanden zeichnet sich insbesondere durch die Konzernorganisation der Kommunen und durch ein ausgeprägtes Kontraktmanagement aus. Anders als in Grossbritannien wurden die Massnahmen in den 70er Jahren auf Initiative der Kommunen und mit Unterstützung der Zentralregierung eingeführt. Die Methoden und Strukturen der Verwaltungsreform sind dabei nicht nur in der Stadt Tilburg, sondern in vielen niederländischen Gemeinden im Einsatz. Wesentliches Merkmal der niederländischen Verwaltungsreform ist die konsequente Einführung des Kontraktmanagements. Um den Erfordernissen dieses Steuerungs- und Führungsinstruments zu genügen wurde bereits 1985 das Haushaltswesen der Gemeinden nach dem Vorbild des kaufmännischen Rechnungswesens modernisiert. Als geeignete Organisationsstruktur wurde - in Anlehnung an die Privatwirtschaft - die Konzern-Struktur gewählt. Dabei fungieren die politischen Organe und Bürgermeister als Konzernebene, die einzelnen Dienste als verselbständigte Agencies.

Moderne Managementmethoden sowie Globalbudgetierung sind dabei in den Niederlanden auf allen Ebenen des Staates eingeführt. Während bis in die 90er Jahre insbesondere Effizienzüberlegungen und Aufgabenkritik im Zentrum des Kontraktmanagements standen, rücken nun Effektivitäts- und Wirksamkeitsüberlegungen in den Mittelpunkt (Blume 1993, 148f.).

Obwohl auch aus anderen Staaten, wie z.B. Grossbritannien und Neuseeland, die Praxis des Kontraktmanagements und der Konzern-/Holdingstruktur bekannt ist, kann man sagen, dass sich die Reformbewegung im deutschsprachigen Raum in dieser Beziehung an den Niederlanden ausgerichtet hat. Der Grund liegt wohl darin, dass das niederländische, deutsche, schweizerische und österreichische Staats- und Regierungssystem sich ähnlicher sind als das Westminster-System. Insbesondere die Unterschiede in der Parteienlandschaft, dem Regierungssystem und dem Rechtssystem gegenüber den anglosachsischen Staaten waren ausschlaggebend, dass sich die dortigen Erfahrungen nur beschränkt auf hiesige Verhältnisse übertragen liessen. Die traditionellen Steuerungsmechanismen des Rechtsstaats und der Weber'schen Bürokratie sind vor allem in Kontinentaleuropa sehr ausgeprägt. Die Niederlande haben folglich ebenso wie die deutschsprachigen Länder eine hochprofessionelle und spezialisierte Verwaltung (Kickert 1997, 5f.). Im Gegensatz zu den Niederlanden sind dabei in Deutschland und auch in der Schweiz noch ein grosser Teil der höheren Verwaltungsposten mit Juristen besetzt, was auf die noch nicht so weit fortgeschrittene Management-Ausrichtung hindeutet.

13.1.3 *Skandinavien*

Wie in den anderen Ländern wurde im Rahmen der skandinavischen Verwaltungsreform eine Dezentralisierung von Entscheidungsprozessen und die Stärkung von Eigenverantwortung und Flexibilität bei der Leistungserbringung durchgesetzt. Die Besonderheit der skandinavischen Reform stellen die sog. *„Free Commune Experiments“* dar, die in Schweden, Finnland, Norwegen und Dänemark in ähnlicher Weise aus unterschiedlichen Motiven (meist sehr starker finanzieller Druck) durchgeführt wurden.

Den „Freien Kommunen" wird von der Zentralregierung durch eine Experimentierklausel ein Sonderstatus eingeräumt. Für einen gewissen Zeitraum wird den Kommunen auf Antrag eine Freistellung von staatlichen Rechts- und Verwaltungsvorschriften zugestanden. Innerhalb dieser Freiräume können die Kommunen befreit von den „Fesseln des Rechts" neue und effektivere Wege der Aufgabenerfüllung erproben. Nach einer Evaluation der Innovation, wird von der Zentralregierung entschieden, ob diese in verbindlicher Form geregelt werden oder nicht. Das Free Commune Experiment ist damit ein unvergleichliches Beispiel der Verwaltungsreform von unten. Da den Kommunen bei ihren Experimenten weitgehende Freiheit gewährt wird, unterscheiden sich die entwickelten Lösungsansätze und die Schwerpunkte der Reformbemühungen der einzelnen Gemeinden sehr stark (Baldersheim 1993, 27ff.).

Die Einzigartigkeit dieser Modernisierungsform muss dabei im Kontext der skandinavischen Besonderheiten gesehen werden. Die Beziehung zwischen Kommunen und Zentralregierung wird in Skandinavien als *partnerschaftlich* - und nicht etwa als hierarchisch - bezeichnet (vgl. Kap. 13.2). Des weiteren hat eine Einbindung der Kommunen in den Wohlfahrtsstaat zu starken zentralstaatlichen Regulierungen geführt, die bei den Kommunen zum Gefühl der Überreglementierung geführt haben. Durch die Free Commune Experiments war es den Zentralregierungen und Kommunen Skandinaviens möglich, in partnerschaftlicher Weise die Eigenständigkeit der Kommunen wieder aufzubauen.

Zu Beginn der Reformdiskussion im deutschsprachigen Raum stiessen die Free Commune Experiments auf erstaunlich wenig Beachtung. Wegen der mangelnden Aufmerksamkeit flossen die dortigen Erfahrung kaum in die deutschsprachigen Verwaltungsmodelle ein. Heute fehlen die skandinavischen Länder hingegen in kaum einer ländervergleichenden Publikation zum Public Management.

Von der hiesigen Verwaltungsreform erstaunlicherweise praktisch unbemerkt besteht ausserdem die Jahrhunderte alte Tradition von

Agencies, die bei uns erst mit NPM zu einem Thema wurden. Diese Erfahrungen werden momentan stärker ausgewertet.

13.1.4 Neuseeland

Neuseeland gilt als äussert erfolgreiches Beispiel einer Verwaltungsmodernisierung in Hinblick auf die Effizienzorientierung. Tragende Pfeiler der dortigen Reformen sind eine umfassende Kommerzialisierung und Privatisierung, marktliche Steuerungsmechanismen und Agency-Strukturen. Die Organisation gliedert sich in beauftragende Geschäftsbereiche (Client Units), operative Dienstleister (Provider) und unterstützende Geschäftsbereiche. Diese sind weitestgehend unabhängig und mit allen finanziellen, personellen und organisatorischen Kompetenzen ausgestattet (Bertelsmann Stiftung 1993, 89).

Das neuseeländische Modell der Verwaltung orientiert sich sehr stark am privaten Sektor. Die Reformen wurden von der Regierung selbst auf zentralstaatlicher sowie auf kommunaler Ebene eingeführt. Durch die hohe Priorität, welche die Regierung durch ihr Engagement den Reformen attestierte, gelang ein erstaunlich rascher Wandel (vgl. Boston et al 1996).

In der deutschsprachigen und insbesondere der Schweizer Reform ist Neuseeland vor allem hinsichtlich der Aufbauorganisation und der Rollenteilung zwischen Politik und Verwaltung von bedeutendem Einfluss. Die Trennung von Leistungserbringer, -finanzierer und -käufer wird zwar auch in anderen Ländern praktiziert, jedoch wurden in Neuseeland Systeme gefunden, mit Hilfe deren eine erstaunliche Autonomie und Eigenverantwortung der operativen Einheiten durchgesetzt und verantwortet werden kann. Zudem erreichte man eine erkennbare Rollenteilung zwischen politischen Gremien und Management. So haben zu Beginn der 90er Jahre in allen Kommunalverwaltungen die Räte auf Interventionen im operativen Geschäft verzichtet. An der Spitze der Verwaltung steht ein auf Zeit angestellter City Manager, der als einziger dem Rat verantwortlich ist, und alle Einheiten der Verwaltung sind ihm unterstellt (Bertelsmann Stiftung 1993, 87).

Auch die neuere Ausrichtung Neuseelands an strategischer Führung (vgl. Pallot 1998) scheint für die Entwicklung im deutschsprachigen Raum erneut Vorbildfunktion zu erlangen.

13.1.5 USA

Als Heimatland des gleichnamigen NPM-Bestsellers von Osborne und Gaebler (1997) stehen die Reformen in USA unter dem Motto des *„Reinventing Government"*. Das Buch liefert verschiedene Schlagwörter/Thesen zur Verwaltungsmodernisierung, wie z.B. *„steuern statt rudern"* oder *„ermächtigen statt dienen"* usw. Die Ideen des Reinventing Government werden in viele Modernisierungsüberlegungen einbezogen, führen aber nicht zu einheitlichen Reformmodellen. So zielen die Reformtrends in den USA auf den verschiedenen Verwaltungsebenen und in den verschiedenen Kommunen in unterschiedlichste Richtungen.

Auf Bundesebene wurde 1993 unter Präsident Clinton das *National Performance Review (NPR)* - heute das *National Partnership for Reinventing Government* - initiiert. Das NPR steht unter der Leitung von Vizepräsident Al Gore. Das NPR konzentriert sich verstärkt auf qualitative Verbesserungen der Verwaltung, im Vergleich zu den Modernisierungen der 80er Jahre, die insbesondere auf Reformen des Finanzwesens und Rückzug des Staates gerichtet waren (OECD 1995, 171). Die Hauptstrategien, die dabei durchgesetzt wurden, sind ein ausgeprägtes Performance-Measurement, Downsizing und eine zunehmende Vernetzung mit dem privaten Sektor. Zudem wird der Kunden- und Bürgerorientierung eine ausserordentlich wichtige Stellung beigemessen, deren Ziel eine Steigerung des Ansehens und der Akzeptanz innerhalb der Bevölkerung ist. In den letzten Jahren wird insbesondere die Wirkung staatlichen Handelns thematisiert, was zur Einführung des sog. *High Impact Program* geführt hat. Es wurden Programme identifiziert, bei denen ein Leistungsproblem zu ernsthaften (legitimatorischen, finanziellen, gesundheitlichen usw.) Folgen führen würde, um somit erhöhte Aufmerksamkeit darauf zu richten.

Auf kommunaler Ebene gibt es aufgrund der unterschiedlichen Verwaltungsorganisation der Staaten und den verschiedenen kommunalen Systemen keine einheitlichen Reformmodelle. Meist wird die Bürger- und Kundenorientierung stark betont, Auslagerung an die Gesellschaft und private Unternehmen sind weit verbreitet, und das City Manager-Konzept hat in gewissen Staaten lange Tradition. Die Strukturen richtet man meist an Unternehmenskonzepten aus. So gilt z.B. Phoenix als Paradebeispiel einer wie eine Unternehmung geführten Stadt (Reichard 1993, 12).

Grundsätzlich lässt sich in den USA aufgrund der wettbewerbsorientierteren Einstellung der Gesellschaft eine stärkere Rolle der privaten Wirtschaft feststellen. Die Grenzen und Strukturen der öffentlichen Verwaltung sind unschärfer und die Aufgabenerbringung ist stark mit privaten Akteuren durchsetzt. Auffallenderweise spielt aber beispielsweise das Kontraktmanagement in USA eine vergleichsweise wenig bedeutende Rolle.

Hinsichtlich Auslagerung und Einbezug der Gesellschaft in die öffentliche Leistungserbringung stellen die USA einen recht weit fortgeschrittenen Gewährleistungsstaat dar. Aufgrund der unterschiedlichen politischen Ausrichtung, des weniger ausgeprägten Sozialstaates und kultureller Unterschiede dient USA dabei jedoch nur in Einzelfällen als Vorbild für die deutsche Verwaltungsmodernisierung. Wettbewerb spielt in Deutschland noch eine relativ unbedeutende Rolle in der Modernisierungsdiskussion. Vorbildhaft für die hiesige Debatte ist hingegen die hohe politische Priorität und das persönliche Engagement des Vizepräsidenten in der Reform.

13.2 Wohin geht die Reise international?

Die internationalen Reformen verdeutlichen, dass in den modernen demokratischen Rechtsstaaten eine Aufbruchstimmung zu neuen Formen des Verwaltungsmanagements zu spüren ist. Die Weber'sche Bürokratie ist zunehmend Opfer von Kritik und Unzufriedenheit. Die Konzepte, welche sich in den verschiedenen Ländern herauskristallisieren, scheinen eine gewisse Internationalität zu geniessen. So sind Elemente wie Kontraktmanagement, Trennung von Leistungskäufer und -erbringer und allgemein die Wirkungs- und Leistungsorientierung in fast allen nationalen Reformmodellen anzutreffen.

Ohne oberflächlich zu sein, kann man wohl sagen, dass sich die Grundstruktur und -elemente der neuen Verwaltungsführung in den meisten Ländern ähneln. Dies erstaunt auch weiter nicht, wenn doch alle Reformen mehr oder weniger gleichgerichtete Ziele verfolgen (Buchwitz 1998, 188). Nicht zuletzt werden bewährte Modelle oftmals in anderen Ländern „kopiert", wie z.B. in den vorangehenden Abschnitten dargestellt wurde, welche Elemente der deutschsprachigen Reform durch welche ausländische Erfahrung inspiriert wurden.

Die wichtigste Erkenntnis aus dem Vergleich der internationalen NPM-Reformen ist jedoch die Bedeutung der unterschiedlichen Verwaltungskulturen und kontextuellen Variablen für die Verwaltungsmodernisierung (Löffler 1996, 2). Auch wenn sich international eine relativ einheitliche Terminologie für bestimmte Strukturen eingebürgert hat, so bedeutet dies nicht, dass die dahinterliegenden Steuerungs- und Führungsmechanismen ebenfalls einheitlich sind. Beispielsweise enthalten die meisten Reformkonzepte Ansätze des Kontraktmanagements. Was ist nun aber in den einzelnen Ländern mit einem Kontrakt und Kontraktmanagement gemeint? In Grossbritannien und USA sind Vorstellungen des Individualismus und der Einfluss der neoklassischen Ökonomie stärker als in Kontinentaleuropa (Walsh et al. 1997, 181ff.). Kontrakte in Grossbritannien beinhalten im Vergleich zu kontinentaleuropäischen Kontrakten viel mehr vertragliche Anforderungen. Sie ähneln inhaltlich stärker als in anderen Ländern privatrechtlichen Verträgen.

Die Erkenntnis, dass gleiche Modelle in unterschiedlichen Umfeldern zu ungleichen Anwendungen führen, entspricht im wesentlichen den vorne beschriebenen Ergebnissen der Studie von Jann (1983)(vgl. Kap. 10.2).

Derartige kulturelle Charakteristika der Verwaltung deuten darauf hin, dass erfolgreiche Reformmodelle sehr stark national ausgerichtet sein müssen. Werden Strukturen und Instrumente zu wenig auf die nationalen Besonderheiten angepasst, werden sie als Fremdkörper abgestossen oder von der etablierten Struktur einverleibt. Gleichzeitig gilt es für Studierende von NPM-Reformen, immer auch zwischen den Zeilen zu lesen und kulturelle Eigenheiten mit zu berücksichtigen. Was für A stimmt, muss für B nicht richtig sein.

Die „Pioneerphase" der Verwaltungsreformen kann in der Hinsicht als beendet angesehen werden, dass sich international eine Reihe von Reformelementen entwickelt haben, mit denen wirkungsvoll die Mängel der Bürokratie bekämpft und unterschiedliche strategische Zielsetzungen erreicht werden können. Diese Grundelemente bildeten die Grundsteine der nationalen Reformen. In der nächsten Phase werden sich die Reformbemühungen nun verstärkt auf die Berücksichtigung nationaler Besonderheiten konzentrieren. Dabei spielen kulturelle Aspekte ebenso wie die Ausgestaltung des politisch-administrativen Systems und des öffentlichen Rechts eine zentrale Rolle. Die stärkere Anpassung an die nationalen Gegebenheiten ist eine Notwendigkeit für die umfassende Einführung des NPM. Wie im Laufe des Buches deutlich geworden ist, beschränkt sich das NPM nämlich nicht auf die Umstrukturierung der „Organisation Verwaltung", sondern hat weitreichende Konsequenzen für die Rollenzuteilung zwischen Legislative und Exekutive, die demokratischen Instrumente usw., d.h. für den Staat insgesamt. In diesen Bereichen bestehen viele Unterschiede – die oft auch im Detail liegen – zwischen den Staaten. Sobald das NPM in umfassender Weise eingeführt werden soll, müssen diese Aspekte in das nationale NPM-Modell Eingang gefunden haben.

13.3 Fragen zur Diskussion

- Warum ist es für das Studium des NPM notwendig zu wissen, aus welchen Ländern jeweils die verschiedenen Ideen des NPM stammen?

- Worin liegen die wichtigsten Unterschiede zwischen den NPM Ansätzen im internationalen Vergleich, wo doch alle in etwa die gleiche Terminologie benützen? Wie würde eine Art „NPM-Landkarte" der Welt aussehen?

- Wie beurteilen Sie die Entwicklung des NPM im deutschsprachigen Raum, verglichen mit jener im internationalen Umfeld?

Stichwortverzeichnis

Literaturverzeichnis

Adamaschek, B. (Hrsg.) (1997): Interkommunaler Leistungsvergleich. Leistung und Innovation durch Wettbewerb, 2. Auflage, Gütersloh: Bertelsmann Stiftung

Badelt, Ch. (1987): Marktanreize im öffentlichen Sektor, Strategien zur Effizienzsteigerung mit Beispielen aus den USA, Wien: Signum

Baldersheim, H. (1993): Die „Free Commune Experiments" in Skandinavien: Ein vergleichender Überblick, in: Banner/Reichard 1993, S. 27-41

Bangemann, M. (1995): Europa und die globale Informationsgesellschaft, Vaduz: Verwaltungs- und Privat-Bank AG

Banner, G. / Reichard, C. (Hrsg.) (1993): Kommunale Managementkonzepte in Europa. Anregungen für die deutsche Reformdiskussion, Köln: Deutscher Gemeindeverlag GmbH und Verlag W. Kohlhammer GmbH

Banner, G. (1995): Mit dem „Neuen Steuerungsmodell" zur dezentralen Ergebnisverantwortung, in: Berchtold/Hofmeister 1995, S. 41-59

Becker, B. (1989): Öffentliche Verwaltung. Lehrbuch für Wissenschaft und Praxis, Percha: Schulz

Bellamy, C. / Taylor J. A. (1998): Governing in the Information Age, Buckingham: Open University Press

Belz, C. et al. (1991): Erfolgreiche Leistungssysteme. Anleitungen und Beispiele, Stuttgart: Schäffer

Berchtold, D. / Hofmeister, A. (Hrsg.) (1995): Die öffentliche Verwaltung im Spannungsfeld zwischen Legalität und Funktionsfähigkeit: Schnittstellen Verwaltungsrecht und -management, Bern: SGVW

Berg-Schlosser, D. / Schissler, J. (1987): Politische Kultur in Deutschland, in: Berg-Schlosser, D. / Schissler, J. (1987): Politische Kultur in Deutschland. Bilanz und Perspektiven der Forschung, Opladen: Westdeutscher Verlag, S. 11-26

Bertelsmann Stiftung (Hrsg.) (1993): Carl-Bertelsmann-Preis 1993: Demokratie und Effizienz in der Kommunalverwaltung, Bd. 1

Dokumentation zur internationalen Recherche, Gütersloh: Bertelsmann Stiftung

Bertelsmann Stiftung / Saarländisches Ministerium des Inneren Inneren (Hrsg.) (1996): Kommunales Management in der Praxis, Band 1 der Veröffentlichungsreihe des Projektes „Modern & Bürgernah – Saarländische Kommunen im Wettbewerb“: Gesamtkonzeption des Wettbewerbs, Gütersloh: Bertelsmann Stiftung

Bertelsmann Stiftung / Saarländisches Ministerium des Inneren (Hrsg.) (1997): Kommunales Management in der Praxis, Band 4 der Veröffentlichungsreihe des Projektes „Modern & Bürgernah – Saarländische Kommunen im Wettbewerb“: Budgetierung und dezentrale Ressourcenverantwortung, Gütersloh: Bertelsmann Stiftung

Bertelsmann Stiftung (Hrsg.) (1998): Computer für die Stadt der Zukunft, Internationale Fallbeispiele, Gütersloh: Bertelsmann Stiftung

Bertot, J. C. (1998-99): Challanges and Issues for Public Managers in the Digital Era, in: The Public Manager, Winter 1998-99, S. 27-31

Bieger, T. (1998): Dienstleistungsmanagement – Einführung in Strategien und Prozesse bei persönlichen Dienstleistungen, Bern / Stuttgart / Wien: Paul Haupt

Bleicher, K. (1991): Das Konzept Integriertes Management, Frankfurt a.M.: Campus

Blume, M. (1993): Tilburg: Modernes, betriebswirtschaftlich orientiertes Verwaltungsmanagment, in: Banner/Reichard 1993, S. 143-160

Bogumil, J. (1997): Das Neue Steuerungsmodell und der Prozess der politischen Problembearbeitung - Modell ohne Realitätsbezug?, in: Bogumil, J. / Kißler, J. (Hrsg.): Verwaltungsmodernisierung und lokale Demokratie. Risiken und Chancen eines Neuen Steuerungsmodells für die lokale Demokratie, Baden-Baden: Nomos

Bolz, U. / Klöti, U. (1996): Parlamentarisches Steuern neu erfinden? NPM-Steuerung durch die Bundesversammlung im Rahmen des New Public Management (NPM) – Ein Diskussionsbeitrag, in: Schweizerisches Zentralblatt für Staats- und Verwaltungsrecht 4/1996, S. 145-182

Boston, J. et al. (1996): Public management - The New Zealand Model, Aukland: Oxford University Press

Brede, H. / Buschor, E. (Hrsg.) (1993): Das neue öffentliche Rechnungswesen. Betriebswirtschaftliche Beiträge zur Haushaltsreform in Deutschland, Österreich und der Schweiz, Schriften zur öffentlichen Verwaltung und öffentlichen Wirtschaft, Bd. 133, Baden-Baden: Nomos

Brinckmann, H. (1994): Strategien für eine effektivere und effizientere Verwaltung, in: Naschold, F. / Pröhl, M. (Hrsg.): Produktivität öffentlicher Leistungen, Gütersloh: Bertelsmann Stiftung

Brühlmeier, D. / Haldemann, T. / Mastronardi, P. / Schedler, K. (1994): New Public Management für das Parlament: Ein Muster-Rahmenerlass WoV, in: Schweizerisches Zentralblatt für Staats- und Verwaltungsrecht 7/1999, S. 297-316

Buchwitz, R. (1998): Überblick und vergleichende Bewertung der internationalen Reformen anhand der OECD-PUMA Forschungspublikationen, in: Neisser/Hammerschmid 1998, S. 167-199

Budäus, D. (1995): Public Management. Konzepte und Verfahren zur Modernisierung öffentlicher Verwaltungen, 3. Auflage, Berlin: Sigma

Budäus, D. / Grüning, G. (1996): Public Private Partnership, Notwendigkeit und Ansatz einer begrifflichen Strukturierung, in: Verwaltung und Management, S. 278-282

Budäus, D. / Grüning, G. (1997): Public Private Partnership – Konzeption und Probleme eines Instruments zur Verwaltungsreform aus Sicht der Public-Choice-Theorie, in: Budäus, D. / Eichhorn, P. (Hrsg.): Public Private Partnership. Neue Formen der Aufgabenerfüllung, Baden-Baden: Nomos, S. 25-66

Buschor, E. (1992): Controlling in öffentlichen Verwaltungen und Betrieben, in: Weilenmann, P. / Fickert, R. (Hrsg.): Strategie-Controlling in Theorie und Praxis, Bern / Stuttgart / Wien: Paul Haupt, S. 205-221

Buschor, E. (1993): Zwanzig Jahre Haushaltsreform – Eine verwaltungswissenschaftliche Bilanz, in: Brede/Buschor 1993, S. 199–269

Buschor, E. (1994): Organisationsmodelle für ein wirksameres öffentliches Gesundheitswesen, 2. Auflage, Zürich: Direktionen des Gesundheitswesens und der Fürsorge des Kantons Zürich

Czybulka, D. (1989): Die Legitimation der öffentlichen Verwaltung unter Berücksichtigung ihrer Organisation sowie der Entstehungsgeschichte zum Grundgesetz, Heidelberg: C.F. Müller

Dubs, R. (1996): Schule, Schulentwicklung und New Public Management, St. Gallen: Institut für Wirtschaftspädagogik

Egli, H.-P. / Käch, U. (1995): Instrumente der neuen Verwaltungsführung im Projekt Wirkungsorientierte Verwaltung (WOV) des Kanton Luzern, in: Hablützel et al. (1995a), S. 165-184

Eichhorn, P. (1997): Öffentliche Betriebswirtschaftslehre. Beiträge zur BWL der öffentlichen Verwaltungen und öffentlichen Unternehmen, Berlin: Berlin Verlag Arno Spitz

Eilsberger, R. / Leipelt, D. (1994): Organisationslehre der Verwaltung. Ziele und Strukturen, Heidelberg: R. v. Decker's

Fairbanks, F. (1994): Verschiedene Aspekte von Leistungsvergleichen, in: Bertelsmann Stiftung (Hrsg.): Carl-Bertelsmann-Preis 1993. Demokratie und Effizienz in der Kommunalverwaltung, Bd. 2, Gütersloh: Bertelsmann Stiftung, S. 115-131

Finger, M. (1997): Die Rolle des Parlaments beim New Public Management, Entflechtung von strategischen Entscheidungen und operativer Führung, in: Der Schweizer Treuhänder, 1-2/1997, S. 47-51

Fischer, G. / Thierstein, A. (1995): Der Staat als Partner in der Regionalpolitik, in: Brandenberg, A. (Hrsg.): Standpunkte zwischen Theorie und Praxis. Handlungsorientierte Problemlösung in Wirtschaft und Gesellschaft, Bern / Stuttgart / Wien: Paul Haupt, S. 653-669

Fischer, M. (1995): Wirksames Kostenmanagement im Staatsspital – chancenlos? Einige spitze Bemerkungen eines Ex-Spitalpräsidenten zur betriebswirtschaftlichen Problematik öffentlich-rechtlicher Spitäler, Referat an der Fachtagung Verwaltungsmanagement 1995 des IFF-HSG von 9. März 1995

Fleiner-Gerster, Th. (1980): Allgemeine Staatslehre, Berlin: Springer

Frese, E. (1993): Grundlagen der Organisation. Konzepte-Prinzipien-Strukturen, 5. Auflage, Wiesbaden: Gabler

Freudenberg, D. (1997): Das Neue Steuerungsmodell in einer Landesverwaltung. Vorschläge zur Modernisierung der hessischen Landesverwaltung, in: Verwaltung und Management, S. 76-83

Frey, B. / Kirchgässner, G. (1994): Demokratische Wirtschaftspolitik, Theorie und Anwendung, 2. Auflage, München: Vahlen

Frey, H.-E. (1994): Agonie des Bürokratiemodells? Wo fehlt der politische Wille, wo hemmen die Vorschriften die Reform des öffentlichen (kommunalen) Sektors?, in: Steger, U. (Hrsg.): Lean Administration. Die Krise der öffentlichen Verwaltung als Chance, Frankfurt a.M.: Campus, S. 23-47

Gerstelberger, W. / Grimmer, K. / Kneissler, T. (1998): Netzwerke als unbeabsichtigte Folge des Kontraktmanagements?, in: Verwaltung und Management, S. 282-287

Gomez, P. (1981): Modelle und Methoden des systemorientierten Managements, Schriftenreihe des Management-Zentrums St. Gallen, Bd. 2, Bern / Stuttgart / Wien: Paul Haupt

Grimmer, K. (1995): Verwaltungsreform und Informationstechnologie: Ein Blick über Grenzen, in: Reinermann 1995, S. 161-178

Güntert, B. (1988): Managementorientierte Informations- und Kennzahlensysteme für Krankenhäuser. Analyse und Konzepte, Dissertation, St. Gallen, Konstanz: Hartung-Gorre

Hablützel, P. (1995): New Public Management als Modernisierungschance - Thesen zur Entbürokratisierungsdiskussion, in: Hablützel et al. (1995a), S. 499-507

Hablützel, P. et al. (Hrsg.) (1995a): Umbruch in Politik und Verwaltung. Ansichten und Erfahrungen zum New Public Management in der Schweiz, Bern / Stuttgart / Wien: Paul Haupt

Häfelin, U. / Müller, G. (1998): Grundriss des Allgemeinen Verwaltungsrechts, 3. Auflage, Zürich: Schulthess

Haldemann, T. (1995): New Public Management: Ein neues Konzept für die Verwaltungsführung des Bundes, Schriftenreihe des Eidg. Personalamtes, Bd. 1, Bern: Eidg. Personalamt

Hartmann, K. / Pesendorfer, S. (1998): Organisations- und dienstrechtliche Rahmenbedingungen von NPM-Massnahmen im österreichischen Kontext, in: Neisser/Hammerschmid 1998, S. 337-361

Heeks, R. (1999): Reinventing government in the information age, New York: Routledge

Herbig, G. (1997): Personalwirtschaft, in: König/Siedentopf 1997, S. 559-593

Hill, H. (1994): Staatskonzeption. Auf dem Weg zu einem neuen Staat, in: VOP, Nr. 5, S. 301-309

Hill, H. (1996): Vom Ergebnis zur Wirkung des Verwaltungshandelns, in: Hill, H. / Klages, H. (Hrsg.): Modernisierungserfolge von Spitzenverwaltungen. Eine Dokumentation zum 3. Speyerer Qualitätswettbewerb 1996, Stuttgart: Raabe

Hill, H. (1997): Verwaltung im Umbruch, Speyerer Arbeitshefte 109, Speyer: Deutsche Hochschule für Verwaltungswissenschaften

Hill, H. (1997a): Vergesst die Bürger nicht!: Entwicklung einer bürgerorientierten Kommunalverwaltung, in: Hill 1997, S. 101-117

Hill, H. (1997b): Reengineering im öffentlichen Bereich, in: Hill 1997, S. 53-66

Hill, H. (1998): Politik und Gesetzgebung im Neuen Steuerungsmodell, Speyerer Arbeitshefte 114, Speyer: Hochschule für Verwaltungswissenschaften

Hill, H. (1998a): Gesetzgebung und Verwaltungsmodernisierung, in: Hill 1998, S. 61-79

Hill, H. (1998b): Verwaltungsmodernisierung als Demokratiechance in der Kommune, in: Hill 1998, S. 3-14

Hoch, D. (1995): Voraussetzungen für die erfolgreiche Implementierung moderner Management-Informationssysteme, in: Hichert, R. / Moritz, M.: Management-Informationssysteme. Praktische Anwendungen, 2. Auflage, Berlin: Springer, S. 158-167

Hoffmann, H. et al. (1996): Motor Qualität. Verwaltungsmodernisierung in der Landeshauptstadt Saarbrücken, Düsseldorf: Raabe

Hubmann Trächsel, M. (1995): Die Koordination von Bewilligungsverfahren für Bauten und Anlagen im Kanton Zürich, Zürich: Schulthess

Hughes, O. E. (1994): Public management and administration, An introduction, Houndmills: Macmillan Press

International Group of Controlling (Hrsg.) (1999): Controller-Wörterbuch. Deutsch–Englisch, Englisch–Deutsch, Stuttgart: Schäffer-Poeschel

Ipsen, J. (1997): Staatsrecht I, 9. Auflage, Berlin: Luchterhand

ISO 9000 (1999): SN ISO/CD2 9000-2000. Qualitätsmanagementsysteme – Grundlagen und Begriffe, in: SNV Schriftenreihe, Publikation 1 – Ausgabe 1999, Zürich: Schweizerische Normen-Vereinigung

Jann, W. (1983): Staatliche Programme und „Verwaltungskultur": Bekämpfung des Drogenmissbrauchs und der Jugendarbeitslosigkeit in Schweden, Grossbritannien und der Bundesrepublik Deutschland im Vergleich, Opladen: Westdeutscher Verlag

Ju, E.-J. (1986): Max Webers Bürokratiekonzeption als Ausgangspunkt für eine vergleichende Studie der chinesischen und deutschen Bürokratie, Dissertation, Speyer: Deutsche Hochschule für Verwaltungswissenschaften

Kanton Zürich (1999): Voranschlag des Kantons Zürich, Zürich: Kant. Materialzentrale

Kaplan, R. S. / Norton, D. P. (1997): Balanced Scorecard. Strategien erfolgreich umsetzen, Stuttgart: Schäffer-Poeschel

KGSt (1989): Aufgabenkritik: Neue Perspektiven auf der Grundlage von Erfahrungen, Bericht Nr. 9/1989, Köln: Kommunale Gemeinschaftsstelle für Verwaltungsvereinfachung

KGSt (1992): Wege zum Dienstleistungsunternehmen Kommunalverwaltung. Fallstudie Tilburg, Bericht Nr. 19/1992, Köln: Kommunale Gemeinschaftsstelle für Verwaltungsvereinfachung

KGSt (1993): Das Neue Steuerungsmodell. Begründung, Konturen, Umsetzung, Bericht Nr. 3/1993, Köln: Kommunale Gemeinschaftsstelle für Verwaltungsvereinfachung

Kickert, W. M. (1997): Introduction, in: Kickert, W. M. (Ed.): Public Management and Administrative Reform in Western Europe, Cheltenham, Edward Elgar

King, C. S. et al. (1998): The Question of Participation in Public Administration, in: Public Administration Review, S. 317-326

Klages, H. (1998): Verwaltungsmodernisierung. „Harte" und „weiche" Aspekte II, 2. Auflage, Speyer: Forschungsinstitut für öffentliche Verwaltung bei der Deutschen Hochschule für Verwaltungswissenschaften Speyer

Klages, H. et al. (1998): Abschlussbericht (vorläufige Fassung) zum Forschungsprojekt: Evaluierung von Budgetierungsansätzen bei Schulen in kommunaler Trägerschaft, Speyer: Forschungsinstitut für öffentliche Verwaltung bei der Deutschen Hochschule für Verwaltungswissenschaften Speyer

Klages, H. / Hippler, G. / Haas, H. / Franz, G. (1989): Führung und Arbeitsmotivation in Kommunalverwaltungen. Ergebnisse einer empirischen Untersuchung, Gütersloh: Bertelsmann Stiftung

Klages, H. / Hippler, G. (1991): Mitarbeitermotivation als Modernisierungsperspektive. Ergebnisse eines Forschungsprojektes über „Führung und Arbeitsmotivation in der öffentlichen Verwaltung", Gütersloh: Bertelsmann Stiftung

Kleindienst, A. (1999): Controlling-Konzept im integrierten Gemeindemanagement-Modell für Gemeinden ohne Parlament unter besonderer Berücksichtigung der vertikalen Integration, Schriftenreihe des Instituts für Öffentliche Dienstleistungen und Tourismus: Beiträge zum Öffentlichen Management, Bd. 1, Bern / Stuttgart / Wien: Paul Haupt

König, K. / Siedentopf, H. (Hrsg.) (1997): Öffentliche Verwaltung in Deutschland, 2. Auflage, Baden-Baden: Nomos

Kraemer, K. L. (1995): Verwaltungsreform und Informationstechnologie: Von neuem betrachtet, in: Reinermann 1995, S. 181-202

Laux, E. (1993): Vom Verwalten. Beiträge zur Staatsorganisation und zum Kommunalwesen, Baden-Baden: Nomos

Lenk, K. (1992): Servicebündelung in der Kommunalverwaltung durch „BürgerBüros", in: Wirtschaftsinformatik, Heft 6/92, S. 567-576

Linder, W. (1983): Entwicklung, Strukturen und Funktionen des Wirtschafts- und Sozialstaats in der Schweiz, in: Riklin 1983, S. 255-382

Löffler, E. (1996): The Modernization of the Public Sector in an International Comparative Perspective – Implementation Strategies in Germany, Great Britain and the United States, Speyerer Forschungsberichte 174, Speyer: Forschungsinstitut für öffentliche Verwaltung

Luhmann, N. (1993): Das Recht der Gesellschaft, Frankfurt a. M.: Suhrkamp

Lüder, K. (1996): Konzeptionelle Grundlagen des neuen kommunalen Rechnungswesens (Speyerer Verfahren), Stuttgart: Staatsanzeiger für Baden-Württemberg

Lütolf, P. (1997): Wirtschaftsförderung im Modell der wirkungsorientierten Verwaltungsführung, Luzern: Rüegger

Mäder, H. /Schedler, K. (1994): Die Entwicklungen des öffentlichen Rechnungswesens in der Schweiz vor dem Hintergrund der spezifischen nationalen Rahmenbedingungen, in: Lüder, K. (Hrsg.): Öffentliches Rechnungswesen 2000, Berlin: Duncker & Humblot, S. 49-68

Maier, P. (1999): New Public Management in der Justiz. Möglichkeiten und Grenzen einer wirkungsorientierten Gerichtsführung aus betriebswirtschaftlicher und rechtlicher Perspektive, Schriftenreihe des Instituts für Öffentliche Dienstleistungen und Tourismus: Beiträge zum Öffentlichen Management, Bd. 2, Bern / Stuttgart / Wien: Paul Haupt

Mastronardi, Ph. (1998): New Public Management im Kontext unserer Staatsordnung. Staatspolitische, Staatsrechtliche und verwaltungsrechtliche Aspekte der neuen Verwaltungsführung, in: Mastronardi, Ph. / Schedler, K.: New Public Management in Staat und Recht. Ein Diskurs, Bern / Stuttgart / Wien: Paul Haupt, S. 47-120

McGregor, D. (1960): The Human Side of Enterprise, New York: McGraw Hill

Müller, G. (1995): Funktionen des Legalitätsprinzips im Organisationsrecht i.w.S. (Haushalts-, Personal- und Organisationsrecht), in: Berchtold/Hofmeister 1995, S. 15-25

Nagel E. / Müller W. R. (1999): New Public Management: (k)ein Wandel ohne Kulturentwicklung, Reihe WWZ-Forschungsberichte, Jan. 1999, Basel: Wirtschaftswissenschaftliches Zentrum der Universität Basel

Naschold, F. (1995): Modernisierung des Staates. Zur Ordnungs- und Innovationspolitik des öffentlichen Sektors, 3. Auflage, Berlin: Sigma

Naschold, F. (1995a): Ergebnissteuerung, Wettbewerb, Qualitätspolitik. Entwicklungspfade des öffentlichen Sektors in Europa, Berlin: Sigma

Naschold, F. (1997): Umstrukturierung der Gemeindeverwaltung: eine international vergleichende Zwischenbilanz, in: Naschold/Oppen/Wegener 1997, S. 15-48

Naschold, F. et al. (1996): Leistungstiefe im öffentlichen Sektor. Erfahrungen, Konzepte, Methoden, Berlin: Sigma

Naschold, F. / Oppen, M. / Wegener, A. (1997): Innovative Kommunen. Internationale Trends und deutsche Erfahrungen, Stuttgart: Kohlhammer

Naschold F. et al. (1999): Innovation, Effektivität, Nachhaltigkeit – Internationale Erfahrungen zentralstaatlicher Verwaltungsreform, Bd. 15, Berlin: Sigma

Neisser, H. / Hammerschmid, G. (Hrsg.) (1998): Die innovative Verwaltung. Perspektiven des New Public Management in Österreich, Wien: Signum

NSW Government (1997): An Internet Strategy for NSW, Sidney: Department of Public Works and Services

OECD (1995): Public Management Developments, Update 1995, Paris: OECD

Öhlinger, Th. (1997): Verfassungsrecht, 3. Auflage, Wien: WUV-Universitätsverlag

Oppen, M. (1995): Qualitätsmanagement. Grundverständnisse, Umsetzungsstrategien und ein Erfolgsbericht, Berlin: Sigma

Osborne, D. / Gaebler, T. (1997): Der innovative Staat. Mit Unternehmergeist zur Verwaltung der Zukunft, Wiesbaden: Gabler

Parkinson, C. N. (1957): Parkinsons's law or the pursuit of progress, London: Murray

Pallot, J. (1998): The New Zealand Revolution, in: Olson, O. / Guthrie, J. / Humphrey, C. (Eds.) (1998): Global warning! Debating international developments in new public financial management, Oslo: Cappelen Akademisk Forlag, S. 156-184

Pede, L. (1999): Externe, wirkungsorientierte Prüfung der öffentlichen Verwaltung im Sinne des New Public Managements, Dissertation, St. Gallen, Karlsruhe: Digital Druck

Reichard, C. (1987): Betriebswirtschaftslehre der öffentlichen Verwaltung, 2. Auflage, Berlin: DeGruyter

Reichard, C. (1993): Internationale Trends im kommunalen Management, in: Banner/Reichard 1993, S. 3-24

Reichard, C. (1995): Umdenken im Rathaus. Neue Steuerungsmodelle in der deutschen Kommunalverwaltung, 4. Auflage, Berlin: Sigma

Reichard, C. (1997): Deutsche Trends der kommunalen Verwaltungsmodernisierung, in: Naschold/Oppen/Wegener 1997, S. 49-74

Reichard, C. (1997a): Neue Ansätze der Führung und Leitung, in: König/Siedentopf 1997, S. 641-660

Reichard, C. (1998): Institutionelle Wahlmöglichkeiten bei der öffentlichen Aufgabenwahrnehmung, in: Budäus, D. (Hrsg.): Organisationswandel öffentlicher Aufgabenwahrnehmung, Baden-Baden: Nomos, S. 121-153

Reichard, C. / Schröter, E. (1993): Verwaltungskultur in Ostdeutschland – Empirische Befunde und personalpolitische Ansätze zur Akkulturation ostdeutscher Verwaltungsmitarbeiter, in: Pitschas, R. (Hrsg.) (1993): Verwaltungsintegration in den neuen Bundesländern: Vorträge und Diskussionsbeiträge der verwaltungswissenschaftlichen Arbeitstagung 1992 des Forschungsinstituts für Öffentliche Verwaltung bei der Hochschule für Verwaltungswissenschaften Speyer, Berlin: Duncker und Humblot, S. 191-222

Reinermann, H. (1993): Ein neues Paradigma für die öffentliche Verwaltung? – Was Max Weber heute empfehlen dürfte -, Speyerer Arbeitshefte 97, Speyer: Deutsche Hochschule für Verwaltungswissenschaften

Reinermann, H. (Hrsg.) (1995): Neubau der Verwaltung. Informationstechnische Realitäten und Visionen, Heidelberg: R. v. Dekker's

Reinermann, H. (1995a): Anforderungen an die Informationstechnik, in: Reinermann 1995, S. 382-403

Remer, A. (1989): Kompetenz und Verantwortung, in: Chmielewicz, K. / Eichhorn, P. (Hrsg.) (1989): Handwörterbuch der öffentlichen Betriebswirtschaft, Stuttgart: C. E. Poeschel, S. 789-795

Richli, P. (1996): Öffentliches Dienstrecht im Zeichen des New Public Management. Staatsrechtliche Fixpunkte für die Flexibilisierung und Dynamisierung des Beamtenverhältnisses, Bern: Stämpfli

Riklin, A. (Hrsg.) (1983): Handbuch Politisches System Schweiz, Bd. 1 Grundlagen, Bern / Stuttgart / Wien: Paul Haupt

Riklin, A. / Möckli, S. (1983): Werden und Wandel der schweizerischen Staatsidee, in: Riklin 1983, S. 9-118

Riklin, A. (1997): Vom Sinn der Verfassung, Beiträge und Berichte 256/1997, St. Gallen: Institut für Politikwissenschaft

Röber, M. (1996): Germany, in: Farnham, D. et al.: New Public Managers in Europe. Public Servants in Transition, Houndmills: Macmillan, S. 169-193

Sachverständigenrat „Schlanker Staat" (1997): Abschlussbericht, Bd. 1, Bonn: Bundesministerium des Inneren

Schäfer, W. (1995): Perspektiven für die Soziale Marktwirtschaft: Anthropologische Grundlagen, in: Quaas, F. / Straubhaar, Th. (Hrsg.): Perspektiven der Sozialen Marktwirtschaft, Bern / Stuttgart / Wien: Paul Haupt, S. 135-149

Schauer, R. (1993): Die Eignung verschiedener Rechnungsstile für den managementorientierten Informationsbedarf in öffentlichen Verwaltungen, in: Brede/Buschor 1993, S. 143 – 166

Schedler, K. (1995): Ansätze einer Wirkungsorientierten Verwaltungsführung, Bern/Stuttgart/Wien: Paul Haupt

Schedler, K. / Felix, J. (1998): Quality in Public Management – a Customer View of Service, Quality, Paper presented at the International Public Management Network Conference 1998 in Salem, Oregon, St. Gallen: Institut für Öffentliche Dienstleistungen und Tourismus IDT-HSG

Schedler, K. / Reichard, C. (Hrsg.) (1998): Die Ausbildung zum Public Manager, Bern/Stuttgart/Wien: Paul Haupt

Schedler, K. / Weibler, J. (1996): Personalcontrolling in der öffentlichen Verwaltung, in: Verwaltungsmanagement. Handbuch für öffentliche Verwaltungen und öffentliche Betriebe, hrsg. von Jost Goller et al., Stuttgart: Raabe (Loseblatt), Kap. C 5.3, S. 1 - 32

Schein, E. (1985): Organizational Culture and Leadership, San Francisco: Jossey-Bass Publishers

Schneider, H.-P. (1974): Die parlamentarische Opposition im Verfasssungsrecht der Bundesrepublik Deutschland, Bd. I: Grundlagen, Frankfurt a. M.: Vittorio Klostermann

Schuppert, G. F. (1989): Markt, Staat, Dritter Sektor – oder auch noch mehr? Sektorspezifische Steuerungsprobleme ausdifferenzierter Staatlichkeit, in: Ellwein, Th. / Hesse, J. J. / Mayntz, R. / Scharpf, F. W. (Hrsg.): Jahrbuch zur Staats- und Verwaltungswissenschaft, Bd. 3, Baden-Baden: Nomos, S. 47-88

Schuppert, G. F. (1995): Rückzug des Staates? – Zur Rolle des Staates zwischen Legitimationskrise und politischer Neubestimmung, in: DÖV, S. 761-770

Schuppert, G. F. (1998): Die öffentliche Verwaltung im Kooperationsspektrum staatlicher und privater Aufgabenerfüllung: zum Denken in Verantwortungsstufen, in: Die Verwaltung, Nr. 4/98, S. 415-447

Schwarz, P. / Purtschert, R. / Giroud, C. (1996): Das Freiburger Management-Modell für Nonprofit-Organisationen (NPO), 2. Auflage, Bern / Stuttgart / Wien: Paul Haupt

Schweizerischer Bundesrat (1974): Richtlinien für die Verwaltungsführung im Bunde, Bern: EDMZ

Seghezzi, H.-D. (1996): Integriertes Qualitätsmanagement: das St. Galler Konzept, München: Hanser

Shand, D. / Arnberg, M. (1996): Chapter 1, Backgroundpaper, in: OECD, Responsive Government – Service Quality Initiatives, Paris: OECD, S. 15-38

Sprenger, R. (1992): Mythos Motivation. Wege aus einer Sackgasse, Frankfurt a.M.: Campus

Stainback, J. (1999): Position of Strength. Can Government Officials Structure and Negotiate Public/Private Partnerships, in: PA Times, Vol. 22, No. 7, S. 1-2

Sutter-Somm, (1998): Legalitätsprinzip und New Public Management (NPM), in: Gesetzgebung heute 1998/2/3, Bern: Schweizerische Bundeskanzlei, S. 47-61

Tannenbaum, R. / Schmidt, W. H. (1958): How to Choose A Leadership Pattern, in: Harvard Business Review, March-April 1958, S. 95-101

Thalmann, H. (1999): Uster zum Beispiel. Neue Wege politischer Führung, Bern/Stuttgart/Wien: Paul Haupt

Thompson, F. / Jones, L. R. (1994): Reinventing the Pentagon. How the New Public Management Can Bring Institutional Renewal, San Francisco: Jossey Bass Publishers

Ulrich, H. (1990): Unternehmenspolitik, 3. Auflage, Bern / Stuttgart / Wien: Paul Haupt

Van Wart, M. (1998): Changing Public Sector Values, New York: Garland

Verwaltungslexikon (1991): Hrsg. von Eichhorn, P. / Böhret, C. / Derlien, H. / Friedrich, P. / Püttner G. / Reinermann, H., 2. Auflage, Baden-Baden: Nomos

Von Bandemer, St. / Blanke, B. / Hilbert, J. /Schmid, J. (1995): Staatsaufgaben - Von der „schleichenden Privatisierung“ zum „aktivierenden Staat“, in: Behrens, F. / Heinze, R. G. / Hilbert, J. / Stöbe, S. / Welsken, E. M. (Hrsg.): Den Staat neu denken. Reformperspektiven für die Landesverwaltungen, Berlin: Sigma, S. 41-60

Walsh, K. (1995): Public Service and Market Mechanisms. Competition, Contracting and the New Public Management, New York: St. Martins's Press

Walsh, K. et al. (1997). Contracting for Change: Contracts in Health, Social Care, and Other Local Government Services, New York: Oxford University Press

Weber, M. (1985): Wirtschaft und Gesellschaft. Grundriss der verstehenden Soziologie, 5. Aufl., Tübingen: J. C. B. Mohr

Wegener, A. (1997): Wettbewerb zwischen öffentlichen und privaten Dienstleistungsanbietern, in: Naschold/Oppen/Wegener 1997, S. 77-106

Wettenhall, R. / Kimber, M. (o.J.): One Stop Shopping: Notes on the Concept and Some Australian Initiatives, Canberra: Center for Research in the Public Sector Management at the University of Canberra

Williamson, O. E. (1985): The economic institutions of capitalism: firms, markets, relational contracting, New York: The Free Press

Winter, (1998): www.help.gv.at – Ein Bürgerinformationssystem, Die österreichische Verwaltung im Internet, in: Verwaltung und Management, Zeitschrift für allgemeine Verwaltung, Mai/Juni 1998, Baden-Baden: Nomos, S. 136-139

Wunderer, R. / Grunwald, W. (1980): Führungslehre I. Grundlagen der Führung, Berlin: DeGruyter

Wunderer, R. (1997): Führung und Zusammenarbeit: Beiträge zu einer unternehmerischen Führungslehre, 2. Auflage, Stuttgart: Schäffer-Poeschel

Würtenberger, Th. (1996): Die Akzeptanz von Verwaltungsentscheiden, Baden-Baden: Nomos

Zehnder, M. (1989): Die heutige Kritik an Max Webers Bürokratie-Begriff angesichts des raschen gesellschaftlichen Wandels, Diplomarbeit, St. Gallen

Zifcak, S. (1994): New Managerialism. Administrative Reform in Whitehall and Canberra, Buckingham: Open University Press

Zimmermann, G. (1993): Die Leistungsfähigkeit von Kostenrechnungssystemen für den managementorientierten Informationsbedarf, in: Brede/Buschor, S. 167-197

Kinder ?

Kassetten

Telefon